THE SAVOY COOKBOOK
ザ・サヴォイ・クックブック

THE SAVOY COOKBOOK
ザ・サヴォイ・クックブック

アントン・エイデルマン 著

協力：ケイト・ホワイトマン

写真：ジーン・カザルス

PERSONAL MEDIA CORP.

目　次

はじめに　6
「厨房とレストラン」　8

ブレクファスト　16
「ザ・サヴォイのアール・デコ」　30

ランチ　34
ランチ（スターター）　36
ランチ（メインコース）　48
「ザ・サヴォイにつどう著名人」　62
ランチ（デザート）　64

アフタヌーンティー　72
「サヴォイ劇場」　76

ディナー　86
ディナー（スターター）　88
「ザ・サヴォイでパーティを」　98
ディナー（メインコース）　100
ディナー（デザート）　120

ライトミール　134
ライトミール（スターター）　136
ライトミール（メインコース）　150
「アメリカン・バー」　166
ライトミール（デザート）　168

基本のレシピとつけ合わせ料理　180
索引　190

はじめに

　35年のあいだこの仕事をしてきた私の経験からすれば、完璧なホテル、あるいは完璧な厨房など、この世に存在しないと言っても過言ではありません。しかしザ・サヴォイにお世話になって21年を経た今、このホテルは、この完璧というとらえどころのない境地にかなり近づいていると、断言できます。もちろん、ホテルや厨房を完璧にするための要素としては、さまざまなものがありますが、ザ・サヴォイの場合は、そのスタイル、特別な雰囲気、歴史と建物、サービスや食事の品質、そして働く人々の態度や熱意でしょう。とはいえ、ザ・サヴォイを特別な存在にするのは、なによりもお客様なのです。お客様はザ・サヴォイを、英国のホテルの真髄とみなしてくださっています。

　理想のホテルや厨房は、つねに細かい部分に目を配ることによって初めて達成できるものです。魚をフィレにおろす、野菜の皮をむく、ナプキンをたたむ、ガラス器を磨く……厨房やレストランでは、単調な作業の繰り返しが数多くあります。毎日変わりばえのしない単純な作業をしながらやる気を持続させるのは大変ですが、それをうまくこなすだけでなく、さらによくなるための手段をつねに考えていくことが、大切なのです。

　そうしたことは、最高の質だけを追い求めていれば、もっとかんたんで楽しくなります。新鮮この上ないアスパラガスや、一番小ぶりでぱりっとした豆を扱う。水揚げしたばかりで、イキがよく身がしまった魚をフィレにおろす。初物のラムや、まるまると太ったオーガニック・チキンのひきしまった肉質を感じる。──このような食材に恵まれれば、何に喜びを見出すべきか、おのずとわかるというものです。

　よく、金や時間をかけずに料理をする方法について聞かれることがありますが、いつも答えは同じです。料理とは、他人に喜びをもたらすものを生み出すために、時間を費やすことなのだ、と。できるだけレシピに忠実にしたがうということではなく、自分のしていることに対して情熱を抱くべきです。そうすれば、シンプルなスープや風味豊かなシチューが、ときに傑作に姿を変えることもあるのです。

　こうしたことが、ザ・サヴォイとほかとの違いを生んだのだと、私は信じています。ザ・サヴォイの経営陣がこの姿勢をスタッフにしみこませ、今日ある個性豊かなホテルへ導いたのだ、と。

厨房とレストラン

ザ・サヴォイのエレガントな一階フロアの下には、お客様の目にふれない秘密の場所があります。独特の白タイルで囲まれた800平方メートルに及ぶ厨房は、ホテルのレストラン、ダイニング用個室、客室、スイートの食事をまかなうべく、1日24時間稼動しているのです。

　75名のシェフ部隊は、ルームサービスの食事や深夜のスナック、アフタヌーンティー、プライベートなパーティの場でのカナッペや正式な宴席料理はもちろん、およそ200食の朝食、300食のランチ、800食におよぶディナーと夜食を、毎日用意しています。

　ザ・サヴォイの厨房は、決して眠りません。最低でも3人のシェフが夜を徹した勤務につき、夜中に食事を希望されるお客様の要望に応えたり、長時間の仕込みが必要な料理の番をしたり。また、毎朝4時からの早番がやってくるまでに、設備を使いやすい状態にし、清潔にしておくことは、言うまでもありません。夜の勤務が比較的楽なときは、朝食のクロワッサンや焼き物のためにオーブンに火を入れ、できあがった朝食を温めるためにストーブを熱し、早朝届く仕入れ荷物の処理と検品を行います。

　午前9時。シェフ部隊が全員集まり、ピッチが上がります。伝統あるフランス料理の流儀によれば、厨房の作業は軍隊形式で進行するのだといいます。総料理長の総合的な指揮のもと、6人のスーシェフが准将をつとめ、14人のシェフ・ド・パルティ（部門シェフ）に大声で命令を飛ばします。シェフ・ド・パルティは、4人ないし5人のコミ・シェフ（見習い）に向かって鋭く目を光らせます。スーシェフは各持ち場の責任者で、食料室担当、肉さばき担当、焼き場担当、魚担当、ストック／ソース／スープ担当、オードブル担当、デザート担当などがいます。ぼんやりしている暇などない立場なのです。シェフたちはシフトを組んで朝8時から仕事を始め、たいてい夜10時まで続けます。時間が経つにつれ、シェフ以外の働き手が厨房の騒ぎに加わっていきます。食事にかかわるあらゆる場所からやってきた厨房補助、ポット洗い、注文取り、そしてせっかちなウェイターたちが、肉体と精神、声のかぎりを尽くし、ザ・サヴォイを訪れたお客様たちの希望通りの完璧なタイミングで、正確に料理を出せるよう、気を配っているのです。

　野菜の下ごしらえ場では、担当シェフが、その日仕込む野菜の皮むきと下ごしらえを始めています。今日彼は2,500個のじゃがいもの皮をむき、茄子、ズッキーニ、フェンネルの株をそれぞれ700個ずつスライスします。せめてもの救いは、肉さばきやペストリー、魚担当のシェフと同様、涼しい場所で作業ができるところです。かわいそうなのはロースト・グリル担当。鉄板やグリル、フライヤー、熱いオーブンが自分の持ち場なのですから。一方、涼しい魚の下ごしらえ場では、日本人のシェフがふたり、極上のサシミ・カナッペの準備をしています。特別な場では、松村シェフがみずから包丁をふるい、氷の彫刻を彫り上げます。できあがったら魚とともに、ウォークイン形式の冷凍庫に入れられ、出番を待ちます。すぐそばでは、焼きカナッペやおいしいプチフール、アフタヌーンティーやルームサービス用のサンドウィッチの準備が進められています。

　厨房の迷路の角を曲がるごとに、新たな現場があります。宴会場でお出しする料理を盛り付けるため、一方は温かい料理、もう一方は冷たい料理と、広いスペースが2カ所用意されています。料理が冷・温500食ずつぎっしりと並べられ、この日の宴席を今か今かと待ち受けているのです。温かい料

理は、ザ・サヴォイでもっとも古いオーブンの側に沿って、4層に積み上げられます。このオーブンは、偉大なる先輩シェフ、エスコフィエの時代に設置された、とてつもなく大きな鋼鉄製の怪物です。一世紀の時を経ても今なお現役で力強い火をおこしているため、厨房で働く人々は、ダンテの『神曲』の第一部「地獄編」の現代版の世界につき落とされるのではないかという、錯覚をつのらせてしまうのです。

　混沌と不協和音のさなかであっても、そこには秩序と統制が保たれています。ザ・サヴォイの気風を簡潔にしるしたふたつのモットーが、厨房の壁にかけられています。

「お客様は王様、料理は最高品質。利益はそのあとをついてくる」
「卓越の極みをめざして研鑽を重ねていることを、忘れるな」

1889年にオープンして以来、ザ・サヴォイでは歴代17人の総料理長が厨房を統括してきました。その中でもっとも有名なのは、まちがいなく第二代『皇帝』、オーギュスト・エスコフィエです。彼はシェフの中の"巨人"ではありましたが、実際は小柄だったため、厨房や作業台全体を見渡すには、ヒールの高い靴をはかねばなりませんでした。料理界の天才として名声を獲得したエスコフィエは、当時ザ・サヴォイを訪れたセレブリティたちに敬意を表したレシピを、数多く考案しました。オーストラリアのソプラノ歌手、デイム・ネリー・メルバには《ピーチ・メルバ》（170ページ参照）を、プリンス・オブ・ウェールズには、《キュイッセ・ド・ニンフ・オロール》を供しました。このように審美的な名前（文字通りの意味は「夜明けの妖精の太もも」）が付けられたのは、その"もも肉"が実は当時のイギリスで嫌がられていたカエルの脚だったためでした。ところがロイヤル・ファミリーからお墨付きをいただき、あっという間に、この年における最高の料理となったのです。エスコフィエは厨房管理の近代的なコンセプトを多数ザ・サヴォイに導入し、いくつかは今もなお実践されています。残念なことに、『皇帝』エスコフィエは数多くの不正行為にも関与したため、1898年に解雇されてしまいました。

　1919年の就任以降、1942年に亡くなるまで長きにわたり総料理長をつとめたのが、フランソワ・ラトリーです。ラトリーの料理は、ロシア人バリトン歌手シャリアピンのお気に入りでした。シャリアピンはその日の公演が終わると、厨房に腰を落ち着け、伝統的フランス料理に対するラトリーの新解釈について、彼とおしゃべりしつつ、味見を楽しんだのでした。ラトリーは華やかな盛り付けの達人で、きわめて高価なダイヤモンドや宝石をちりばめた、豪勢なデコレーションのチョコレート・イースター・エッグを作ったことがあるほどです。1940年まで、ザ・サヴォイの厨房は男性スタッフのみを採用するという伝統にとらわれていました。しかし戦争の勃発により男性の労働力が慢性的に不足したため、ラトリーは伝統を破り、最初の女性見習いシェフを自分の厨房に雇い入れました。また、慢性的な食糧不足のせいで、高級フランス料理に見せかけたメニューをつくったり、ワインつきフルコースのディナーを予算5シリング以内で考案したりとい

ったことをしなければなりませんでした。戦時にシェフをつとめたラトリーが考案した中で、もっとも有名な料理がウルトン・パイです。これは根菜をパイに詰めた残り物料理で、ほとんどすべての一般家庭で欠かせないレシピとなりました。

シルヴィーノ・トロムペットが登場するまで、ザ・サヴォイの総料理長はみなフランス人でした。イタリア風の名前ですが、トロムペットはロンドンの生まれで、就任早々、正統派ブリティッシュのステーキ・アンド・キドニー・パイや、ブレッド・アンド・バター・プディングで好評を博しました。また《クネル（肉団子）の串焼き》や、《ニジマスの「ゴンドラ」仕立て》（105ページ参照）といった究極の逸品も考案していますが、これはトロムペットの伝統的フランス料理の知識がもとになっています。

トロムペットの引退後、フランス人以外でまたひとり総料理長が任命されました。それがドイツ生まれのアントン・エイデルマンで、彼の時代は21年間続きました。エイデルマンは25歳のときにシルヴィーノ・トロムペットの弟子としてキャリアをスタートし、総料理長になるという誓いをたてました。そして11年後、彼は夢をかなえたのです。エスコフィエの時代からほとんど改築されずに老朽化した厨房を改造し、リバー・レストランの脇に新しい厨房を作ること、それがエイデルマンが手がけた最初の大プロジェクトでした。1986年、今は亡き皇太后をお招きし、最新鋭の厨房がオープンしました。以後今日まで、作業は休むことなく続けられ、ザ・サヴォイのさまざまなレストラン、宴会用スイート、ダイニング用個室の需要に応えるべく、24時間シェフたちが働いているのです。

ザ・サヴォイで食事を

ザ・サヴォイのどのレストランを選んでも、最新流行の食事が楽しめます。すばらしい食事とテムズ川のながめの両方が楽しめるエレガントなリバー・レストランでは、バンドの生演奏に合わせてダンスもできますし、堂々たるウッドパネルでしつらえられたザ・サヴォイ・グリルでは、ぜいたくな気分を満喫できます。一世紀以上にわたり、富豪や著名人たちがこのホテルを訪れ、ザ・グリルのフォーマルな雰囲気の中でビジネスや国家の話をする一方、ステーキ・アンド・キドニー・パイやブレッド・アンド・バター・プディング、テーブルで切り分けられるスコティッシュ・スモーク・サーモンなどの典型的な英国料理を楽しんできました。ザ・グリルは先ごろリニューアルを行い、さらにモダンで気さくな雰囲気をそなえつつ、伝統的なイギリス料理を軽快なタッチで供しています。ウッドパネルと全体のエレガントな雰囲気は、昔のままですが。

ホテルの表玄関の上に位置するアップステアーズ・レストランは、東洋風な面もそなえています。ここでは3人の日本人シェフが、お客様の目の前でイキのいいスシやサシミを手際よくつくります。オリエンタル料理も、ケジャリー、ラムのカツレツ、スティッキー・トフィー・プディングといったザ・サヴォイの不朽の名物料理をはじめとする、偉大なるイギリスの伝統料理も、おなじ地下の厨房で作られ、東洋と西

RDRES POISSONS ENTRÉES LÉGU

洋が出会います。お食事のお客様は、窓際の席について公演の前後に軽食を楽しみながら、階下の中庭にホテルの宿泊客が姿をあらわすたび制服姿のドアマンたちがタクシーやゴージャスな車をさばいている風景を、見物できます。その様子はまるで、バレエの振り付けのような正確さです。

しかし、ザ・サヴォイでフォーマルな食事をとる場所は、レストランだけではありません。実はこのホテル、宴会ビジネスで有名なのです。映画の公開記念チャリティー大パーティや、著名作家を囲む昼食会、結婚披露宴、親しい仲間を集めたプライベートなパーティまで、1年を通じて200件以上のお祝い事に利用されています。アペリティフやカナッペ、何皿も供される本格的宴会——こうした宴会のあれこれや、レストランの通常の注文を合わせると、厨房は年間60万食の料理を送り出しているのです。

最大で最高の宴会場は、ランカスター・ボールルームです。クリスタルのシャンデリアと燭台に照らされた、驚くほどエレガントな黄金のたたずまいで、専用のステージやグランドピアノまで用意されています。ランカスター・ボールルームは、しゃれた立食レセプションなら800名、ぜいたくな着席式晩餐会なら500名を収容できますが、シェフやウェイターにとっては、最大の難関でもあるのです。もう少し規模が小さいパーティには、柱が印象的なリバー・ルームがあります。ここはエンバンクメント・ガーデンズのむこうにテムズ川が広がるというすばらしい景色が見渡せる部屋で、風船や花火も使う結婚披露宴や企業の年次総会の会場として親しまれてきました。

典型的なアール・デコ式回廊に沿って並んでいるのは、7つあるダイニング用個室で、いずれもギルバート&サリヴァンのサヴォイ・オペラの題名が付けられています。ギルバート&サリヴァンの精神がここに生きているわけで、食器にまで『ミカド』や『アイオランテ』、『ザ・ゴンドリエ』といったオペラの、登場人物が描かれています。その中でもっとも大きな個室が"ピナフォア"で、ウィンストン・チャーチルが1911年に政界や芸術の世界の有名人を集め、『ジ・アザー・クラブ』を結成した場所でもあります。このクラブは現在もウッドパネル張りのピナフォアで月例夕食会を開いており、かの有名な発起人の胸像が主宰者をつとめています。ピナフォアにつどうサー・ウィンストンの仲間たちの一員として、木彫りの猫のキャスパーが長年加わっていました（出席者が13人の場合は不吉であるため、14人目のゲストとして食事の席についていたのです）。しかし、キャスパー自身は不幸な身の上の持ち主です。無断欠席の悪癖がたたり、今は総支配人の部屋に幽閉され、14人目のゲスト役をつとめるとき以外は外に出られません（彼の写真は90ページを参照）。

ピナフォアのそばに位置するのは"ザ・ゴンドリエ"です。その名にふさわしく、ベニスの風景画が飾られており、オペラ誕生のヒントとなった街の優美さを思い出させてくれます。当然ながら、"ミカド"は日本色が強く、東洋風のランプや漆塗りの屏風、繊細な日本製の布など、エキゾチックな雰囲気をかもし出しています。

テムズ川が見渡せる"プリンセス・アイーダ"と"ペイシェンス"では、黄色いしっくいの壁にアメリカの肖像画家ジョン・シンガー・サージェントが描く、とある社交界の貴婦人の肖像が飾られ、エレガントな部屋の雰囲気をかもし出しています。

この部屋で彼女の恋愛模様が繰り広げられたのかもしれませんが、それについては知るよしもありません。彼女が自分の魔力を発揮する場所として、まるでご婦人の私室のように、ダマスク織のカーテンと椅子の布張りに赤い色がふんだんに使われ、定員わずか6名という、個室の中でも最もこじんまりとした部屋、"ソーサラー"がお気に入りだったかもしれません。定員6名から600名まで、ビジネス目的から気のおけない仲間の集まりまで。ザ・サヴォイは、パーティにうってつけの場所なのです。

（訳者注）アップステアーズ・レストランは2003年に改装されて「ボンケット」というカジュアルなレストランになった。またリバー・レストランも2004年に閉店、新しく宴会場として生まれ変わった。

ブレクファスト

　作家サマセット・モームは、『イギリスでまともな食事がしたいなら、1日3度朝食を食べなければならない』と語っています。ザ・サヴォイの総料理長である私がモームと同意見だとは、皆さん思われないでしょう。――しかし、私はイギリスの伝統的ブレクファストが好きなのです。ただ、きちんと正式に作ることがとても難しいことも、承知していますが。たとえばふたり連れのお客様が、どちらもまったく同じ調理法で卵料理を作ってほしいと言われることはありません。またアメリカとフランスのお客様が、朝食のパンケーキの好みで一致することもありません。取れたてのベリーを添えたレースのように薄いクレープか、はたまたメイプルシロップをかけた、どっしりとしたパンケーキか。あるいは、待ち焦がれていた朝食なのだから、早く出してくれと文句を言うお客様もいらっしゃるでしょう。しかし、一瞬のうちにできたての朝食を用意することはできないのです。

　おいしい朝食にありつくには、調理と食べる時間の両方に余裕をもつ必要があります。ザ・サヴォイでは、これまで一度として朝食ビュッフェをお出ししたことがありません。すべて注文を聞いてから調理するのです。「フル・イングリッシュ」、つまり英国風の正式な朝食をご希望なら、伝統的なケジャリー（米や豆、魚をインド風香辛料で調理したもの）やブラック・プディング（血を詰めたソーセージ）、それにフィナン・ハドックか、私の好物であるキッパー（にしんの燻製）を用意します。あるいは軽めの「コンチネンタル」や、健康に留意した「フィットネス」メニュー、また本格的和食の朝食のどれを希望されようとも、厨房で心をこめた料理を即座にご用意します。

　朝食の仕込みは午前4時に始まります。早朝のフライトに間に合うよう、ホテルを出る前に食べておきたいというお客様が必ずいらっしゃいますし、1日の最初のルームサービスは午前5時から始まるからです。クロワッサンが焼け、おかゆが炊け、ベーコン、ソーセージ、卵が焼け、厨房には食欲をそそる匂いがたちこめます。朝食をとられる場所がレストランであろうと客室であろうと、ザ・サヴォイのお客様がおいしい食事で1日をスタートできるよう、シェフたちは懸命に努力しています。

エキゾチック・フルーツの
ラズベリー・クーリ添え

フルーツを取り合わせた、さわやかなこのレシピは、どんなときでも最適です。ころあいよく熟している季節のフルーツなら、種類を問わず選べます。ふだんは朝食メニューの一員ですが、夏に軽いランチのアペタイザーとして出しても申し分ありません。絵を描くように、色の取り合わせと相性に気を配ってください。

4人分

マンゴー　1個　皮をむき、種を取っておく
パパイヤ　1個　皮をむき、種を取っておく
キウィフルーツ　2個　皮をむいておく
パイナップル　½個　皮をむいて芯を取っておく
シャランテーズ種、またはガリア種のメロン　½個
　皮をむき、種を取っておく
パッションフルーツ　2個
サマー・ベリー　80g
　（ラズベリー、イチゴ、ブルーベリー、ブラックベリー、ローガンベリーなど）
食用ほおずき　4個
ラズベリー・クーリ（下記レシピ参照）　200ml
ミント　12枝　小さめのもの

マンゴー、パパイヤ、キウィフルーツ、パイナップル、メロンを厚さ3mmにスライスし、4枚の皿に見栄えよく並べる。

パッションフルーツを4分の1に切り、皿に並べたフルーツの間に配したら、ベリーを皿に散らす。紙のようなほおずきのがくが逆方向になるようむき、中の実を表に出して、めいめいの皿に置く。

ラズベリー・クーリをフルーツのまわりにたらしてミントの枝を飾る。

ラズベリー・クーリ

300ml分

ラズベリー　300g
レモンの絞り汁　小さじ2杯
粉糖　40g

ラズベリーをブレンダーにかけてピュレにし、レモンの絞り汁と砂糖を加える。目の細かい漉し器か綿の布（チーズクロス）で漉す。

スムージー

最近スムージーを朝食にしたいと考える人がふえてきました。家でよく子どもたちに作るのですが、みんなの大好物です。新しい取り合わせを考えながら、いろいろと試すのはおもしろいものですし、その結果、思いもよらないものができたりして、称賛の的になることも。

いずれも2人分

ラズベリー・ヒート・ウェイブ

ラズベリー　250g
オレンジの絞り汁　4個分
熟したバナナ　2本
生クリーム　200ml

材料全部をブレンダーにかけ、なめらかになるまでかき混ぜる。

トロピカル・リバイバー（よみがえる南国の思い出）

すいか　1/4個　皮をむいておく
パイナップル　1/2個　皮をむき、芯を抜いておく
マンゴー　1個　皮をむき、種を取っておく
バナナ　1/2本　皮をむいておく
プレーンヨーグルト　125ml

ジューサーですいかのジュースを作り、他の材料と一緒にブレンダーにかけ、氷を少々加えてなめらかになるまでかき混ぜる。

イングリッシュ・クラシック（昔なつかしのイギリス）

イチゴ　12個　へたを取っておく
赤りんご　2個　皮をむき、芯を取っておく
洋なし　2個　皮をむき、芯を取っておく
プレーンヨーグルト　100ml
ハチミツ　小さじ2杯

角氷数個と一緒に、すべての材料をブレンダーにかけ、なめらかになるまでかき混ぜる。

スパニッシュ・パラダイス（スペインの楽園）

シャランテーズ種、またはガリア種のメロン　1/2個
　皮をむき、種を取っておく
キウィフルーツ　3個
種なしの白ぶどう　200g
プレーンヨーグルト　200ml

角氷数個と一緒に、すべての材料をブレンダーにかけ、なめらかになるまでかき混ぜる。

プランターズ・ディライト（種まく人の喜び）

パイナップル　1/2個　皮をむき、芯を取っておく
バナナ　1/2本　皮をむいておく
ココナッツミルク　250ml
グレナディン　小さじ4杯
レモンの絞り汁　1/2個分
シナモンパウダー　ひとつまみ

角氷数個と一緒に、すべての材料をブレンダーにかけ、なめらかになるまでかき混ぜる。

バージン・メアリ

プラムトマト　6個
セロリ　茎を2本
生の赤唐辛子　1/2本　種を取っておく
きゅうり　1/2本
にんじん　3本
クリームチーズ　大さじ2杯
ウスターソース
タバスコソース
バジルの葉　軽くひとつかみ
塩、挽きたてのこしょう

野菜全部をジューサーにかけたものをクリームチーズに混ぜ入れ、ウスターソース、タバスコソース、塩、こしょうで味を調える。バジルをちぎったものを入れて混ぜる。

エメラルド・ドリーム

熟したアボカド　1個　皮をむき、種を取っておく
トマト　1個　皮をむいておく
牛乳　200ml
生クリーム　100ml
ウスターソース　味付け用

角氷数個と一緒にすべての材料をブレンダーにかけ、なめらかになるまでかき混ぜる。

フランス風クレープ　フレッシュベリー添え

雨の多いイギリスにあって、いつでもすばらしいスタートが切れるひと皿です！とびきり上等なクレープのおかげでほころんだあなたの笑顔は、ランチタイムまで続きます。

4人分

クレープの材料

薄力粉　200g
塩　ひとつまみ
卵　4個
グラニュー糖　大さじ8杯
牛乳　600ml

無塩バター　80g
季節のベリー類　400g
　（イチゴ、ラズベリー、ブルーベリー、ブラックベリー、ローガンベリーなど）
パッションフルーツの絞り汁と種　4個分
生クリーム　125ml
粉糖　大さじ2杯
ミント　4枝　小さめのもの　あしらいとして

生地の作り方：小麦粉と塩をふるいにかけたものを大きめのボウルに入れ、卵、グラニュー糖と牛乳の4分の1の量を混ぜて生地を作る。残りの牛乳を少しずつ注ぐ。なめらかな生地にするため、ダマがあれば目の細かい漉し器で漉す。

クレープの焼き方：バターを泡立つ程度にテフロン加工の鍋で溶かし、半量を生地に混ぜる。20cmのテフロン加工のクレープパンまたはフライパンを熱し、残りのバター少々をはけで塗る。底を薄くおおう程度の量の生地をレードルですくい入れ、フライパンをゆっくり回して生地を均一に広げる。30秒焼いた後クレープを返し、両面が同じようなきつね色になるまで、もう片面も30秒間焼く。同様にしてクレープを16枚焼く。ベリー類、パッションフルーツの種と絞り汁を生クリームに混ぜ、ひとさじ分をクレープの一方のすみにのせる。半分に折り、さらに半分に折って、4分の1の大きさの包みにする。皿にできあがったクレープを4つずつ置いて、上に生クリームをひとさじのせる。ミント一枝とベリーの盛り合わせ少々で飾る。

フルーツ・コンポート　生クリーム添え

おなじみのこのメニューは、ザ・サヴォイの朝食として今でも人気があります。食べておいしく、胃にやさしくてヘルシー、一日を始めるのにはもってこいなので、お客様は喜ばれます。

4人分

プルーン　乾燥したものか半生のもの　8個　種を取っておく
シロップ（185ページ参照）　400ml
りんご（グラニースミスなどの青りんご）　2個
　皮をむき、芯を取って4つ切りにしておく
洋なし（コミスまたはウィリアムズなど）　2個
　皮をむき、芯を取って4つ切りにしておく
桃　2個　皮をむき、種を取って半分に切っておく
いちじく　2個
プラム　2個　種を取り半分に切っておく
生クリーム　大さじ4杯（好みで多めに）　仕上げ用として

乾燥プルーンの場合は途中で2度水を代えて2〜3時間水に浸しておく。

シロップを鍋で温め、りんごを入れてやわらかくなるまでとろ火で4〜5分煮る。いったん取り出した後、他のフルーツは1種類ずつ同様にして煮る。フルーツをすべて煮たら、全部をシロップの中に戻してそのまま冷ます。

生クリームをたっぷり上にかけてコンポートを出す。

たらのスモークとサーモンのケジャリー
カレーソース添え

この伝統的な料理は、最近では朝食として人気のあるメニューではなくなっています。ただ外国からやってきた者としては、イギリスのこうした伝統は守るべきだと思うのです。とはいえ、子どもたちの代になったら消えてしまうのではないでしょうか。フィナン・ハドック、あるいはたらのスモークを使った場合なら、ケジャリーはイギリスの食生活の規範としての地位を確立したと思うのです。こうした燻製のたらは料理に特別な味わいを与え、使わなければあたりさわりのない味になっていまいます。サーモンを加えることにより、色と食感のコントラストがはかれます。もう少し豪華な料理にするなら、カレーソースの脇に、煮詰めたクリームを添えるといいでしょう。

4人分

チキン・ブイヨン（180ページ参照）または水　150ml
たまねぎ　½個　みじん切りにしておく
油　大さじ2杯
米（長粒種）　120g
無着色のたらのスモーク（できればフィナン・ハドック）　150g
　骨と皮を取り除いておく
サーモンのフィレ　150g　骨と皮を取り除いておく
固ゆで卵　4個　からをむいておく
バター　大さじ2杯
グリーンピース　80g　ゆでておく
パセリ　大さじ2杯　洗ってみじん切りにしておく
カレーソース（右のレシピ参照）　300ml
ダブルクリーム　200ml　半分に煮詰めておく
塩

オーブンを180℃に温めておく。チキン・ブイヨンか水を火にかけて沸騰させ、塩で味を調える。たまねぎと油を大きめの浅い鍋に入れ、たまねぎから水気が出てやわらかく半透明になるまで炒める。米を加え、米つぶの表面に油がまわるまでかき混ぜる。沸騰したチキン・ブイヨンか水を加え、バターを塗ったクッキングシートを被せる。オーブンで約20分調理する。

オーブンで調理している間に蒸し器を用意し、上段に魚を入れ、半透明になるまで約4分加熱する。火を止め、魚が乾燥しないようにおおいをしておく。

卵2個をきざむ。魚を大まかにほぐす。米をオーブンから取り出し、米粒がぱらりとするようバターを混ぜる。魚、グリーンピース、きざんだ卵とパセリ小さじ1杯半を加え、良く混ざるまで静かにかき回す。温めた皿にケジャリーを盛る。残った卵を4等分して上にのせる。残りのきざみパセリをパラパラとふりかけ、横にカレーソースと煮詰めたクリームを添えてテーブルに出す。

カレーソース

カレーソースは、少量を作ってもよい香りが出せませんが、冷凍できますので、保存しておいて使うことができます。このソースはフルーツを使ったもので、ケジャリーとよく合います。

10人分

たまねぎ　大きめのもの1個　みじん切りにしておく
にんにく　3片　みじん切りにしておく
油　大さじ1杯
バター　15g
唐辛子　2本　種を取り刻む
カレーパウダー　大さじ4杯
ターメリックパウダー　小さじ1杯
トマトピュレ　大さじ2杯
りんご　½個　芯を取ってぶつ切りにしておく
バナナ　½本　スライスしておく
シナモン・スティック　¼本
チキン・ブイヨン（180ページ参照）　1リットル
塩

大きめの鍋でに油とバターを溶かし、たまねぎとにんにくの水気が出てやわらかくなり、半透明になるまで炒める。唐辛子とカレーパウダー、ターメリックを加え、さらに1分ほど炒めてトマトピュレとりんご、バナナ、シナモンスティック、チキン・ブイヨンを加える。とろ火で20分煮る。

シナモン・スティックを取り除き、ブレンダーでソース状になるまで混ぜる。

漉し器で漉し、塩少々で味を調える。

スクランブルエッグのスモークサーモン包み

朝食やブランチにぴったりのこのすばらしい料理は、見かけが少々古くさいと思われるかもしれません。しかし胃に負担をかけないメニューとして、ザ・サヴォイではいつも注文があります。スモークのにおいが強すぎるとスクランブルエッグの繊細な味をそこねますので、においの強いものは避けてください。

4人分

スモークサーモン　400g　薄切りにしておく
有機卵　12個　溶きほぐしておく
無塩バター　20g
ダブルクリーム　大さじ2杯
チャイブ　15g　葉をきざむ
レモン　1個　皮をむき、白い部分を取り除き輪切りにしておく
チャービルの葉　15g　冷水に放つ
塩、挽きたてのこしょう

グリルを温めておく。ラムカン皿8枚にスモークサーモンを並べる。スモークサーモンの端が器から少しはみ出るようにしておく。塩、こしょうで卵の味を調える。

テフロン加工のフライパンを熱してバターを入れ、泡が立ってきたら卵を入れ、木のスプーンでかき混ぜる。卵が固まりかけたら火から降ろし、それ以上熱が通らない状態で、クリームを加えてかき混ぜる。卵にチャイブを混ぜ、ラムカン皿に入れる。端にはみ出させておいたサーモンを被せて卵を包む。ラムカン皿を逆さにし、皿にサーモンで包んだ卵を出す。ひと皿につき2個置く。グリルの下段にサーモンの卵包みを置き、30秒軽く火であぶる。それぞれの包みの上にレモンスライスを一切れのせ、冷水に放しておいたチャービルを水を切ってから飾る。

サヴォイのブレクファストエッグ
キャビアとブリオッシュ・スティックを添えて

ヴィクトリア女王も、市井の人々のように、毎朝ふつうのゆで卵を召し上がったと言われています。きっと、金のエッグカップから金のスプーンでお召し上がりだったでしょうが。ザ・サヴォイで出す朝食の卵は、ふつうのものとははるかに違います。有機卵のからにクリーミーなスクランブルエッグを詰め、オシェトラ種のキャビアをてっぺんに飾るのが、ザ・サヴォイの伝統です。棒状にカットしたブリオッシュ・スティックを添えれば、この特別な朝食は完成です。

生卵の上のほうを切り取るには、専用のエッグカッターを使います（高級調理器具を扱う店で手に入ります）。このほか、のこぎり刃状のナイフで半熟卵の上のほうを切って、中身をかき出す方法もあります。

4人分

スクランブルエッグの材料

有機卵　3個　大きいもの
無塩バター　15g
ダブルクリーム　大さじ2杯
卵のから　大きいもの4個　中身を出しておく（上記の手順を参照）
オシェトラ種のキャビア　小さじ2杯
塩、挽きたてのこしょう

ブリオッシュの材料

（大型のブリオッシュひとかたまり、またはロール20個分）

ケーキ用の生イースト　15g
粉糖　小さじ2杯
牛乳　175ml
強力粉　500g
塩　小さじ1杯
全卵　1個　大きいもの　大きめの卵2個分の卵黄と共に泡立てておく
無塩バター　150g　やわらかくしておく
器に塗るバターと打ち粉用の小麦粉
卵黄　1個分　つや出し用に軽く溶いておく

ブリオッシュ生地の作り方：イーストと砂糖を混ぜて牛乳に加え、なめらかなペースト状にする。小麦粉と塩をふるいにかけ、電気ミキサーのボウルに入れ、イーストの合わせたもの、そして全卵と卵黄を泡立てたものを加える。生地に弾力がでてなめらかなつやが出るまでこねる。バターを少しずつ数回に分けて加え、生地がボウルにつかないようになるまでこねる。丸くまとめ、バターを塗ったボウルに入れる。ラップをかけ、生地がふくらむまで暖かい場所に2時間置く。

ふくらんだ生地をボウルから取り出し、打ち粉をした台に移したら、指で空気を抜く。バターを塗った1kg用のパン型に入れ、もう一度ラップをかける。もう一度よくふくらむまで暖かい場所に45分置く。

ブリオッシュロールの作り方：生地を20等分し、ふたたびふくらむのを待つ。少しちぎり、ブリオッシュらしい『頭』ができるようにする。230℃のオーブンで10分焼く。

焼き方：オーブンを200℃に温めておく。ふくらんだブリオッシュ生地に卵黄を塗り、オーブンで約40分焼く。型から取り出して、ワイヤーラックの上で冷ます。

スクランブルエッグの作り方：卵を軽く溶きほぐし、塩とこしょうで味を調える。小さめのテフロン加工のフライパンにバターを溶かし、卵を入れる。ゆっくりかき混ぜ、固まり始めるが全体がまだ液状の間にクリームを加える。ティースプーンでスクランブルエッグをからに詰め、てっぺんにキャビア少量をのせる。トーストしたブリオッシュ・スティックを添え、テーブルに出す。

グリルド・キッパー
うずらの卵の目玉焼き添え

キッパー（燻製にしん）は、人生にとってかけがえのない宝だと思います。軽くグリルしたキッパーの香りと風味はとてもすばらしいのですが、他国の人たちにはほとんど知られていません。ヨーロッパで積極的に売り込みをかけるべきではないかと思うことが、ときどきあります。実際に体験すれば、みな絶対にキッパーが好きになってくれるにちがいありません。イギリスの赤字財政に貢献できるのではないかとも、思うのです。

4人分

無着色キッパー（燻製にしん）　4枚
バター　50g、やわらかくしておく
サシ（脂身）の入ったスモークベーコン　4枚　皮をむき、幅5mmに切っておく
食パン　2枚　みみを取り、5mmの角切りにしておく
うずらの卵　4〜8個
オリーブオイル　小さじ4杯
イタリアンパセリ　15g
挽きたてのこしょう

グリルを高温に熱する。キッパー全体にバター少量を塗り、5、6分焼く。その間にテフロン加工のフライパンにベーコンを入れ、カリカリになるまで高温で焼く。目の細かい漉し器で脂を漉し、漉した脂はフライパンに戻す。ベーコンから出た脂でパンをきつね色になるまでカリカリに焼く。

フライパンを替え、うずらの卵を残りの脂とオリーブオイルで焼き、キッチンペーパーかペーパータオルの上に取り出して脂を切る。

キッパーをグリルから取り出し、骨から身をはずす（火を通すとかんたんにはずれる）。キッパーの身を皿に盛る。パセリを刻み、ベーコンと角切りのパンといっしょに混ぜる。キッパーひと切れにつき、1個あるいは2個のうずらの卵の目玉焼きをのせ、先ほど作ったベーコンと食パンの角切りの取り合わせを上からかける。

ザ・サヴォイのアール・デコ

創業以来、ザ・サヴォイ・ホテルはモダン・デザインの縮図でした。トマス・コルカットの設計と、アール・ヌーボーの第一人者アーサー・マクマードによるインテリアは、最先端を行くものでした。

　鉄骨建築、コンクリートの使用、（噴水完備の）中庭を取り囲むような設計と、初めてづくしのほか、自慢の専用掘り抜き井戸があり、お湯も電気も24時間利用可能。さらに漆塗りの最先端の『上昇室』（エレベーターのこと）まで。7階建てのホテルのデザインは、どこをとっても完璧だと感じられました。

　しかし完成直後から、よりよいホテル作りを目指した改装が行われました。噴水はもっと華麗なものに取り替えられ、1904年には、現在おなじみとなっている正面玄関がストランド側に作られました。おもしろいことに、ここだけは車が右側通行で、隣接する劇場に観客たちが来てもザ・サヴォイの正面玄関は混み合わないようになっていました。車の右側通行が今でも許されているのは、英国中で唯一ここだけです。サヴォイ伯爵ピーターの像は、もともとは通路をおおう石造りのアーチの上に作るため依頼されたのですが、現在では通路の上に掲げられた"ＳＡＶＯＹ"のＶの字の上に位置し、ステンレス製の天蓋のてっぺんで誇らしげに立っています。彼の背後、彫刻がほどこされたマホガニーの羽目板の上にあるのは、ベイジル・ペグラムが1904年に正面玄関のために設計した、「新しい」浮き彫り細工の壁（フリーズ）です。

　世界中の上質な新しいデザインを披露した1925年のパリ万博を経て、建築界の様相はがらりと変わりました。アール・デコが世界を席巻したのです。金箔を貼ったコーニスやデコラティブな柱、壮麗な彫刻がほどこされたマホガニーのインテリアなど、エドワード朝様式のサヴォイの調度は、たちまちのうちに時代遅れになってしまいました。老いを目の当たりにした35才のレディは、フェイスリフトを余儀なくされたのです。

　恐ろしい第一次大戦が終わったその時代、アール・デコは未来の限りなき可能性の象徴でした。瀟洒で幻想的なイメージと、金属やガラスといった工業製品を組み合わせたそのスタイルは、すっきりとしてモダンでした——まさに、古さを感じさせつつあったザ・サヴォイが必要としていたものだったのです。サヴォイ劇場が1929年に再建されたとき、ステンレス鋼（当時の新素材でした）のファサードを初めて目にして、人々は驚愕しました。さらに革新的だったのは、ファサードに合わせて作られた鋼鉄製の天蓋が、正面玄関の上部に取り付けられたことでした。

　ホテル内部では、淡い色の木材をシンプルな幾何学模様に配した壁が、鏡によってさらにその魅力を引き立てられています。手すりは劇場の鉄細工を手がけたベイジル・イオニデスがデザインしたものです。ロープとタッセルで飾られた手すりと同様、豪華に改装された大理石造りの浴室に据え付けられた当時最新の金具類も、昔の面影を残しています。イオニデスが黒いすずかけの木を材料に彫り上げたのが、ザ・サヴォイ最古の住人、身の丈1メートルの猫、キャスパーです。

　ザ・サヴォイには、そこかしこにアール・デコの名残が見受けられます。客室の廊下に経てば、時間が80年前に逆戻りするでしょう。壁紙も、照明器具も、扉の枠も、どれもみな、1920年代や1930年代に作られたものばかりです。また玄関広間であるテムズ・フォイエでは、3枚の華麗な鏡があふれんばかりに花が活けられた巨大な花瓶の姿を映し出し、ロンドン随一のアール・デコ調のホテルだった1930年代当時のザ・サヴォイの姿をほうふつとさせています。

いちじくのポートワイン煮
シナモンとオレンジの香り
フローズン・バニラ・ヨーグルト添え

いちじくは夏が出盛りです。丸々と熟している頃ですから、あまり手をかけず、さっぱりとした朝食のメニューを作りたいものです。デザートとしてもいただけます。このレシピはかんたんで、あっという間にできてしまいます。

4 人 分

バニラビーンズ　2本　分量外として飾り用に少々
プレーンヨーグルト　200ml
完熟したいちじく　12個
シロップ（185ページ参照）　300ml
サフラン　ひとつまみ
シナモン・スティック　2本　分量外として飾り用に少々
赤のポートワイン　大さじ2杯
レモン　½個

フローズンヨーグルトの作り方：バニラのさや1本の中味をこそげ出し、ヨーグルトに入れ、かき混ぜたら小型の冷凍用ラムカン型4個に入れて凍らせる。

シロップとシナモンを煮立たせ、バニラのさや1本の中身をこそげ出し、ポートワインとサフランを加える。

いちじくを洗い、温かいシロップの中に入れて4、5分煮る。シロップの中に入れたままいちじくを冷ます。

冷めたいちじくをシロップから取り出し、先端に深さ1cmの十字の切り目を入れる。一皿に3個ずついちじくを置き、シロップをいちじくの上とまわりに振りかける。いちじくの上にフローズンヨーグルトを置き、バニラとシナモン・スティックを飾りに添える。

ランチ

　一日のうちで私の一番好きな食事が、ランチです。ザ・サヴォイでは、さまざまな要求を満たさなければならないランチは、スタッフにとってつねにやりがいのある仕事です。リバー・レストランでの、ゆっくり時間をかけて楽しむランチ。ザ・サヴォイ・グリルや、7室あるダイニング用個室と宴会場での真剣なビジネスランチ。お急ぎの方のための、テムズ・フォイエでのグラスワイン付き2品コースの軽い"クイック"ランチ──《オムレツ　アーノルド・ベネット仕立て》(レシピは156ページ参照)、ゴートチーズを添えたトマトタルト、ときにはスシのようなものなど、2品の食事にグラスワインが付きます。くつろいだ雰囲気でのルームサービスにも、もちろん対応します。お客様のランチは正午過ぎから始まりますが、厨房はそのために朝の8時半から準備を始めます。ランチタイムが近づいてくると、ピーク時には38名のシェフがあらゆる持ち場から飛んでくる指示をさばき、厨房の雰囲気はさらにあわただしくなります。

　ランチのコースメニューには市場から届いたばかりの季節の食材を用い、毎日違った料理が提供されます。ローストビーフのヨークシャー・プディング添え、オニオングレービーをかけたソーセージとマッシュポテト、シェパードパイとグリーンピースなど、伝統的な英国料理を出す日もありますが、ぴんとくる食材があれば、たとえばタラのグリエにシュークルートを添え、その上に豚のほほ肉を乗せるといった、意外な料理がシェフの頭に浮かぶこともあるでしょう。ちなみにこの料理、大人気を博しています。

　時間に余裕のあるお客様にとってウィークデイのランチは、おしゃれをした女性たちがエレガントな雰囲気に華を添え、ゆったりと過ごせるひとときです。エスコフィエがシェフをつとめた時代には、たくさんのファッショナブルな女性がザ・サヴォイの常連でいらしたのに、最近では女性のお客様は全体のわずか25パーセントというありさま。私は残念でたまりません。『女性の昼食会』がもっと盛んになってほしいものです。とはいえ土曜や日曜になると、家族連れでおみえになった女性のみなさまが、ゆったりとくつろいだ様子でランチを楽しんでらっしゃるのは、うれしいことです。昼さがりにくつろぎのひとときを楽しむ人々の姿を見ると、こちらもいい気分になりますし、厨房での大騒ぎもむくわれるというものです。

スズキとサーモンのマリネ
大根とわさび添え

1980年代の後半から90年代にかけて、毎年1月になると所用で2週間日本に滞在していました。食べ物を愛する人間にとって、日本はすばらしいところです。日本人が食べ物に注ぐさまざまな気配りは、本当に驚くほどです（請求されるお値段もですが！）。このレシピは、私が新幹線で東京から神戸に行ったときに食べた料理を参考にして作ったものです。ザ・サヴォイのお客様からの反応が気がかりでしたが、気に入っていただけ、今でもランチとプライベート・ダイニングでの名物料理です。

4 人 分

大根　50g　皮をむいて洗っておく
にんじん　50g　皮をむいて洗っておく
レモン・ドレッシング（182ページ参照）　50ml
チリオイル　大さじ2杯
スズキのフィレ　200g　うろこを取り、皮と小骨を除く
（2kgぐらいの大きさの天然のスズキから取ったものがのぞましい）
有機飼育のサーモン　200g　皮と小骨を除く
青唐辛子　1本　新鮮なもの
生のコリアンダー・リーフ　50g　洗っておく
練りわさび　大さじ1杯
塩、挽きたてのこしょう

大根とにんじんを細かい千切りにする。あればマンドリーヌ（野菜用カッター）を使ってもよい。大根とにんじんを合わせる。レモン・ドレッシングにチリオイルを混ぜる。

スズキとサーモンのフィレを切って同じ幅にそろえる。キッチンペーパーで水気をふき取り、身が固くなるまで30分冷凍庫に入れておく。よく切れるナイフで冷やしたフィレを厚さ3mmにスライスする。

盛り付け皿にドレッシングをうっすらとはけで塗り、黒こしょうを少々挽く。スライスしたスズキとサーモンを、少しずつずらしながらたがい違いに重ねて盛り付ける。ひと皿に3枚ずつ重ねる。さらに魚の上にはけでドレッシングを塗り、こしょうを振りかける。中央に大根とにんじんをこんもりと盛る。

青唐辛子を細い輪切りにし、魚のまわりに置く。残りのドレッシングを上からかけ、コリアンダー・リーフを上に飾る。皿の隅に少量のわさびを添えて仕上げる。

いわしのマリネ
ランプフィッシュのキャビア添え

このレシピでは必ず、ごく新鮮ないわしだけを使ってください。このシンプルな料理の出来は、いわしの質とイキのよさで決まります。オイルもやはり、極上のエクストラ・バージン・オリーブオイルを必ず使ってください。

4 人 分

中型の新鮮ないわし　6～8匹　それぞれ40gほどのものをおろしておく
白ワインビネガー　300ml
にんじん　50g　皮をむき、みじん切りにしておく
リーキ　50g　細かい角切りにしておく
セルリアック（根セロリ）　50g　皮をむき、細かい角切りにしておく
ランプフィッシュの卵（キャビア風の魚卵）　40g
完熟したプラムトマト　3個
白パン　4枚　極薄切りにしておく
エクストラ・バージン・オリーブオイル　200ml
塩、挽きたてのこしょう
チャービル　つけ合わせの材料として

いわしのフィレを洗って水気を切る。非金属の皿に並べ、白ワインビネガーと600mlの水を注ぐ。塩とこしょうで味を調え、おおいをして冷蔵庫に入れ、12時間マリネする。

大きめの鍋で塩を入れた水を沸騰させる。

野菜を投入し、さっと湯がき、冷水に放ってパリッとさせる。野菜の表面を軽くはたいて水気を取り、ランプフィッシュの卵と混ぜる。

沸騰させた中にトマトを入れて湯むきし、種を取って細かく刻む。四角い綿の布（チーズクロス）の中にあけてジュースをしぼり取る。薄くスライスしたパンを5×4cmの長方形に切り、トーストする。

マリネ液からいわしを取り出し、キッチンペーパー（ペーパータオル）で水気をふき取る。パピエットやロールモップのように円筒形に巻く。盛付け用の皿に2、3切ずつ盛り、その上に野菜をのせたあと、オリーブオイル少々とトマトの絞り汁少々を振りかける。チャービルをあしらい、トーストを脇に添えて仕上げる。

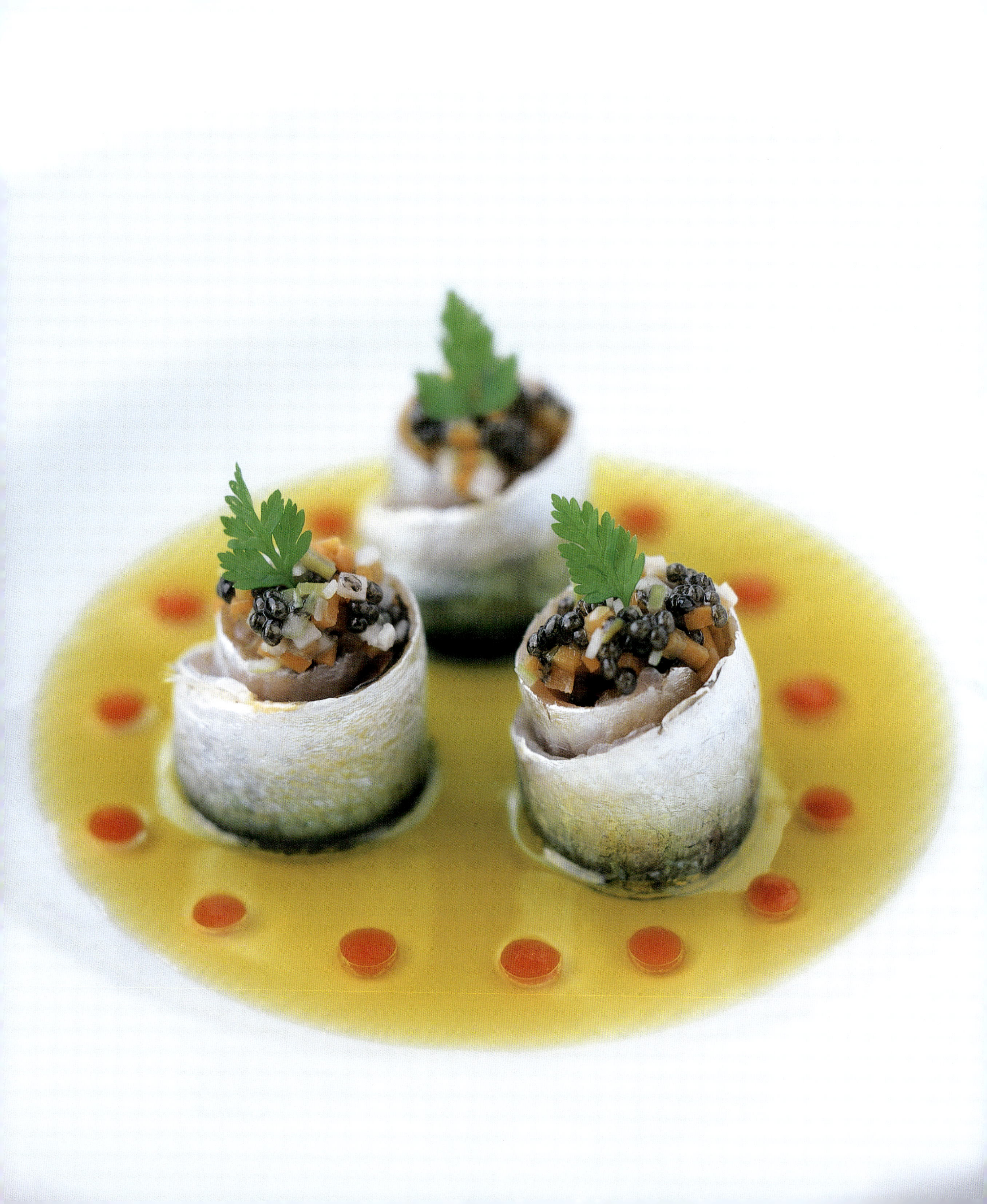

ベビーアーティチョークと
スパイシーな手羽のサラダ
パルメザンチーズ・クリスプ添え

このシンプルなサラダ風前菜に、赤唐辛子とレモン・ドレッシングがしっかりとした味わいを加えています。ベジタリアン料理を手早く作りたいとき、このレシピから鶏肉を抜いてもおいしくできあがります。その場合は、パルメザンチーズ・クリスプを1つか2つ増やしてください。

みじん切りにした野菜をヨーグルトであえたインドのサラダ、ライタがおいしさを引き立てます。

4人分

手羽元　24本

マリネ液の材料

プレーンヨーグルト　200ml
生の赤唐辛子　1本　種を取り細かく刻んでおく
にんにく　2片　つぶしておく
カイエンヌペッパー　小さじ½杯
生しょうが　小さじ1杯　細かく刻んでおく
ベビーアーティチョーク　8個　皮をむいておく
レモンの絞り汁　½個分
チェリートマト　8個　半分に切っておく
パルメザンチーズ　大さじ1½杯　おろしたてのもの
ルッコラ　80g
レモン・ドレッシング（182ページ参照）　大さじ4杯
揚げ油
塩、挽きたてのこしょう
パルメザンチーズ・クリスプ（右のレシピ参照）　4枚

手羽の下ごしらえ：手羽元の細い側から皮をはがし、肉を押し戻してまとめ、骨を2本とも露出させる。よく切れるナイフで、細いほうの骨を切り落とす。

下ごしらえした手羽元をヨーグルトと唐辛子、にんにく、カイエンヌペッパー、しょうがを混ぜたものにつけ、よくなじませる。おおいをして冷蔵庫に最低2時間寝かせる。

ベビーアーティチョークは外側の広がった葉を取り除き、茎は約4cm残して切る。沸騰させた塩水にレモンの絞り汁を加えた中に入れ、柔かくなるまで約15分ゆでたら、そのまま冷ます。冷めたら水を切り、キッチンペーパー（ペーパータオル）を2枚重ねにしたもので水気を取る。半分に切り、中心部の綿毛状の部分を除く。

グリルを高温に熱する。チェリートマトを塩、こしょうで味を調え、パルメザンチーズ少々をふりかけて、きつね色になって泡立つまで熱する。

オーブンを200℃に温めておく。

手羽を揚げる：油を160℃に熱する。

その間に、手羽をヨーグルトのマリネ液から取り出し、水気を拭う。手羽がカリッときつね色になるまで揚げる。揚がるまで予想以上に時間がかかるので、中まできちんと熱が通ったか確かめること。こげ色がついても中まで熱が通っていなければ、温めたオーブンで熱が通るまで5～10分焼く。

仕上げ：各皿にチェリートマトとアーティチョークを盛る。レモン・ドレッシングでルッコラをトスし、皿に盛り、上にかりっと焼いたパルメザンチーズ・クリスプをのせ、まわりに手羽を盛る。

パルメザンチーズ・クリスプ

4個分

パルメザンチーズ　40g　おろしたてのもの

オーブンを200℃に温めておく。直径5～6cmの抜き型をテフロン加工の天板の上に置き、中に全体の4分の1の量のパルメザンチーズを入れる。抜き型を持ち上げて取り、同様にしてもう3個作る。チーズが溶け泡立ってくるまでオーブンで3～5分加熱し、取り出してさます。

バリエーションとして、上にけしの実を大さじ2杯振りかけて焼く。

ポレンタ・クリスプ　ワカモーレと豆腐添え

ザ・サヴォイで昔から根強い人気のこのレシピは、ベジタリアンのお客様に喜んでいただいています。趣向を変えるために、私はときどきスモークした豆腐を使います。一風変わったおいしい風味が加わります。ベジタリアンでなくてもこの料理が気に入っていただけそうなら、ゆでるかスモークした魚やスモーク・チキンの水気をよく切り、角切りにしたものをワカモーレに加えてください。

4人分

野菜のブイヨン（182ページ参照）　1リットル
ポレンタ　350g
ミックスハーブ
　（イタリアンパセリ、タラゴン、チャイブ）　大さじ2杯　新鮮なもの
パルメザンチーズ　40g　おろしたてのもの
塩

ワカモーレの材料

アボカド　1個　熟したもの
にんにく　¼片　つぶしておく
レッドオニオン　½個　みじん切りにしておく
スプリング・オニオン　2本　長さをそろえ薄切りにしておく
プラムトマト　2個　皮をむいて種を取り、角切りにしておく
レモンの絞り汁　½個分
タバスコソース　小さじ½杯
挽いたクミン　ひとつまみ
カイエンヌペッパーまたはチリパウダー　ひとつまみ
セロリソルト、挽きたてのこしょう

つけ合わせの材料

揚げ油
エシャロット　2個。薄く輪切りにしておく
ミルク　400ml
薄力粉　小さじ2杯
スウィートパプリカ　小さじ1杯
オリーブオイル　大さじ2杯
豆腐　200g　角切りにしておく
ハーブサラダ（95ページ参照）　80g
レモン・ドレッシング（182ページ参照）　小さじ4杯

大きめの鍋で野菜のブイヨンを煮立て、塩を多めにひとつまみ加えたら、手を休めずにポレンタを練っていく。鍋をずらし、遠火で約20分火を通す。ポレンタが滑らかでぽってりした状態になるまでかきまぜ続ける。ハーブとパルメザンチーズを入れて混ぜ、トレイに空けたら、ポレンタを厚さ1cmになるよう均一に広げる。直径7cmの抜き型で12枚抜く。

ワカモーレの作り方：アボカドの皮をむいて種を取り、果肉を小さな角切りにする。その他の材料をすべて加え、よく混ぜる（ワカモーレは前もって準備してもかまわないが、変色しないよう、アボカドの種を入れておくこと）。

つけ合わせの準備：フライヤーか深鍋にオリーブオイルを入れ、160℃に熱する。輪切りにしたエシャロットをミルクにひたし、パプリカを混ぜた小麦粉をまぶす。余分な粉をはたき、きつね色になるまで揚げる。油を切って冷めないよう保温する。

仕上げ：オーブンを180℃に温めておく。オリーブオイルをテフロン加工のフライパンで熱し、丸く型抜きしたポレンタの両面に焼き色がつくまで焼く。ポレンタ4枚を天板に置き、それぞれに5mmの厚さにワカモーレを塗り、角切りにした豆腐をいくつかのせる。その上にポレンタを重ねて2層目を作る。最後に3枚目のポレンタを重ねる。層になったポレンタをオーブンで5分焼き、焼き上がったら皿の中央に盛る。てっぺんにワカモーレを少々のせ、エシャロットのリングを飾る。

ハーブサラダをレモン・ドレッシングでトスし、ポレンタの周りに見栄えよく飾る。

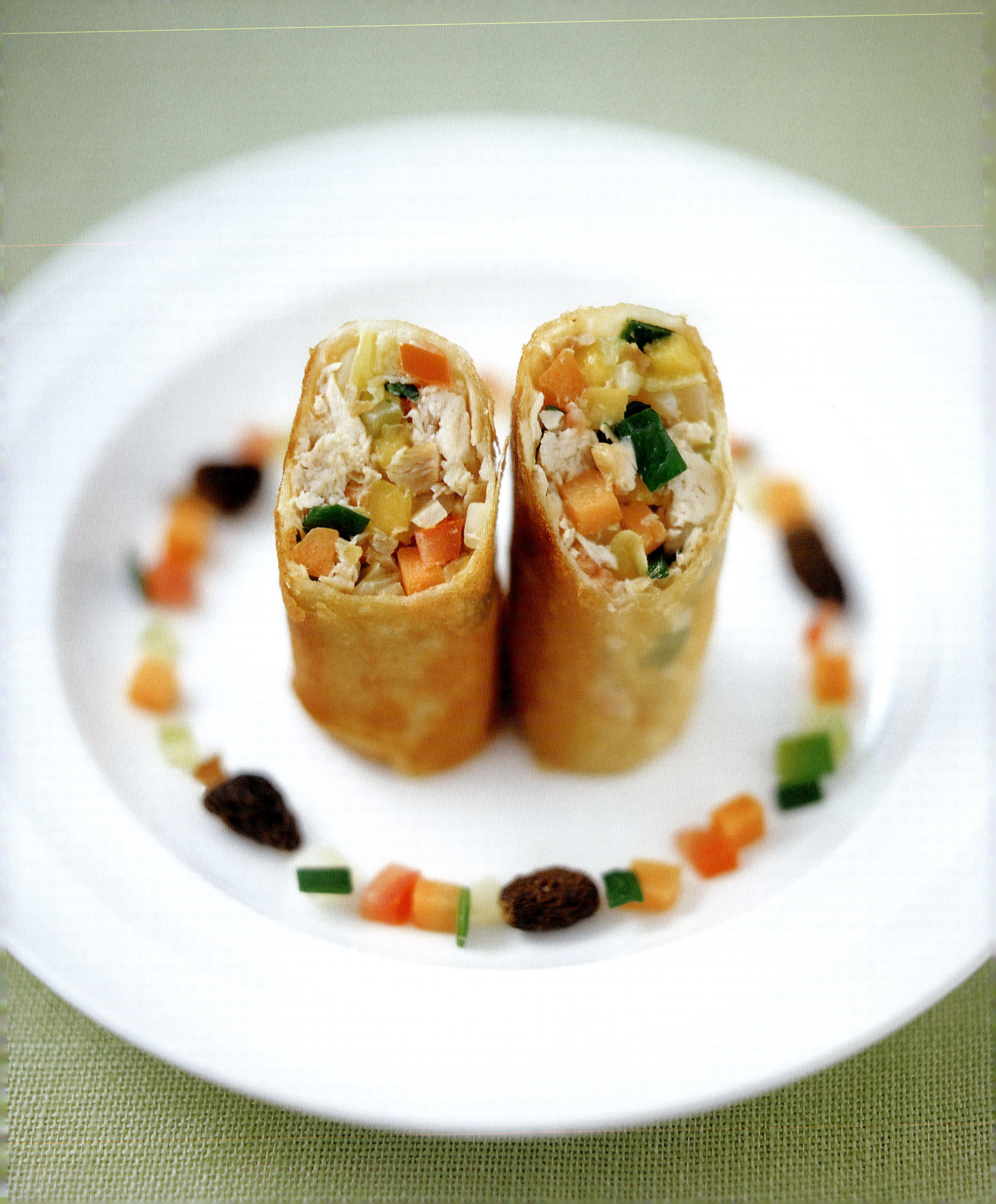

ウサギもも肉のコンフィと
アミガサダケのスプリングロール
プラム・ドレッシング添え

ウサギの甘味とマンゴーの滑らかな食感はよく合います。またカリッとした皮で包んだやわらかいフィリングのコンビネーションが、この料理を印象的なランチの前菜にしています。お客様からつねにご好評をたまわる料理です。

4人分

アミガサダケ　50g　生のものまたは乾燥したもの
　（小さい方が質がいいので、小ぶりのものを選ぶこと）
エクストラ・バージン・オリーブオイル　300ml
サフラン　ひとつまみ
パート・ブリックまたはフィロ・ペストリー　8枚
卵　1個　溶きほぐしておく
ウサギの脚のコンフィ　2本　ほぐす　（116ページ参照）
野菜の取り合わせ（にんじん、たまねぎ、セロリ、リーキ）　200g
　5mmの角切りにして湯通ししておく
エシャロット　1個　細かく刻んでおく
プラム・チャツネ（182ページ参照）　100g
マンゴー　1個　皮をむいて種を取り、1cm幅の細切りにしておく
揚げ油
トマト　2個　皮をむいて種を取り、角切りにしておく
レモンの絞り汁　1/2個分

干したアミガサダケを使う場合は、途中で水を2回替え、2時間水に漬けておく。軸を取り、ていねいに洗う。

サフランオイルの作り方：オリーブオイルを温め、サフランを加える。20分そのままにして抽出させた後、漉し器で漉して取り置く。

スプリングロールの作り方：パート・ブリックまたはフィロ・ペストリーを1枚広げ、溶き卵をはけで塗る。もう一枚を重ね、端に溶き卵を塗る。ほぐしたウサギ肉、分量の3分の2の湯通しした野菜、エシャロット、そして分量の3分の2のプラム・チャツネを混ぜ合わせる。できあがったウサギのフィリングを、皮の対角線上に12×2cmの細長い形になるよう斜めにのせる。フィリングは両端から3cm控えてのせる。てっぺんにマンゴーをあしらう。四隅を中心に向かってたたんだ後、円筒形に巻く。同様にして、もう3本スプリングロールを作る。

揚げ油を160℃に熱し、きつね色になるまで4分ほど揚げる。キッチンペーパーで油を切る。

野菜の取り合わせの残量と角切りトマトをアミガサダケと合わせる。サフランオイルとプラム・チャツネの残量、レモンの絞り汁を混ぜ、うち3分の1を、先ほど合わせた野菜とアミガサダケに加える。

仕上げ：スプリングロールを斜め半分に切り、皿に盛る。野菜とアミガサダケを飾り、残ったプラム・チャツネとサフランオイルを混ぜたものを皿のまわりに散らす。

さばのグリエ
スモークベーコン巻きをのせた
田舎風トマトブレッド

さばはごく新鮮なものを選び、骨をすべて除いてください。ベーコンとさばは昔から相性がいいといわれています。ベーコンが魚の豊かな香りを引き出す役目を果たします。本来ランチ向けの軽い料理として、ひと皿にさばのフィレを2枚のせます。

4人分

オリーブオイル　大さじ4杯
レモンの絞り汁　1/2個分
枝つきの熟成したトマト　4個
田舎パン（サワードウのパン）　4切れ
にんにく　2片　つぶしておく
さばの半身　80gのもの4枚　骨をすべて取っておく
サシ（脂身）の入った薄切りのスモークベーコン　4枚
レタス　80g
クレソン　1束　余分なところを落とし、洗っておく
レモン・ドレッシング（182ページ参照）　小さじ4杯
シーソルト、挽きたての黒こしょう

グリルを高温に熱する。オリーブオイルとレモンの絞り汁を合わせ、塩こしょうで味を調えてドレッシングを作る。どろどろの状態になるまで、トマトをフォークの背でつぶす。パンの両面をグリルで焼き、にんにくをこすりつけ、潰したトマトを塗る。

さばのフィレを1枚ずつ薄切りのベーコンで巻き、軽く火を通す程度にグリルでさっと焼く。

トマトブレッド1枚につき、さばのフィレ1枚をのせる。レタスとクレソンを少量のレモン・ドレッシングでトスし、さばの横にこんもりと盛り付け、仕上げる。

サヴォイ風
かに肉のドレッシングあえ

ザ・サヴォイでもつねに人気を博している伝統的な料理で、他のレストランで何度となく真似されています。しかし私としては、ザ・サヴォイでお出しするこのバージョンこそが最高だと思っています。シンプルで決して凝った作りでもなく、イギリス南部のデボン州で取れたての、最上級のかにで作ります。素材がものをいうのです。

4人分

かに（マツバガニなど）の身　200g　軟骨はすべて取り除いておく
生クリーム　125ml
マヨネーズ（183ページ参照）　200ml
きゅうり　80g　皮をむいて種を取り、5mm角に切っておく
ミントの葉　大さじ1杯　刻んでおく
トマト　4個（約200g）　皮をむいて種を取り1cmの角切りにしておく
赤唐辛子　1/2本　種を取り細かく刻んでおく
イタリアンパセリの葉　20g　洗って刻んでおく
パルメザンチーズとけしの実のクリスプ（38ページ参照）　4個
塩、挽きたてのこしょう

かにの身と生クリームの半量、マヨネーズの3分の1を混ぜ、塩とこしょうで味付けをする。きゅうりとミント、角切りトマトの半量を、赤唐辛子と残りの生クリームで混ぜる。残りのマヨネーズと刻んだパセリを混ぜる。

マヨネーズソースであえた、かにの身の盛り付け：皿の中央に直径10cmの抜き型を置き、その中に残りの角切りトマトを並べ、マヨネーズとパセリを混ぜたものを散らす。この抜き型の中に、さらに直径7cmの抜き型を置き、先ほどあえたきゅうりを3分の2の高さまで入れる。最後に抜き型のてっぺんまでマヨネーズソースであえたかにの身を入れる。型を抜き、パルメザンチーズとけしの実のクリスプを添える。

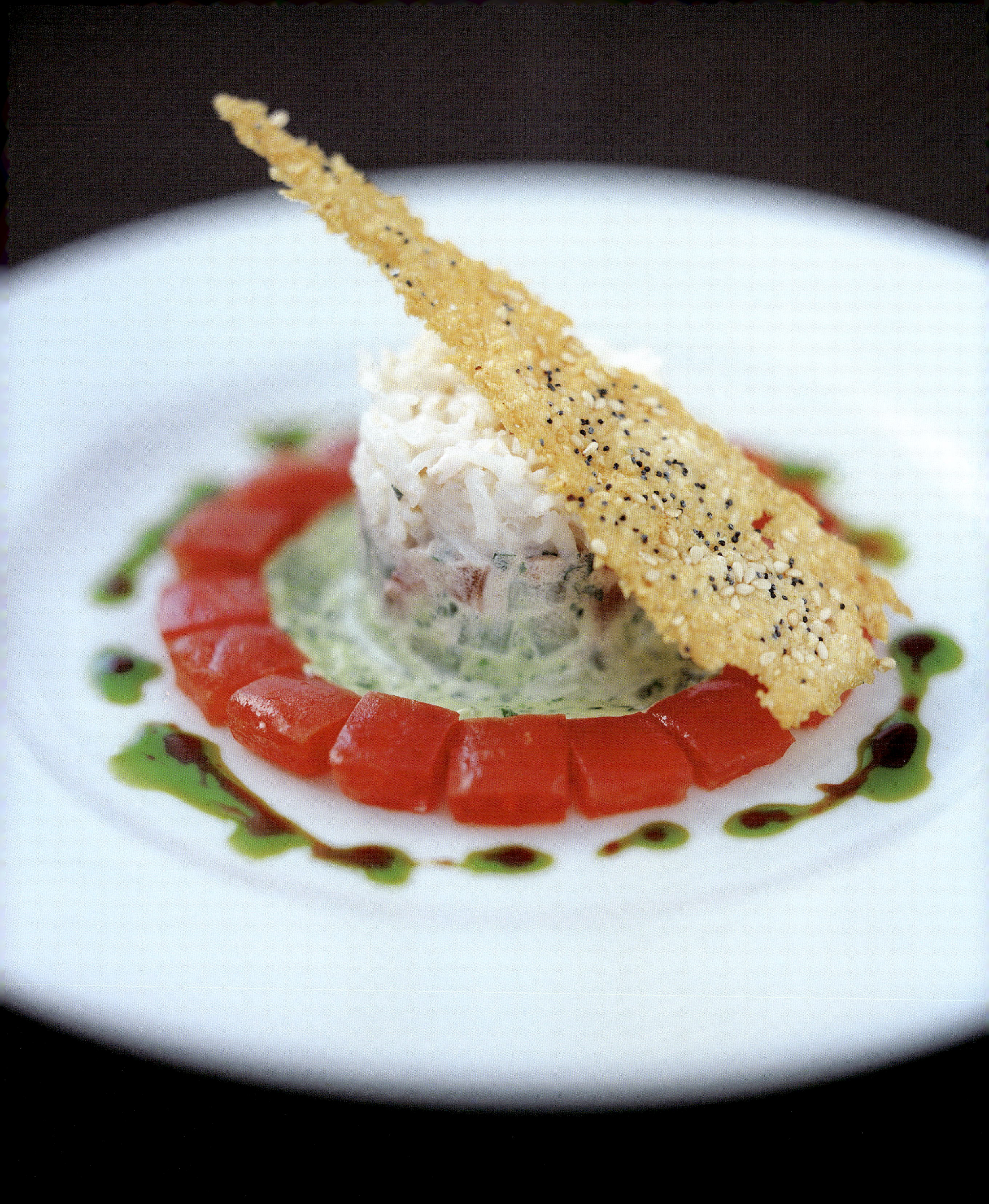

バターナッツ・スクワッシュの
トルテッリーニ
ワイルドマッシュルーム添え

欧米産のかぼちゃ、バターナッツ・スクワッシュの甘みとアマレットが、申し分のないハーモニーをかもしだす、絶妙の取り合わせです。

4人分

たまねぎ　50g　みじん切りにしておく
油　大さじ2杯
にんにく　1片　つぶしておく
バターナッツ・スクワッシュ　小さなものなら4個、大きなものは2個、皮をむき細かく切っておく
アマレット　120g
塩、挽きたてのこしょう

パスタ生地の材料

小麦粉　500g
　（できれば00と表示されている、イタリア産の粒子の細かい小麦粉）
塩　小さじ1杯
オリーブオイル　小さじ2杯
卵　2個
卵黄　9個分

サフラン　ひとつまみ
　大さじ2杯の水で煮つめ、漉し器で漉したもの（お好みで）
エッグ・ウォッシュ（卵黄1個分を大さじ1杯の牛乳と混ぜたもの）

つけ合わせの材料

ワイルドマッシュルームの取り合わせ（ジロール、ブラック・トランペット、シャントゥレル、セップなど）　120g
無塩バター　120g
チェリートマト　6個
パルメザンチーズ　50g　おろしたてのもの
セージの葉　12枚

フィリングの作り方：水気が出て、やわらかく半透明になるまでたまねぎを油で炒める。にんにくを加え、さらに約1分炒める。バターナッツ・スクワッシュを加え、やわらかくなるまで静かに炒め、アマレットを加える。冷ました後、フードプロセッサーでピュレ状にする。塩、こしょうで味を調える。

パスタ生地の作り方：強力なフードプロセッサーか手で、小麦粉、塩、オリーブオイル、卵、卵黄、お好みでサフランの抽出液を混ぜ、滑らかな生地になるまでこねる。ラップにくるんで、冷蔵庫で30分以上休ませる。

トルテッリーニの作り方：パスタマシン（必要に応じて手）で、生地をできるだけ薄くのばし、5cm角に切る（20～24枚ぐらい作ること）。小さじ2杯のフィリングを、一枚の生地の中央にのせ、へりにはけでエッグ・ウォッシュを塗る。角を合わせてたたんで三角形を作り、とがった方の角2カ所を内側に折り返し、指で押してひとつにまとめる。

グリルを熱する。チェリートマトを半分に切り、パルメザンチーズの半量を振りかける。チーズが溶け、薄くきつね色になるまでグリルで加熱する。

十分な量の塩水を沸かし、トルテッリーニに火が通るまで約3分ゆでる。水を切り、冷水に放して少量の溶かしバターを加えて混ぜ、塩とこしょうで味を調える。

仕上げ：トマトとトルテッリーニを深めのスープ皿4枚に取り分ける（ひと皿につきトルテッリーニ5～6個）。残りのパルメザンチーズを振りかけ、グリルの上火を使ってさっとあぶる。きのこに熱を通して上にのせる。

小さめの鍋で、残りのバターとセージの葉を温める。バターが茶色になり始めたらかき混ぜ、トルテッリーニの上にかけて仕上げる。

サヴォイ風
ジビエのキャベツ包み

この小さなキャベツ包みにはジビエの強い香りをひきたて、やわらげる手段としてマスカルポーネチーズを使います。ザ・サヴォイでは、サヴォイ・キャベツ（ちりめんキャベツ）でジビエを包んでいるのは言うまでもありません！

4 人 分

たまねぎ　½個　大きめのもの　刻んでおく
オリーブオイル　大さじ2杯
にんにく　2片　つぶしておく
白パン　40g　時間のたったもの　みみは切っておく
鹿肉　80g　肩肉またはもも肉
豚　80g　肩肉
仔牛または鴨のレバー　40g
マスカルポーネチーズ　40g
卵　1個
サヴォイ・キャベツ（ちりめんキャベツ）の葉　4枚　水にさらして水気を取る
フォン・ド・ボー（181ページ参照）　125ml
たまねぎ　½個　薄切りにしておく
塩、挽きたてのこしょう

つけ合わせの材料

サラダオイル　揚げ油として
薄力粉　大さじ3杯
パプリカ　大さじ1杯
エシャロット　2個　リング状になるように切っておく
ミルク　125ml
オリーブオイル風味のポテトピュレ（188ページ参照）　280g

オーブンを180℃に温めておく。

フィリングの作り方：フライパンに大さじ1杯の油を入れ、水分が出て、やわらかく半透明になるまでたまねぎのみじん切りを炒める。にんにくを加え、さらに約1分炒めたら冷ましておく。パンを少量の水にひたして絞っておく。

鹿肉、豚、レバー、パンをたまねぎとにんにくと一緒に細かく挽くか、フードプロセッサーで細かくする。マスカルポーネと卵を加え、塩とこしょうで味を調えたあとよく混ぜる。8等分して丸める（1個あたり約35g）。

キャベツの葉から太い芯を切り取り、葉を半分に切る。丸めた肉をキャベツでくるんで包み、ラップでおおう。大きめの鍋でフォン・ド・ボーを温め、中にキャベツの包みを入れる。ふたをして、オーブンで30分ゆっくり蒸し煮にする。取り出したら冷めないよう保温する（ゆで汁は取っておくこと）。

オニオングレービーの作り方：残りの油で、スライスしたたまねぎをやわらかく半透明になるまで炒める。取っておいたゆで汁を加え、少し煮詰まるまで加熱する。

つけ合わせの作り方：サラダオイルをフライパンで160℃に熱する。エシャロットをミルクにくぐらせ、そのあと、小麦粉とパプリカを混ぜたものをつける。余分な粉をはたき、加熱した油の中でカリッときつね色になるまで揚げる。油を切り、冷めないよう保温する。あらかじめ作っておいてもよい。

オリーブオイル風味のポテトピュレを4等分し、温めた皿4枚に盛る。キャベツの包みを開いて、ポテトの上にのせる。オニオングレービーをスプーンでかけ揚げたエシャロットを飾る。

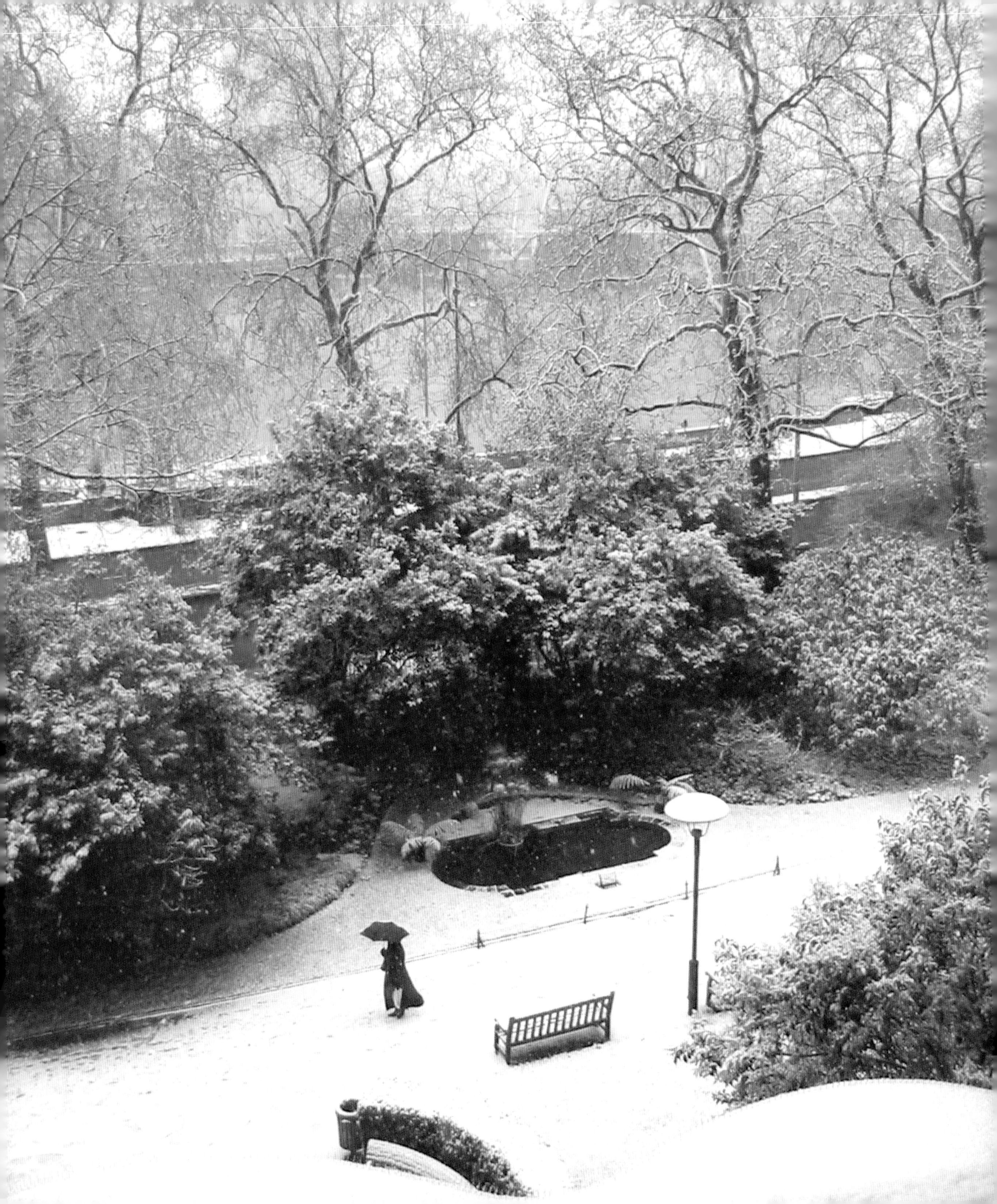

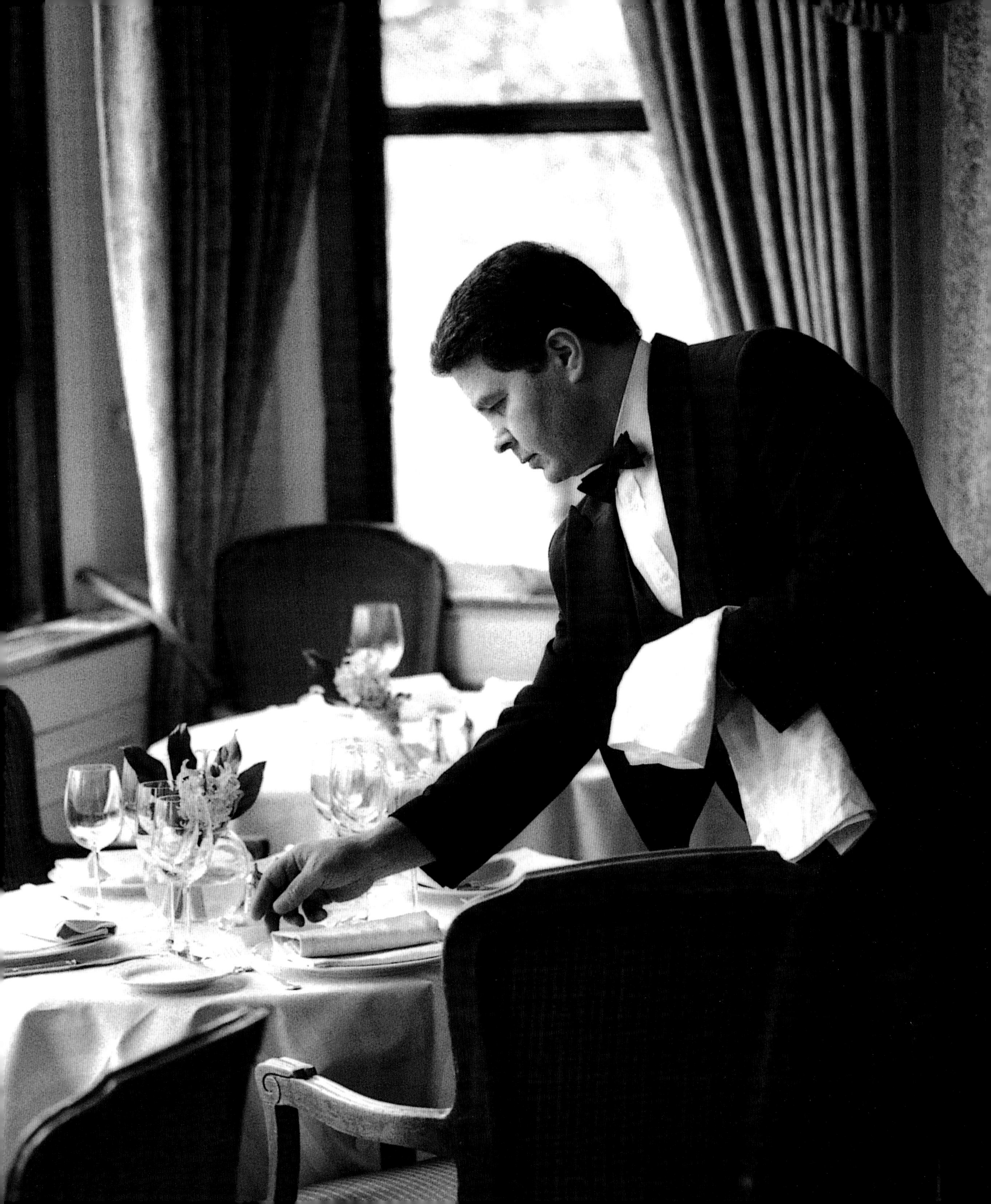

ヒッコリーでスモークした有機養殖サーモンとフォカッチャのクルトンをのせたシーザー・サラダ

1970年代に始まった養殖によって、天然もののサーモンは間違いなく絶滅から救われました。天然のサーモンは本当のごちそうです。食材としてもすぐれ、驚くような風味を持つものの、いまだに貴重な存在であるため、保護の対象となっています。天然もののサーモンの代わりになるものとして成功したのが、有機養殖のサーモンです。天然ものには及びませんが、現状では最高の代用品です。このサラダはおなかにもたれないランチメニューです。サーモンを使うのが私のお気に入りです。

4人分

ヒッコリーのチップ　500g
有機養殖のサーモンのフィレ　140gのもの4枚　小骨を取り除いておく
フォカッチャ　¼斤　薄く切っておく
ロメイン・レタス　2個
　外側の葉は取り除き、幅5cmになるよう縦方向に切り、水にさらしたのち水気を取る

シーザー・ドレッシングの材料

卵黄　3個分
にんにく　1片　つぶしておく
アンチョビのフィレ　2切れ
エシャロット　大さじ2杯　みじん切りにしておく
イングリッシュ（ホット）マスタード　大さじ1杯
ウスターソース　大さじ1杯
バルサミコ酢　大さじ2杯
生の赤唐辛子　½本　種を取り、みじん切りにしておく
オリーブオイル　125ml
塩、挽きたてのこしょう

ヒッコリーのチップを入れたスモーカーを準備する。サーモンのフィレを入れ、軽くスモークの香りがつき、ミディアムになるまで5分間スモークする。スモーカーがない場合は、小さめの天板にチップを入れてオーブンに入れ、チップに火をつけてオーブンを160℃に設定する。サーモンを耐熱皿に入れてトレイの横に置き、5分間スモークする。

クルトンの作り方：オーブンを80℃、または最低の温度設定まで下げる。フォカッチャのスライスを入れ、2時間置いて乾燥させる。

ドレッシングの作り方：卵黄、にんにく、アンチョビのフィレ、エシャロット、マスタード、ウスターソース、バルサミコ酢、唐辛子をブレンダーで混ぜ、ピュレ状にする。ブレンダーを回したまま、少しずつオリーブオイルを加えて、とろりとしたドレッシングを作る。塩とこしょうで味を調える。

仕上げ：ボウルでレタスとドレッシングをトスする。サーモンをレタスの上に盛り、乾燥させたフォカッチャのクルトンを添える。

花ズッキーニの詰め物
スパイシーな野菜ソース添え

花ズッキーニの繊細な姿には、だれもかないません。この美しく軽やかな野菜のレシピでは、花ズッキーニを軽く蒸し上げ、その色合いの奥行きの深さを際立たせ、つややかな溶かしバターが見事な光沢を添えています。幸運にもズッキーニを育てられるのなら、裏庭で取れたものを使うのがいちばんでしょう。それができないあわれな私たちは、店で買い求めたものでなんとかするしかありません。スパイシーな野菜ソースは他の料理にもいろいろ応用できます。ベジタリアンでない方には、野菜スープの替わりにチキンのブイヨンを使うと、鶏料理、あるいは魚料理にまでよく合うのです。

4人分

ベジタブルソース

たまねぎ　1個　刻んでおく
油　大さじ2杯
赤パプリカ　1½個　種を取り細かい角切りにしておく
りんご　2個　種と芯を取り刻んでおく
カレー粉　ひとつまみ
サフラン　ひとつまみ
野菜のブイヨン（182ページ参照）　300ml
塩、挽きたてのこしょう

フィリング

にんじん　150g　おろしておく
バター　100g
じゃがいも　70g　ゆでてライサーマッシャーでつぶしておく
グリュイエールチーズ　40g　おろしておく
卵　1個　溶きほぐしておく
花ズッキーニ　大きめのもの4個　茎は取り除いておく

つけ合わせの材料

ベビーズッキーニ　100g
にんじん　100g　薄切りにして水にさらす
そらまめ　100g　さやから取り出す
トマト　4個　皮をむいて種を取り、小さめの角切りにしておく

平鍋にたまねぎと油を入れ、ふたをしてやわらかく半透明になるまで火を通す。角切りにした赤パプリカを加えてやわらかくなるまで火を通し、りんごとカレー粉、サフランと野菜スープを加える。材料がやわらかくなったら、ブレンダーかフードプロセッサーにかけてピュレ状にする。目の細かい漉し器で漉し、塩とこしょうで味を調える。

花ズッキーニの詰め物の作り方：鍋にバターを入れ、水気が出てやわらかくなるまでおろしたにんじんに火を通す。火から降ろし、マッシュしたじゃがいもとグリュイエールチーズと一緒に混ぜ合わせる。さらに卵を加え、塩とこしょうで味を調える。製菓用の絞り袋にフィリングを入れ、ズッキーニの花の中に絞り込む。

蒸し器を準備し、フィリングを詰めた花ズッキーニを8分間蒸す。残りのバターのうち25gを溶かす。蒸し器から花ズッキーニを取り出し、はけで溶かしバター少量を塗る。

仕上げ：ベビーズッキーニと薄切りにしたにんじん、そらまめを残りのバターであえ、塩とこしょうで味を調えたあと、トマトを加える。皿に野菜を広げ、その上に花ズッキーニを盛り、ソースを回しかける。

トマトのタルト
ゴートチーズのグラッセとラディッシュの
サラダ添え

味わい深く、手早くかんたんにできる料理で、ベジタリアンのお客様用に考えたものです。トリュフのオイルと温かいゴートチーズが、トマトの香りを引き出します。オイルの割合は、必ずトリュフオイルを1、オリーブオイルを9の割合にします。この割合以上になると、トリュフオイルが強すぎて素材の味を隠してしまいます。

タルト4個分

オリーブオイル　200ml
タイム　2枝
ローズマリー　2枝
にんにく　2片　皮をむいておく
ハードタイプのゴートチーズ　小さめのもの2個　1個あたり80g
　（クロタン・ド・シャヴィニョールまたはゴールデン・クロスなどのウォッシュタイプ）　横に半分に切っておく
パイ生地　100g　できれば自分で作る（186ページ参照）または上質の市販品
卵白　1個分
プラムトマト　8個
トリュフオイル・ミックス　少量　（トリュフオイル1、オリーブオイル9の割合）
ライムの絞り汁　½個分
ラディッシュのサラダ（188ページ参照）　大さじ4杯
バジルオイル（182ページ参照）　小さじ2杯
バルサミコ酢　小さじ1杯
塩、挽きたてのこしょう

オリーブオイル、タイム、ローズマリー、にんにくを皿の中で混ぜ、ゴートチーズを加えてふたをし、一晩冷蔵庫でマリネする。チーズを取り出し、油分をふき取る。マリネ液を漉して取り置く。パイ生地を5mmの厚さにのばす。直径14cmの抜き型で生地を丸く4つ抜く。全体にフォークでピケし、冷蔵庫で20分以上休ませる。

オーブンを220℃に温めておく。抜いた生地にはけで卵白を塗り、生焼けを防ぐ。トマトをスライスし、きれいな円を描くように生地の上に並べ、塩とこしょうで味を調える。底がかりっとするまで、オーブンで約20分焼く。

グリルを熱する。ゴートチーズが薄くきつね色になり火が通るまで上火であぶる。（チーズの表面がきつね色になっても中まで火が通っていないことがあるので確認すること。必要に応じて数分間オーブンで火を通す）。

オーブンからタルトを取り出してトリュフオイル・ミックスをはけで軽く塗り、半分に切ったゴートチーズを上に重ねる。

チーズをマリネしたオイルにライムの絞り汁を混ぜ、塩とこしょうで味を調える。オイルが入ったボウルの中にラディッシュのサラダを入れてトスし、ゴートチーズの上にひとさじ盛る。バジルオイルとバルサミコ酢をタルトのまわりに回しかけて仕上げる。

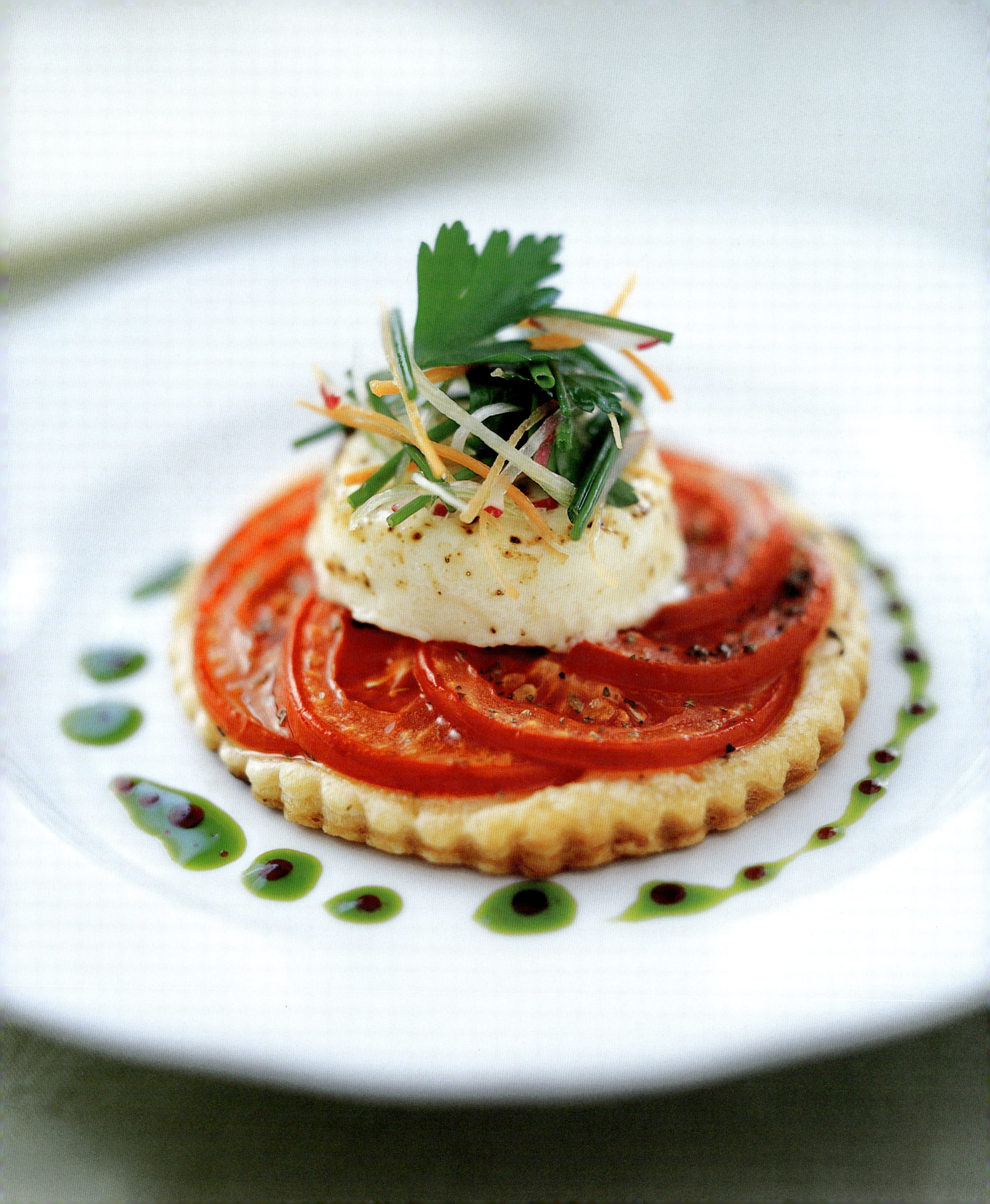

テュルボのグリエ
煮詰めた赤ワインソースと
パール・オニオン添え

この魅力的な料理は上質のクラレット（ボルドーワイン）とともに供され、特別なランチに最適です。新鮮なひらめには、煮詰めたワインソースのやわらかな酸味がとてもよく合います。テュルボはとても高価で手に入りにくいひらめなので、かわりにオヒョウを使ってもかまいません（もちろんまったく同じわけにはいきませんが）。小ぶりのひらめでも代用できますが、身が少ないので、骨を抜いたフィレを使うべきでしょう。

4人分

パール・オニオン　20個　小さいもの
オリーブオイル　125ml
赤ワイン　400ml
レッドカラントのゼリー　小さじ1杯
無塩バター　200g
カイエンヌペッパー
レモン　1/2個
テュルボの切り身　4枚　1枚が225g以上のもの
バジルの葉　8枚
ハーブソース（95ページ参照）　40g
レモン・ドレッシング（182ページ参照）　125ml
シーソルト、挽きたてのこしょう

パール・オニオンの皮をむく（皮むきはぎりぎりになってから行うこと。そうしないと火を通している間に固い皮ができてしまう）。大きめの鍋に入れ、オリーブオイルの半量を注ぐ。重ならないよう、きっちりと一段に並べる。強火で片面を加熱し、返して両面が均等にきつね色になるようにする。鍋にふたをして弱火にし、かなりやわらかくなるまでたまねぎに火を通す。

赤ワインを濃いシロップ状になるまで煮詰めて、レッドカラントのゼリーを加える。火を止めて、バターの中に入れてかき混ぜる。塩、カイエンヌペッパー、レモンの絞り汁を少々入れて味を調える。ソースを目の細かい漉し器で漉し、沸騰させないよう温めておく。

オーブンを200℃に温めておく。塩とこしょうで魚の味を調える。溝を切ったグリル（ブロイラー）を高温に熱し、残りのオリーブオイルを入れ、テュルボを両面焼く。魚を天板に移し、余熱をかけたオーブンで6分間加熱する。よく切れるナイフで、中骨に沿って半分に切り、骨を取り除く。

半分にした魚の上にバジルの葉をのせ、もう半分を上にのせる。皿に盛り、まわりに赤ワインソースを少量回しかけ、オニオンを飾る。レモン・ドレッシングでハーブをトスし、魚の上にこんもりと盛って仕上げる。

魚のパイ　サヴォイ風

イギリス料理で、魚のパイはとりわけ私のお気に入りです。ザ・サヴォイのランチタイムでもつねに人気者のひと皿です。何年もかけてさまざまなバリエーションを考案してきましたが、中でもこれは斬新なレシピです。スメルトの卵を加えるのはとても個性的。柔らかめのニシンの卵でもかまいません。

4 人分

リーキ、セロリ、にんじんの細切りの取り合わせ　100g
バター　40g
辛口の白ワイン　100ml
フュメ・ド・ポワソンまたはチキン・ブイヨン（180ページ参照）　200ml
有機養殖サーモンのフィレ　160g　皮をむき2cmの角切りにしておく
オヒョウのフィレ　160g　皮をむき2cmの角切りにしておく
車えび（または大きめのエビ）　80g　横半分に切っておく
ほたて貝柱（天然のもの）　80g　横半分に切っておく
ゆでたロブスターの身　80g　2cmの角切りにしておく
ダブルクリーム　200ml
スメルト（キュウリウオ）の卵　40g
ごま　大さじ2杯
塩、挽きたてのこしょう
カイエンヌペッパー

マッシュポテトの材料

じゃがいも（できればマリス・パイパー種）　400g　皮をむいておく
にんにく　3片　皮をむいておく
ダブルクリーム　125ml
チェダーチーズ　50g　おろしておく
オリーブオイル　100ml

マッシュポテトの作り方：じゃがいもを角切りにし、冷水で洗って水を切る。鍋に入れひたるまで水を入れ、にんにくと塩で味を調える。沸騰したら、やわらかいが煮崩れない程度に煮る。水を切って鍋に戻し、弱火にして水分を飛ばす。

クリームを温める。じゃがいもを目の細かい漉し器かポテトマッシャーでつぶす。弱火にかけ、温めたクリーム、おろしたチーズ、オリーブオイルと塩、こしょうを加える。よく混ぜたら、冷めないよう保温する。

パイのフィリングの作り方：オーブンを200℃に温めておく。大きな鍋にバターと野菜を入れ、水気が出てやわらかくなるまで火を通し、白ワインを加えて半量まで煮詰める。フュメ・ド・ポワソンまたはチキン・ブイヨンを加え、塩、こしょう少々で味を調える。塩、こしょうとカイエンヌペッパー少々でシーフードすべての味を調える。鍋にえびを入れ、1分間とろ火で煮る。他の魚貝を加え、30秒とろ火で煮る。穴のあいたレードルでシーフードを取り出し、身が乾かないようにラップでおおう。

煮汁を3分の2まで煮詰め、クリームを加えてさらに半量まで煮詰める。シーフード全部を鍋に戻し、味を調える。シーフードをパイ皿に入れ、絞り出し袋でマッシュポテトを上に絞り出す（独創的にしたいなら、見栄えよく魚の形に絞ってもいいでしょう）。ごまを振りかけ、オーブンで12分焼く。上のポテトが熱いうちにテーブルに出す。

白チリビーンのシチューにのせた地鶏胸肉
タレッジョチーズとパンチェッタ詰め

タレッジョチーズとパンチェッタが醸し出す豊かなイタリアの味わい、そしてトリュフの香りがついた豆のシチュー。ともにボリューム満点な冬のランチをすばらしく引き立てています。それがこのレシピの個性であり、食欲をそそるのです。

4 人 分

パンチェッタ　400g
白いんげん　160g　水に3時間以上ひたしておく
たまねぎ　2個　みじん切りにしておく
オリーブオイル　大さじ2杯　分量外で鶏の下ごしらえ用に少々
にんにく　3片　つぶしておく
生の赤唐辛子　1本　種を取り、みじん切りにしておく
チキン・ブイヨン（180ページ参照）　1リットル
タレッジョチーズ　120g　外側を取り除いておく
地鶏胸肉　4枚（各150g）　皮をむいておく
トリュフオイル　小さじ2杯
イタリアンパセリ　15g　洗って刻んでおく
塩、挽きたてのこしょう

パンチェッタをかりかりにする：オーブンを70℃に温めるか、最低の温度設定にする。薄切りにしたパンチェッタ4枚を、2枚のワックスペーパーに挟んで天板に並べる。平らな調理器具を上にのせてパンチェッタが丸まらないようにし、完全にかりかりになるまでオーブンで3時間加熱する。

豆のシチューの作り方：豆を水から上げ、水を取り替えてすすぐ。鍋にオリーブオイル大さじ2杯を入れ、たまねぎの水気が出てやわらかく半透明になるまで火を通し、にんにくと唐辛子を加えてさらに1分加熱する。豆、半量のブイヨン、残りのパンチェッタ（塊のまま）を加え、できるだけ低温になるよう、とろ火で、豆がやわらかくなるまで約1時間半煮る。豆が入ったスープが干上がらないように、水分がなくなってきたら豆がひたるまでスープを足すこと。パンチェッタを取り出し、小さめの角切りにする。タレッジョチーズをさいの目に切り、パンチェッタと混ぜる。

鶏の胸肉にフィリングする：オーブンを140℃に温めておく。鶏胸肉の薄いほうから、長めのよく切れるナイフで切り込みを入れ、ポケット状にする。チーズとパンチェッタを混ぜたものを詰める。鍋で少量のオリーブオイルを熱し、皮のついている側から鶏を入れ、軽く焼き色をつける。鶏を天板に移す。塩、こしょうで味を調え、オーブンで20分焼く。

仕上げ：豆を塩とこしょうで味を調え、トリュフオイルとイタリアンパセリを加える。シチューを大きめのスープボウル4皿に等分に盛り付ける。上に鶏を盛り付け、かりかりにしたパンチェッタを2切れのせる。

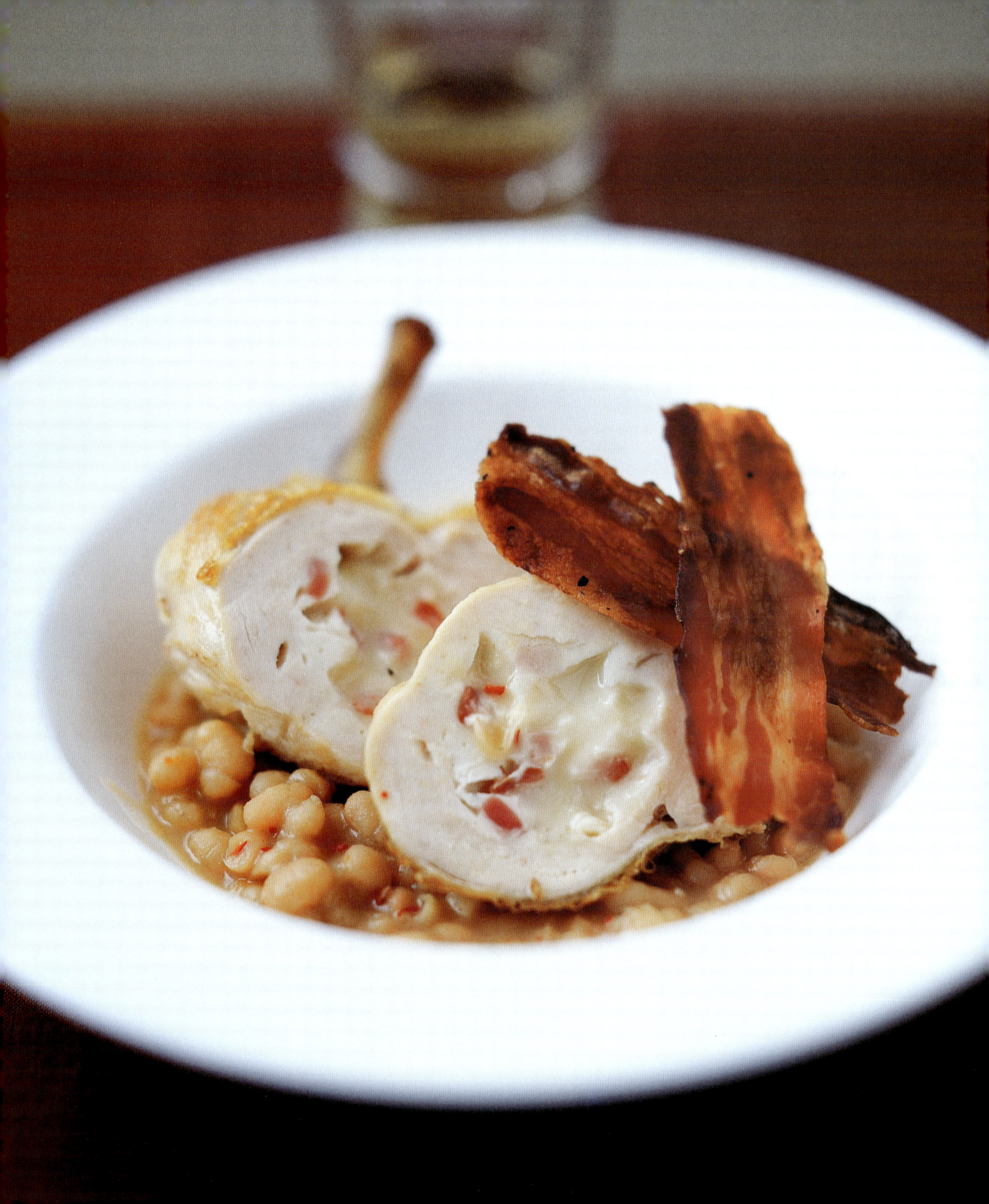

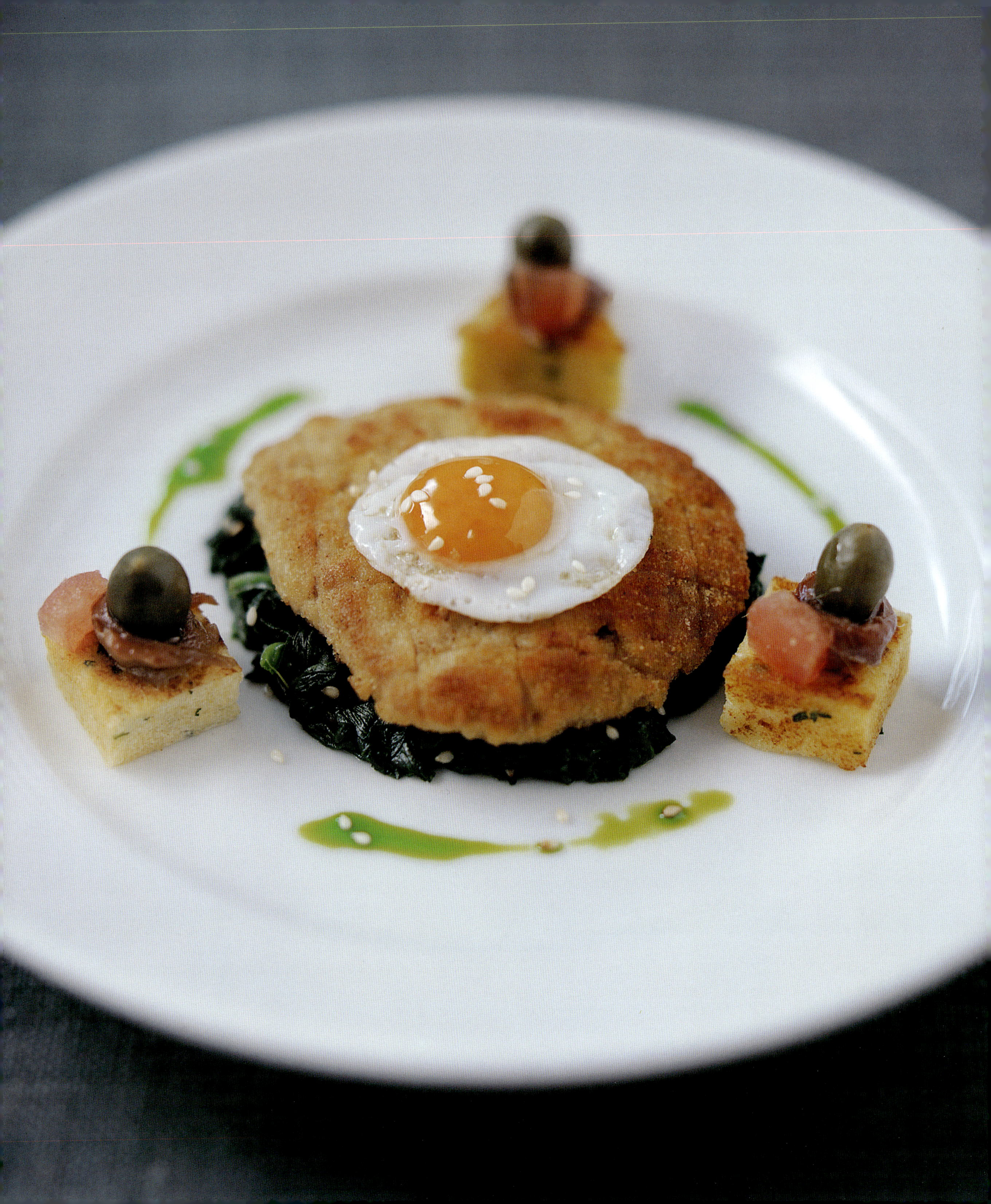

ホルスタイン産仔牛肉
パルメザンチーズ風味の衣揚げ

いつも食べるのを楽しみにしていた、昔ながらの料理をアレンジしたものです。自慢するつもりはありませんが、自分の作った新しいバージョンのほうが、オリジナルより見かけも味もいいと思います。ザ・サヴォイでは、よくディナーの目玉としてこの料理を取り上げますが、ランチ向きでもあります。仔牛のメダイヨンは、絶対に薄切りにすること。肉屋さんに頼んで切ってもらってください。バルサミコ酢は、少なくとも8年は熟成させた濃厚なものを使ってください。もし手に入らないなら、普通のバルサミコ酢にコーンスターチを加え、半量になるまで煮詰めてください。

4人分

生パン粉　大さじ6杯
パルメザンチーズ　大さじ3杯　おろしたてのもの
薄力粉　大さじ2杯
卵　2個　溶きほぐしておく
ロイン（腰肉）から取った仔牛のメダイヨン　120gのもの4枚
　　まわりの脂を取り除いておく
オリーブオイル　100ml
ほうれん草の葉の部分　350g
　　水洗いして湯がき、冷水に放ってから絞って水気を取る
ごま　大さじ1杯　炒る
うずらの卵　4〜8個
ポレンタ・ナゲット（右のレシピ）　16個
塩、挽きたてのこしょう

つけ合わせの材料

アンチョビ　4切れ　縦に半分に切っておく
ケイパー　12個
バジルオイル（182ページ参照）　100ml
バルサミコ酢　大さじ3杯　濃いめのもの（上の説明参照）
松の実　40g　煎っておく

仔牛のメダイヨンの作り方：パン粉とパルメザンチーズを混ぜ、塩、こしょうで味を調える。混ぜたものを一方の平皿に入れる。2枚目の皿には小麦粉、3枚目の皿に溶き卵を入れる。仔牛肉にまず小麦粉をまぶし、卵、パン粉の順にまぶす。衣は均等にまぶすこと。余分なパン粉を払い、フライパンに大さじ2杯のオリーブオイルを入れ、両面がきつね色になるまで焼く。冷めないよう保温する。

目玉焼きの作り方：テフロン加工のフライパンにオリーブオイルを薄く塗り、直径7cmの抜き型を置く。型にうずらの卵を2個割り入れ、好みの焼き加減に焼く。残りのうずら卵も、2個で1枚ずつ目玉焼きを焼いていく。

テフロン加工のフライパンに少量のオリーブオイルを入れて、きつね色になるまでポレンタ・ナゲットを焼く。ほうれん草を各皿に等分に盛る。ほうれん草の上に仔牛のメダイヨンを盛りつけ、その上にうずらの卵の目玉焼きを1枚か2枚のせ、アンチョビとケイパーを飾る。ポレンタ・ナゲットをまわりに盛り付ける。

バジルオイルとバルサミコ酢を混ぜ、料理のまわりに円を描くようにたらす。炒った松の実を振りかけて仕上げる。

ポレンタ・ナゲット

4人分

チキン・ブイヨン（180ページ参照）　500ml
ポレンタ　150g
無塩バター　30g
ナツメグ　ひとつまみ　おろしたてのもの
塩、挽きたてのこしょう
オリーブオイルまたは無塩バター　焼き油用

鍋にブイヨンを入れ沸騰させる。温度が下がらないよう火加減に注意しながらポレンタを入れて練る。ポレンタが固まるまで4〜6分火を通し、その間手を休めず、ずっとかき混ぜる。バターを混ぜ入れ、ナツメグ、塩、こしょうで味を調える。ポレンタを焼き型に移し、厚さ2cm、大きさが約24×20cmになるよう広げる。冷めて固まるまで待ち、好みの形に切る。料理を出す直前に、両面がきつね色になるまでオリーブオイルまたは無塩バターで焼く。

カルダモンの香りのさつまいものロスティに のせた　うずらのコーン詰め

この料理の秘密はフィリングにあります。下ごしらえに時間をかけた甲斐がじゅうぶんあるひと皿です。うずらから骨をはずすのは時間がかかる作業ですので、あらかじめ骨が取ってあるものを買うか、なじみの肉屋さんに下処理してもらってください。カリフラワークリームはいろいろと応用のきくソースで、たいていの野菜と相性がよく、作りおきも可能です。

4人分

たまねぎ　1個　みじん切りにしておく
油　大さじ2杯
にんにく　1片　つぶしておく
ミルク　125ml
古くなった白パン　1枚　薄くスライスする
豚肩肉　250g　皮をむいておく
鶏レバー　80g　余分な部分を取り除いておく
卵　1個、卵黄　1個分
ドライ・アプリコット　40g　水で戻して絞っておく
コーン　40g
ゴートチーズ　40g　ほぐす
大きめのうずら　4羽　骨をすべて取り除いておく
塩、挽きたてのこしょう

ロスティ

さつまいも　500g
　挽いたカルダモン小さじ1杯を入れた湯で半ゆでにし、皮をむいておろす
挽いたカルダモン　小さじ1/2杯

つけ合わせの材料

ブロッコリーの花房　280g
カリフラワークリーム（184ページ参照）　125ml
ドライトマト　12個　（お好みで）

フィリングの作り方：少量の油で、水気が出てやわらかく半透明になるまでで炒め、にんにくを加えてさらに1分炒める。冷ましておく。

パンをミルクにひたし、10分置いてしみ込ませる。ミルクをよく絞り、たまねぎを加えたのち豚肉と鶏レバーと合わせ、よく切れる包丁で叩くか、フードプロセッサーで滑らかになるまで混ぜる。卵と卵黄を加え、塩とこしょうで味を調える。アプリコットとコーン、ゴートチーズを合わせる。

うずらの焼き方：オーブンを200℃に温めておく。皮目を下にしてうずらを置き、塩こしょうしてから、フィリングを80gほど入れる。うずらを元の形に整え、つま楊枝で止める。天板に置き、オーブンで25分加熱する。冷めないよう保温する。

さつまいものロスティの作り方：テフロン加工のフライパンまたはロスティ用の平鍋に直径10cmの抜き型を置き、油少量を加える。塩こしょうと挽いたカルダモンでおろしたさつまいもの味を調え、型に厚さ1cmになるよう入れる。カリッとするまで手早く焼く。返して、もう片面も同様に焼く。キッチンペーパーの上で油を切る。同様にもう3枚焼く。

仕上げ：皿にロスティを盛り、つま楊枝かカクテル用のスティックを取ったうずらをロスティの上に置く。ブロッコリーを湯がき、味を調えたらカリフラワークリームをかける。お好みでドライトマトを添える。

ポルタベッロ・ポレンタにのせた
キャラウェイで香りづけした子豚の蒸し煮
スプリング・オニオンの照り焼き添え

この春の料理では、豚の品質が肝心です。生後4カ月未満の子豚の肉を使ってください。私は肩ロースを使います――かなり過小評価されている部位だと思いますが、部位に合った調理法で、とてもおいしくなります。この種の料理には必要な脂ののった部位。キャラウェイが食欲をそそる魅惑的な香りを加えます。

4人分

豚肩ロース肉　1.5kg　子豚から取ったもの
挽いたキャラウェイシード　大さじ3杯
オリーブオイル　大さじ2杯
野菜の取り合わせ（たまねぎ、にんにく、にんじん、リーキ、セロリ）　400g
　ロースト用に1cmの角切りにしておく
トマトピュレ（またはペースト）　大さじ3杯
辛口の白ワイン　200ml
チキン・ブイヨン（180ページ参照）　400ml
キャラウェイシード　小さじ1杯
スプリング・オニオン　2束
　不要な部分を取り除いて皮をむき、長さ6cmにそろえておく
砂糖　小さじ1/4杯
塩、挽きたてのこしょう

ポルタベッロ・マッシュルームのポレンタの材料

にんにく　1/2個
オリーブオイル　大さじ3杯
ポルタベッロ・マッシュルーム　150g
チキン・ブイヨン（180ページ参照）　500ml
ポレンタ　120g
イタリアンパセリ　大さじ2杯
パルメザンチーズ　50g　おろしたてのもの

豚の焼き方：オーブンを140℃に温めておく。塩こしょうで豚の味を調え、挽いたキャラウェイをもみこむ。耐熱性キャセロールでオリーブオイルを熱し、豚を入れ、全体がきつね色になるまで焼く。豚は取り出しておく。

ロースト用の野菜をキャセロールに入れ、きつね色になるまで炒める。トマトピュレを加えて、軽くこげ色がつくまで加熱する。ワイン少々を振り入れ、さらにこげ色がつくまで熱する。3回この手順を繰り返すと、トマトピュレが茶色になる。

豚をキャセロールに戻し、鶏のスープをキャセロールの3分の1の量まで注ぎ、キャラウェイシードを加える。ふたをして、やわらかくなるまでオーブンで4時間蒸し煮にする。キャセロールを何度も混ぜ、豚もひんぱんに返すようにする。キャセロールの中のスープがつねに同じ量であるよう気をつける。減ったらスープを足す。

豚がやわらかくなったら、鍋から取り出して冷めないよう保温しておく。オーブンの温度を200℃に上げる。キャセロールをガスコンロにかけ、ローストして出た煮汁を半分まで煮詰めて目の細かい漉し器か綿の布（チーズクロス）で漉す。塩とこしょうで味を調える。

ポルタベッロ・マッシュルームのポレンタの作り方：にんにくを房に分け、アルミホイルの上に置いてオリーブオイル小さじ1杯を振りかける。ホイルでくるむ。オーブンで45分間、やわらかくなるまで加熱する。にんにくが冷めてから、薄皮から押し出す。

きのこの余分な部分を取って汚れを落とし、角切りにする。残りのオリーブオイルをフライパンで熱し、きのこを加えて塩こしょうで味を調え、水気が出てくるまで2分間炒める。大きな鍋にブイヨンと多めの塩を入れて沸騰させる。きのことポレンタを入れ、一定の勢いで練る。固くなるまでかき混ぜ続けたら木のへらでかき回しつづけて、ポレンタが滑らかでぽってりした状態になったら、火力をできるだけ下げて（または温度調整器を使って）さらに約20分火を通す。パセリを細かく切り、パルメザンチーズ、ローストしたにんにくの中身をポレンタに加え、塩とこしょうで味を調える。

仕上げ：残りのオリーブオイルを鍋で熱し、スプリング・オニオンを高温で2分間炒める。砂糖を振り入れ、水気が出てくるまで加熱し、残りのブイヨンを加える。汁気がなくなり、たまねぎがやわらかくなるまで煮る。

豚を厚さ1cmに切り、ポレンタの上に盛る。上にスプリング・オニオンをのせて仕上げる。

バミセリを衣に仕立てたフリットミスト
半熟卵のソースとクスクス添え

シーフードのフリットミストは、つねに私のお気に入りランチメニューに挙がるひと品です。パスタを衣に使うという意表をついたアイデアは、天使の髪の毛のように繊細なバミセリをまとった甲殻類のパスタを食べたときに思いついたものです。さっと揚げたヌードルのかりっとした歯ざわり、そしてクスクスのやわらかな食感が絶妙な組み合わせを生み出し、半熟卵のソースが、魚の持つ味わいをさらに広げます。

4人分

卵　2個
イタリアンパセリ　40g　洗って刻んでおく
卵黄　2個分
ゆでたエッグ・バミセリ　120g
オヒョウ　150g　皮をむき2×9cmの細切りにしておく
有機養殖サーモン　150g　皮をむき、2×9cmの細切りにしておく
ラングスティーヌ　4匹　殻をむいておく
ほたて貝柱　4個
いか　40g　厚さ5mmの輪切りにしてさっと湯がいておく
揚げ油
パセリの葉　50g　洗って水気を取る
レモン　2個　半分に切り種を除く（お好みで）
塩、挽きたてのこしょう

クスクスの材料

たまねぎ　1個　みじん切りにしておく
オリーブオイル　大さじ3杯
アーモンド　50g　皮なしのもの　粗く刻んでおく
辛口の白ワイン　150ml
チキン・ブイヨン（180ページ参照）　250ml
シナモン・スティック　½本
クスクス　250g
イタリアンパセリ　大さじ3杯　洗って刻んでおく

クスクスの作り方：鍋にオリーブオイルを入れて、水気が出てやわらかく半透明になるまでたまねぎを炒める。アーモンドとブイヨン、シナモンを加え、味を調えて沸騰させる。クスクスを加えて1分間かき混ぜる。もう一度沸騰したら弱火にして、ふたをして10〜15分、クスクスが汁気を吸ってしまうまでとろ火で煮る。鍋を火からおろし、5分間蒸らす。シナモンを取り出し、クスクスの粒がふんわりとなるようにフォークで空気を混ぜ入れ、味をみる。調味料で味を調え、テーブルに出す直前にイタリアンパセリを混ぜ入れる。

クスクスを作りながら、同時に卵のソースを作る：卵を3分間ゆでて半分に切り、黄身の部分をスプーンですくい出す（黄身はまだ固まっていない）。味を調えたら、刻んだイタリアンパセリを混ぜる。冷めないよう保温する。

卵黄をバミセリと混ぜる。シーフードすべてに塩こしょうした後、バミセリの衣をまぶす。全体をおおうようにまぶす必要はない。油を160℃に熱する。パセリを入れ、カリッとした状態に揚げる。キッチンペーパーにのせて油を切る。

同じ油で、バミセリの衣をまぶしたシーフードを種類ごとに油に投入し、きつね色に揚げる。揚げすぎないよう気をつけること。キッチンペーパーにのせて油を切る。

仕上げ：揚げたシーフードと揚げたパセリを皿に盛り、お好みでレモンを添える。卵のソースをディップ用の小さな容器に入れ、クスクスを脇に添える。

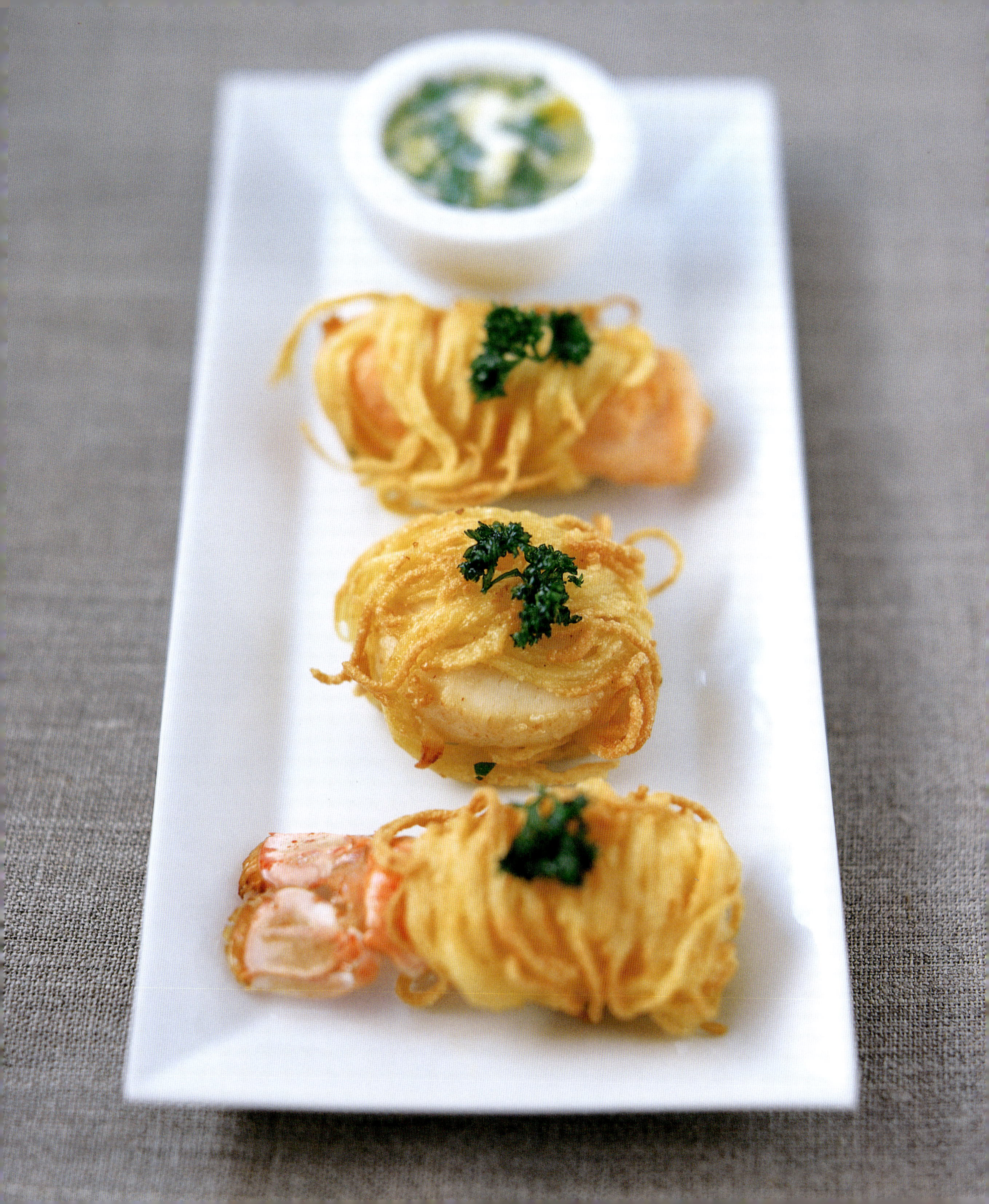

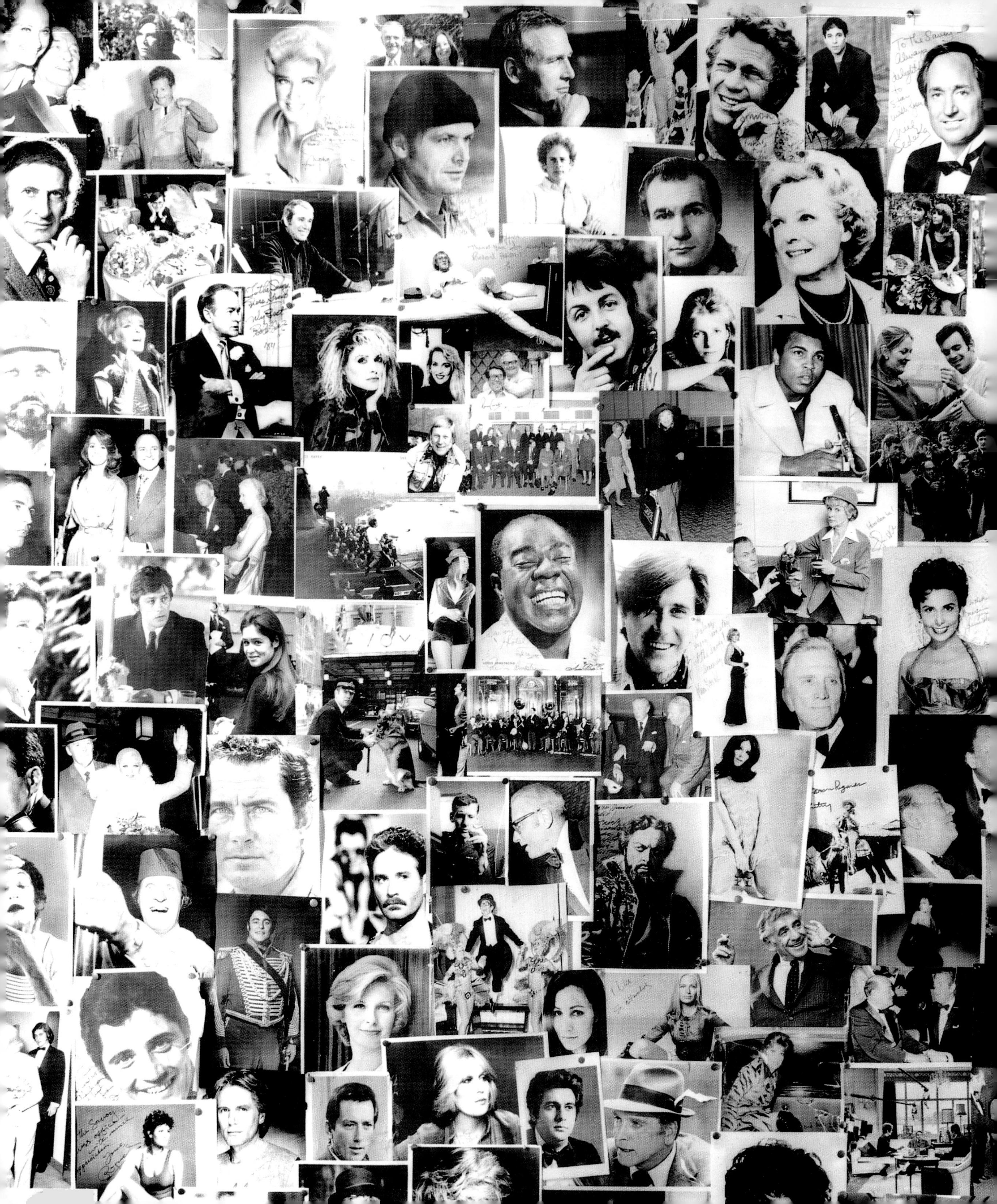
To The Savoy

ザ・サヴォイにつどう著名人

ザ・サヴォイ・ホテルは1889年8月のオープン以来ずっと、王室のプリンスからポップスターにいたる、セレブリティたちのメッカでした。作家、画家、ミュージシャン、バレエダンサー、舞台や映画の俳優など、あらゆる芸術家たちが、このホテルの洗練された雰囲気と上品なたたずまいに、着想を得てきたのです。

創業当初の無敵の名コンビ、総支配人のセザール・リッツと総料理長のオーギュスト・エスコフィエは、当時の上流階級を魅了する役割を果たしていました。ふたりの人気のおかげでご婦人たちの外食が認められ、ミセス・ケッペルやレディ・ド・グレイといった社交界のリーダーたちは、ザ・サヴォイで楽しさいっぱいのエレガントな夕食会をもよおしました。その後プリンス・オブ・ウェールズ（のちのエドワード7世）が、当時愛人と目されていたアメリカ人女優、リリー・ラングトリーと食事をしてからは、ザ・サヴォイの名声は最高潮にのぼりつめました。ザ・サヴォイは食事・宿泊ともに「流行り」の場所となり、エドワード7世のご来館以降、イギリス、ヨーロッパの王室はもちろんのこと、自国で「王族待遇」を受けるアメリカ人までもが、ザ・サヴォイを定宿として愛好したのです。

ザ・サヴォイは劇場密集地域にほど近いため、公演がはねた後に演劇界や音楽界のスターが集まる場所として、有名になりました。デイム・ネリー・メルバ（オペラでの名声もさることながら、彼女がその名の由来となったピーチのデザートも有名です）はザ・サヴォイに1年間滞在していましたが、ライバルのアデリーナ・パッティを嫌っていました。犬猿の仲であるふたりの歌姫（ディーヴァ）が、同じレストランで食事をするときは、できるだけ離れたところにめいめいの座席を用意しなければならなかったといいます。サラ・ベルナール、ノエル・カワード、ガートルード・ローレンス、アイヴァー・ノヴェロ、チャーリー・チャップリン、そして引退後のグレタ・ガルボまで、はなやかで歴史に名だたる当時の名優たちがザ・サヴォイに投宿し、食事を楽しみました。そして今もなお、ここは映画スターたちを魅きつける場所なのです。

ザ・ザヴォイに投宿したさまざまな芸術家の中でも、テムズ川を臨むすばらしい風景に触発された作品を残したもっとも有名な画家が、モネです。彼は定宿とした6階または7階の部屋から見渡せるウォータールー橋とチャリング・クロス橋、そして国会議事堂を含む、川べりの風景を描きました。ジェイムズ・マクニール・ウィスラーは、1880年代のホテル建設当時の足場の風景をスケッチし、「そうめったにお目にかかれる代物ではない」との感想をもらしました。しかし彼は、のちにバルコニーから眺めるテムズ川の様子をふたたび描いたとき、考えを変えました。1910年、ザ・サヴォイはさらに2フロア増築され、オスカー・ココシュカは、はるか9階の部屋から見渡す、さらに広々とした川の情景を描くことができたのでした。

ザ・サヴォイは、有名作家の執筆の場としても好まれました。なかでも悪名のほうが高かったのがオスカー・ワイルドで、破産と獄中生活を繰り返すさなかに頻繁に訪れ、少なくとも2週間分の宿泊費に相当する86ポンドの借金を作りました。1930年、作家のアーノルド・ベネットは、小説『インペリアル・パレス』で、ザ・ザヴォイの舞台裏での仕事やスタッフの姿を描き、ホテルの名声を不朽のものとしました（彼はオムレツにその名を残しています……レシピは156ページを参照）。2002年には、文学界に新たなる伝統が始まりました。フェイ・ウェルドンがザ・サヴォイ初の『ホテル付作家』となったのです。3カ月の契約期間中、芸術・科学界の有力者たちとのディナーでの接待役から、スタッフによるハロウィーンかぼちゃ細工コンテストの審査員にいたるまで、彼女はさまざまな任務をつとめました。ザ・サヴォイでは、さらに多くの『ホテル付作家』を任命し、演劇、美術、文学の豊かな伝統を継続していけたらと考えています。

サヴォイ風サマー・プディング

夏の最高の素材を余すところなく使った、不朽の名作といえるサマー・プディングの考案者は、いったい誰だったのだろうと考えることがよくあります。実においしい詰め物として、パンを斬新な発想で使っています。見かけどおりおいしいプディングであり、けだるい夏のランチのしめくくりには最高の存在です。

プディング4個分

1日経過した白パン　薄切り8枚　耳を取る
いちご　150g　へたを取る
ブルーベリー　150g
ラズベリー　50g
レッドカラント　50g　茎を取る
グラニュー糖　50g

デコレーションの材料

ラズベリーソース（185ページ参照）
ダブルクリーム　50ml　固めに泡立てておく
ミント　4枝
レッドカラント　4房
いちご　4個　へたを取っておく
へたを取ったラズベリーとブラックベリー　少々
ブルーベリー　少々
粉糖　仕上げ用

パンをダリオール型より少し小さ目の円形に切る。残りのパンを幅1cmの細切りにし、4個のダリオール型の底と横に並べる。

鍋にフルーツ全部とグラニュー糖を入れ、中火で煮る。時々かき混ぜ、フルーツがやわらかくなりシロップが少し煮詰まるまで約5分煮る。パンを敷いた型に、火を通したフルーツとシロップを入れる。パンにシロップを十分しみ込ませ、必要に応じて型を満たすまでフルーツを詰める。上に丸く切り取ったパンをかぶせる。おおいをして、ひと晩冷やす。

型からプディングを抜き、めいめいの皿に盛る。ラズベリーソース少々をスプーンでかけ、上にクリームでばらの花飾りを絞り出し、ミントの枝を飾る。つけ合わせの材料の生のレッドカラントとベリーに粉砂糖を振りかけ、皿を彩る。

リースリング・ワインでマリネしたベリー エルダーフラワーのソルベ添え

とてもあっさりとした楽しいデザートです。手早く作ることができて、夏のランチにぴったりです。エルダーフラワーのソルベは夏につきもののメニュー、お好みで別の種類のソルベやアイスクリームを添えても結構です。

4人分

ライムのマリネの材料

ライムの絞り汁　3個分
リースリング・ワイン　150ml
クレーム・ド・カシス（ブラックカラントのリキュール）　大さじ4杯
粉糖　50g
きざんだミントの葉　小さじ2杯
サマー・ベリーの取り合わせ（ラズベリー、いちご、ブラックベリー、ブルーベリー、ローガンベリーなど）　350g
ミントの枝　4本　あしらいに使う

エルダーフラワーのソルベの材料

グラニュー糖　150g
水　350ml
エルダーフラワーのシロップ　350ml

エルダーフラワーのソルベの作り方：砂糖と水を鍋に入れて弱火で溶かし、沸騰させる。火からおろし、エルダーフラワーのシロップを加える。完全に冷めるまで置いておき、アイスクリームメーカーで撹拌する。または、凍結対応構造の大きなボウルに入れておおいをし、だいたい固まるまで冷凍庫で凍らせる。

フードプロセッサーに移し、撹拌して氷の粒を砕く。ボウルに戻しておおいをし、もう一度だいたい固まるまで3時間凍らせる。滑らかな舌触りのソルベに仕上げるには、同じ手順をもう一度繰り返す。おおいをして、さらに2時間凍らせる。盛り付ける直前に、フォークでよくつぶす。

ライムのマリネの作り方：ライムの絞り汁とリースリング・ワイン、クレーム・ド・カシスを合わせる。砂糖を加えてよくかき混ぜる。刻んだミントを混ぜ入れ、おおいをして1時間以上冷やす。細かい目の漉し器で漉す。

ベリー類を水で洗い、水気をよく取る。スープ皿のように深みのある小さ目の皿4枚に等分に盛り付ける。ベリーの上にライムのマリネをスプーンでかける。

仕上げ：湯にひたしたデザート用のスプーンで、ソルベの表面をスプーンですくい、クネル状にまとめる。ベリーの上にソルベを盛り付け、ミントをひと枝飾って仕上げる。

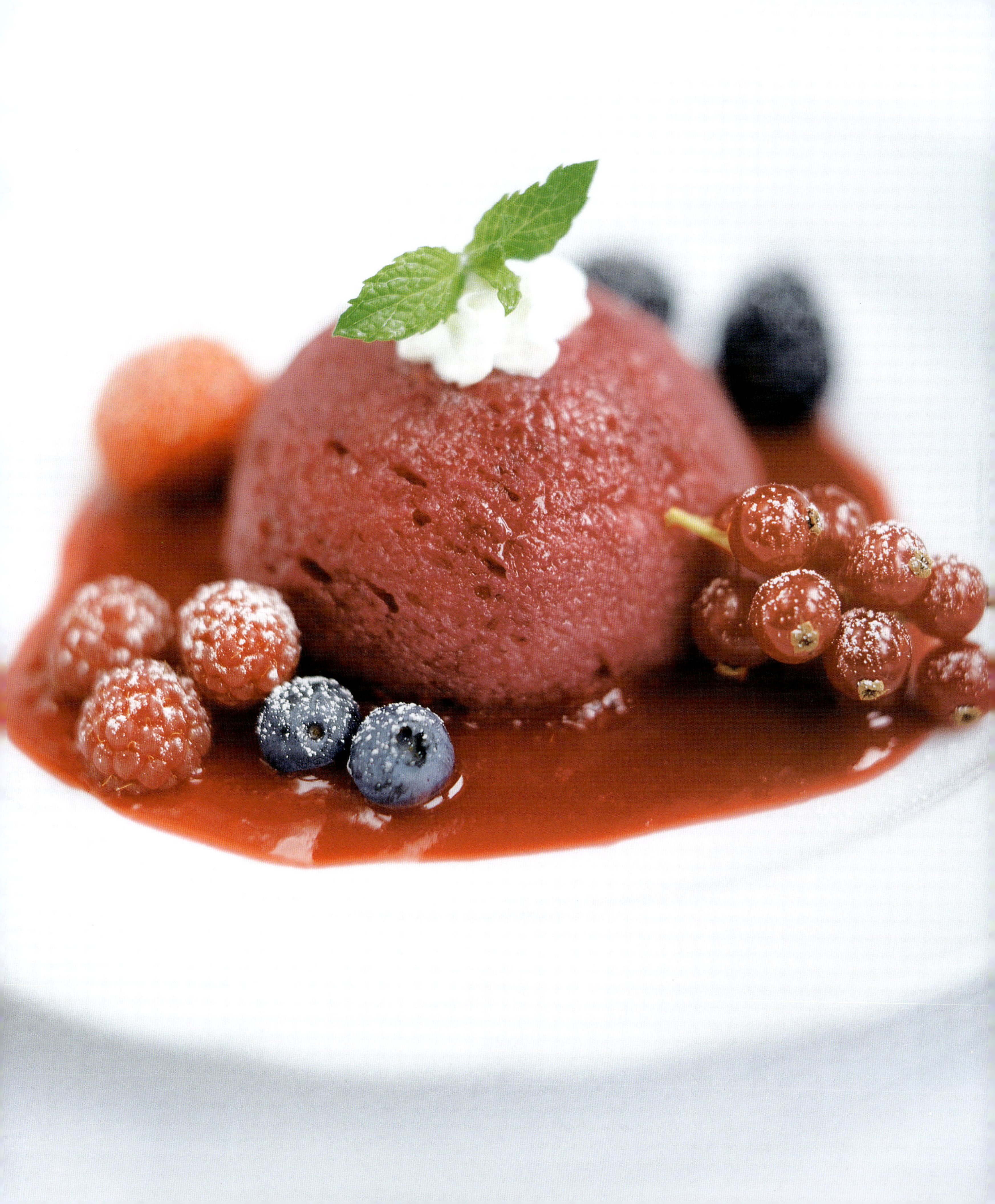

パッションフルーツのタルト

タルトにはつねに厳しい目を向けている私ですが、この上品なパッションフルーツのタルトは、間違いなくシンプルで、かつ最高なできあがりです。さらに有名で、コピーされることもたびたびある、いとこ的存在のレモン・タルトと同様、きりりとした味わいが成功の秘訣です。パッションフルーツの持つ強い自然な味覚と種が、心地よいざらっとした食感を添えています。

ふつうのタルト生地とは違って、低温でゆっくりと焼き上げているため、グルテンを作り、とてもしっかりした（それでいて生焼け感がない）、水分にも負けない仕上がりになり、こういったものをのせるには理想的です。アーモンドを加えることで、より印象深い味わいと歯ざわりが増します。

8人分

ペストリーの材料

薄力粉　250g
塩　多めのひとつまみ
無塩バター　120g　室温に溶かしておく
粉糖　80g　ふるっておく
卵　1個　軽く溶きほぐしておく
挽いたアーモンド　50g

フィリングとソースの材料

パッションフルーツのジュース　500ml
砂糖　400g
卵　9個
ホイップクリーム　250ml
パッションフルーツ　丸のまま6個　半分に切って種とジュースをかき出す
コーンスターチ　小さじ1/2杯

ペストリーの作り方：小麦粉と塩を一緒にふるう。色が白くなり、空気が混ざるまでバターを混ぜる。木べらを使って、ふるった粉糖と溶きほぐした卵が滑らかになるまでかき混ぜる。ふるった小麦粉と挽いたアーモンド、塩を加え、指先でこねて生地を作る。丸めてラップでくるみ、一晩冷蔵庫で寝かせる。

タルト型の焼き方：オーブンを160℃に温めておく。生地をなるべく薄く（3mm）のばし、フラン型（またはキッシュ型）に敷く。焼くときにフィリングが流れ出るので、生地にはピケしないこと。底をワックスペーパーでおおい、てっぺんまで重石用のビーンズで満たす。

生地をオーブンで40分焼く。重石とワックスペーパーをはずし、生地に均等に焼き色がつくまでさらに5分焼く。

フィリングの作り方：パッションフルーツのジュースを煮詰めて半量にし、冷ましておく。砂糖350gと卵を混ぜ、クリームとさきほど煮詰めたパッションフルーツのジュースを加えて混ぜる。目の細かい漉し器で漉し、パッションフルーツ3個分の種を加えて、完全に混ざりきるまでかき混ぜる。

タルトの焼き方：オーブンを150℃に温めておく。ペストリーにフィリングを詰め、オーブンで30分、またはフィリングが固まるまで焼く。室温で冷まして8つに切る。

ソースの作り方：残ったパッションフルーツの種を少量と、砂糖、コーンスターチを混ぜる。残りは小さめの鍋でゆっくり加熱して煮立たせ、さきほどコーンスターチを混ぜたものと合わせる。

仕上げ：パッションフルーツのタルトをひと切れ皿にのせ、そのまわりにソースを少量回しかける。

ピンクグレープフルーツのグラタン バジル・アイスクリーム添え

このランチタイム向けのデザートは、さっぱりとしていてあっという間にできる上、見映えも味も実においしいひと皿です。グレープフルーツの代わりにどんなフルーツを使ってもかまいません。季節のフルーツを数種類取り合わせてもいいでしょう。

4人分

サバイヨンソースの材料

卵黄　5個分
グラニュー糖　80g
グラッパ　100ml
オレンジの絞り汁　½個分
レモンの絞り汁　1個分
ダブルクリーム　125ml　軽く泡立てる
ピンクグレープフルーツ　4個　房に分けて種とわた、薄皮をむいておく
バジル・アイスクリーム（188ページ参照）　160g
ピンクのプラリネ　小さじ3杯

チュイルのバスケットの材料

薄力粉　100g
粉糖　100g
無塩バター　100g　溶かしておく
卵白　2個分

サバイヨンの作り方：鍋に水を入れ沸騰直前まで沸かし、湯せんの準備をする。卵黄とグラニュー糖、グラッパ、オレンジとレモンの絞り汁を大きめのボウルに入れて、とろ火で煮立たせている湯の上にかざし、ボウルの底が湯にひたらない状態にする。ボウルの中身が倍程度の量になるまでかき混ぜる。電気ミキサーに移し、冷めるまで撹拌する。軽くホイップしたクリームをさっくりと混ぜ合わせ、冷蔵庫に入れる。

バスケットの作り方：オーブンを220℃に温めておく。小麦粉と粉砂糖をふるってボウルに入れる。溶かしバターと卵白を加えて手早く混ぜ、滑らかな生地を作る。30分間冷やす。ベーキングシートを敷いたトレイの上に、生地をごく薄くのばす。オーブンで8〜10分焼く。温かいうちに直径8cmの抜き型で抜き、カップの中に入れてバスケットの形を作る。

グリルを高温に熱する。耐熱皿に厚さ1cmのサバイヨンソースの層を作ったら、その上にグレープフルーツの房を彩りよく並べ、皿を高温のグリルの下に置いて、表面に軽く焦げ目をつける。

中央にチュイルのバスケットを置き、丸くすくったバジル・アイスクリームをその上に盛り付ける。ピンクのプラリネを振りかける。

ピンクのプラリネ

250g分

水　大さじ3杯
砂糖　100g
水あめ　小さじ1杯
ホワイトチョコレート　100g
食紅　1滴
ピスタチオナッツ　40粒

水と砂糖、水あめを鍋に入れ、こはく色のシロップになるまで熱する。

湯せんか電子レンジでホワイトチョコレートを溶かす。熱を取ったシロップに溶かしたチョコレート、食紅、ピスタチオを入れて混ぜる。ワックスペーパーの上にあけて冷まし、細かく刻む。密閉容器に入れておけば1週間保存できる。

りんごを使った
スティッキー・トフィー・プディング
生クリーム添え

スティッキー・トフィー・プディングといえば、ふつう、どっしりとした冬のランチのプディングを思い出します。このひと皿は一風変わっています。予想をはるかに上回る軽やかさで、カロリーが高いのを補って余りある価値があると思います。

4人分

グラニースミス種の青りんご　2個
レモンの絞り汁　½個分
シロップ（185ページ参照）　100ml
サルタナ（ゴールデン・レーズン）　100g
デーツ（なつめやし）　80g　種を取る
重そう（ベーキングソーダ）　小さじ1杯
無塩バター　25g
砂糖　75g
卵　2個
ベーキングパウダー　小さじ2杯
薄力粉　75g

トフィーソースの材料

デメララ糖　100g（なければグラニュー糖でもいい）
バター　50g
ダブルクリーム　大さじ3杯
カルバドス　大さじ3杯
生クリーム　100ml　デコレーション用

りんごとサルタナのソースの材料

ペクチン　小さじ2杯
絞りたてのりんごジュース　500ml
グラニュー糖　80g

りんご1個の皮をむき、果物を球形にくり抜く調理用具で、小さなボール状にくり抜く。変色しないようレモンの絞り汁に漬けておく。

残りのりんごの芯を抜き、マンドリーヌかスライサーを使って薄いリング状に切る。シリコンペーパーの上に置き、シロップをはけで塗る。温かい場所（風通しのよい戸棚や、ごく低温にしたオーブン）に置いて乾かす。オーブンの場合は80℃、または最低の設定にして約4時間。

大さじ5杯の水でサルタナ（ゴールデン・レーズン）を約10分弱火でことこと煮て、約1時間置いて水分を吸ってふくらませる。水からサルタナを取り出し、半分に切る。

先ほどサルタナを煮た水にデーツと重そう（ベーキングソーダ）を加え、10分間煮て冷ます。

オーブンを200℃に温めておく。バターと砂糖を混ぜてクリーム状にする。その中に卵を少しずつ加えながらかき混ぜる。ベーキングパウダーを加え、次に先ほど作ったデーツを煮汁ごと加える。バターを塗った直径20cmの深めの耐熱皿に移し、オーブンで35分焼く。

トフィーソースの作り方：砂糖とバター、クリームを鍋の中で混ぜ合わせて加熱する。煮立ってからカルバドスを混ぜいれる。冷めないよう保温する。

35分経ったら、オーブンから温かいプディングを取り出し、上にトフィーソースをかける。オーブンに戻して10分後、取り出して三角に切る。

りんごとサルタナのソースの作り方：りんごジュースとペクチン、砂糖を混ぜて5分間煮立てる。冷ましてから、りんごをくり抜いて作ったボールとレモンの絞り汁、サルタナを加える。混ぜたものが硬すぎる場合には、少しだけ火に戻す。

仕上げ：三角形にカットした温かいスティッキー・トフィー・プディングを、それぞれの皿に盛り、りんごとサルタナのソースを回りにかける。生クリームを一さじプディングの上にのせ、その上にリング状のりんごをのせる。

マンゴーとマスカルポーネのアイスクリーム ホームメイドのビスコッティ添え

とてもシンプル、ほんとうにおいしいこのレシピは、いつもお客様に好評で、お代わりを注文されることもしばしば。ランチの締めくくりに最適ですし、それに一見心地よくヘルシーに見えます。ただ残念なことに、外見ほどヘルシーではありません――それにしても、「よい食べ物」とは何なのでしょうか？

4人分

マンゴーのピュレ　500ml
卵黄　6個分
砂糖　200g
レモンの皮　½個分
マスカルポーネチーズ　250g
生クリーム　250ml
グラン・マニエ　大さじ2杯
バニラビーンズ　½本

つけ合わせの材料

熟れたマンゴー　中くらいのもの1個
シロップ（185ページ参照）　200ml
ビスコッティ（右のレシピ）　8個
ミント　小さいもの　4枝

マンゴーのピュレを350mlになるまで煮詰める。卵黄と砂糖をクリーム状になるまで混ぜ、火からおろした熱いマンゴーのピュレに加え、一定の力で混ぜ続ける。レモンの皮を加える。

ピュレを鍋に戻し、木べらで混ぜて少し煮詰め、木べらの裏にピュレが少しつくくらいまで煮る。

粗熱を取り、マスカルポーネと生クリーム、グラン・マニエの半量を加え、目の細かい漉し器で漉す。バニラのさやから種をこそぎ落とし、加える。冷ましてから、アイスクリームメーカーで凍るまで撹拌する。アイスクリームメーカーを使わない場合は、大型の冷凍用のボウルに入れて、ふたをし、ほぼ全体が固まるまで凍らせる。フードプロセッサーに移して、氷の粒がなくなるまで混ぜる。ボウルに戻し、おおいをして、ほぼ固まるまでもう一度3時間凍らせる。滑らかなアイスクリームになるまでもう一度同じ手順をくり返す。

デコレーションの作り方：マンゴーの皮をむき、半分に切って種を取り、ごく薄く切る。

シロップを温めてから、グラン・マニエの残量を加えてマンゴーのスライスの上にかけ、染み込むまで5分間置いておく。

仕上げ：冷凍庫に入れておいたアイスクリームが硬すぎる場合は、使う前に冷蔵庫に20～30分移して少しやわらかくしておく。

マンゴーのスライスを4つの皿に盛り、上にマンゴーのアイスクリームをのせる。ビスコッティとミントを飾りに添える。

ビスコッティ

ビスコッティ20～24個分

スターアニス　1個
薄力粉　220g
粉糖　130g
塩　ひとつまみ
卵　3個　軽く溶きほぐしておく
オレンジの皮　1個分　細かくすりおろす
皮をむいたアーモンド（またはお好みの木の実を）　100g　乾煎りしておく

すりこぎとすりばちでスターアニスを細かい粉末にする。粉と砂糖、塩をふるってボウルに入れ、中央にくぼみを作る。卵と、粉末にしたスターアニス、おろしたオレンジの皮をくぼみに入れ、弾力のある生地になるまでよく混ぜる。アーモンドを加えてこねる。

生地を直径4cmの棒状にする。表面がつるつるしているベーキングペーパーにくるみ、冷凍庫で固くなるまで1時間冷やす。

オーブンを180℃に温めておく。生地をベーキングペーパーにくるんだまま天板の上に置き、オーブンで50～55分焼く。

冷めてから厚さ約2mmになるよう薄切りにして20～24枚作る。くずれないように気をつけながら網にのせ、乾かす。

チョコレートとコーヒーのファンタジア

このすばらしいなデザートを考えたのは私だと言いたいところですが、実はザ・サヴォイのシェフ・パティシエであるロブの作品です。一見手間がかかりそうですが、作り方はかんたん。最後の瞬間にあわてることのないよう、前もってほんのちょっと考えておくだけでいいのです。チョコレートのチュイルは前日に作り、密閉容器で保管しておいてください。

4人分

ムースの材料

セミスイート・チョコレート　150g
グラニュー糖　25g
卵黄　2個分
ホイップクリーム　175ml

コーヒーのグラニータ（シャーベット）

砂糖　80g
2倍の濃さに淹れたコーヒー　500ml

チョコレートのチュイル

ココアパウダー（無糖）　25g
粉砂糖　120g
薄力粉　100g
卵白　4個分
無塩バター　150g　溶かす

チョコレート・ムースの作り方：チョコレートを割って耐熱型のボウルに入れ、沸騰している湯の上にかざして湯せんで溶かす。鍋に大さじ砂糖と1杯の水を加え、121℃に熱する。温度計がない場合は、シロップが溶けて透明になるのを目安とする。

電気ミキサーに卵黄を入れて混ぜ、少しずつシロップを加えて、全体がほぼ倍の量にふくらむまで泡立てる。冷めるまで混ぜつづける。別のボウルで、リボン状にたれる程度にクリームをホイップし、これを卵黄を泡立てたものにさっくりと混ぜ入れる。3分の1を溶かしたチョコレートに加えて混ぜ、残りをさっくりと混ぜいれる。冷蔵庫で冷やす。

グラニータの作り方：コーヒーに砂糖を加え、溶けるまで混ぜる。浅いトレイに注ぎ、冷凍庫で半分ほど凍らせる。フォークで混ぜて氷の粒をくずす。冷凍庫に戻して、もう一度半分ほど凍らせる。グラニータが小さなしっかりした氷のつぶだけになるまで、同じ手順を4～5回繰り返す。

チョコレートのチュイルの作り方：オーブンを200℃に温めておく。ココアと粉砂糖、小麦粉を一緒にふるい、卵白を入れて混ぜ、溶けたバターを加える。冷蔵庫で最低1時間は休ませる。

プラスチックのシートからステンシル型を作る。直径7cmの円形を4枚、底辺4.5cm、高さ12cmの三角形を8個くり抜く。はずした三角形から2つの穴を切り取って、デコレーション用の型に使用する。天板の上にシートを敷き、その上に型を置いて、くぼみにチュイルの生地を流し込む。型をはずして、オーブンできつね色になるまで8～10分焼く。

取り出した円型のチュイルを小さなボウルまたはカップの中に1度に1枚ずつ入れ、丸みをつけてバスケットの形を作る。

仕上げ：皿にチュイルで作ったバスケットを置き、グラニータで満たした後、その上に小さな球状にまとめたチョコレート・ムースをのせる。てっぺんに波型のチュイルを飾る。チョコレートソース少量をまわりに回しかける。

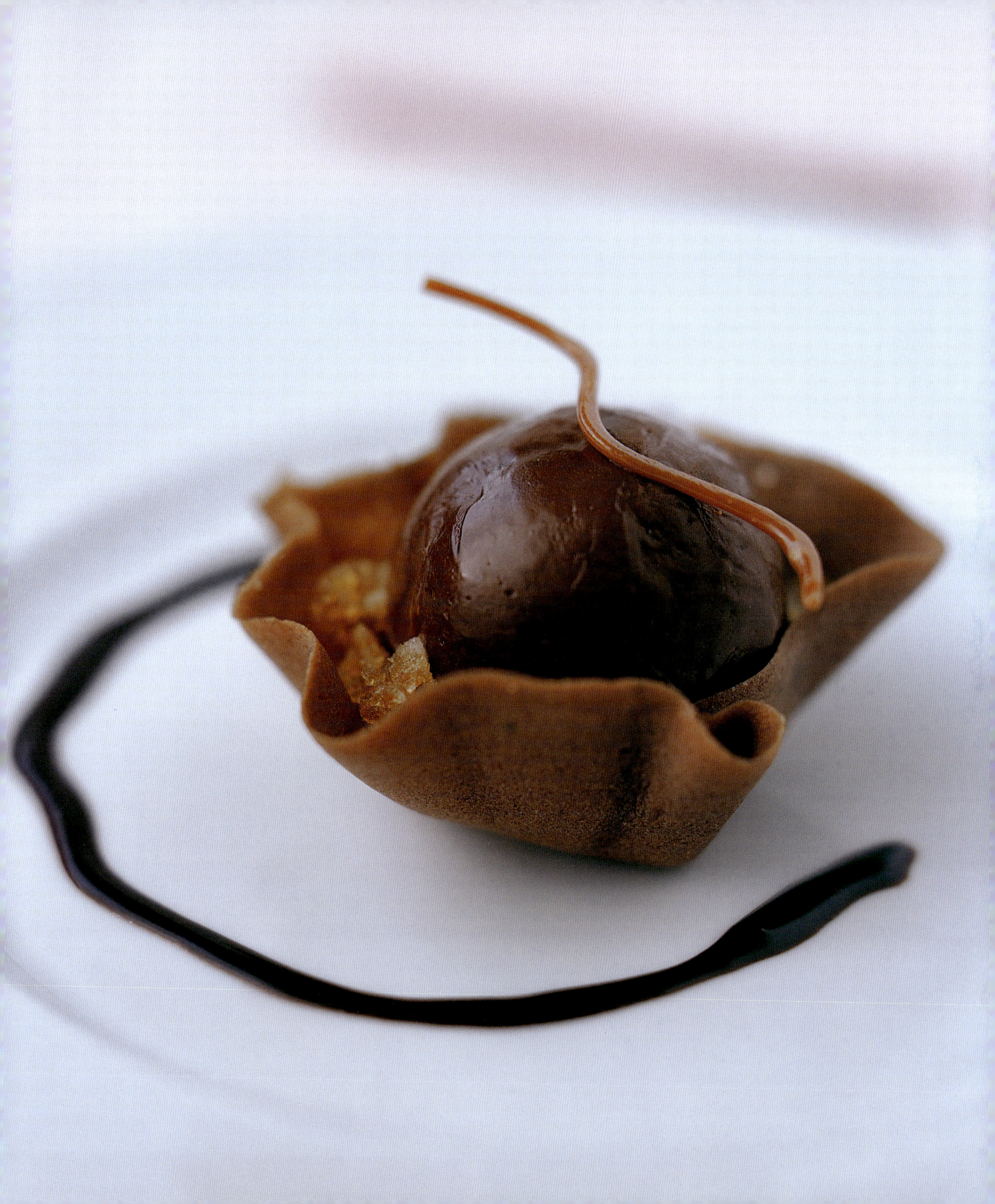

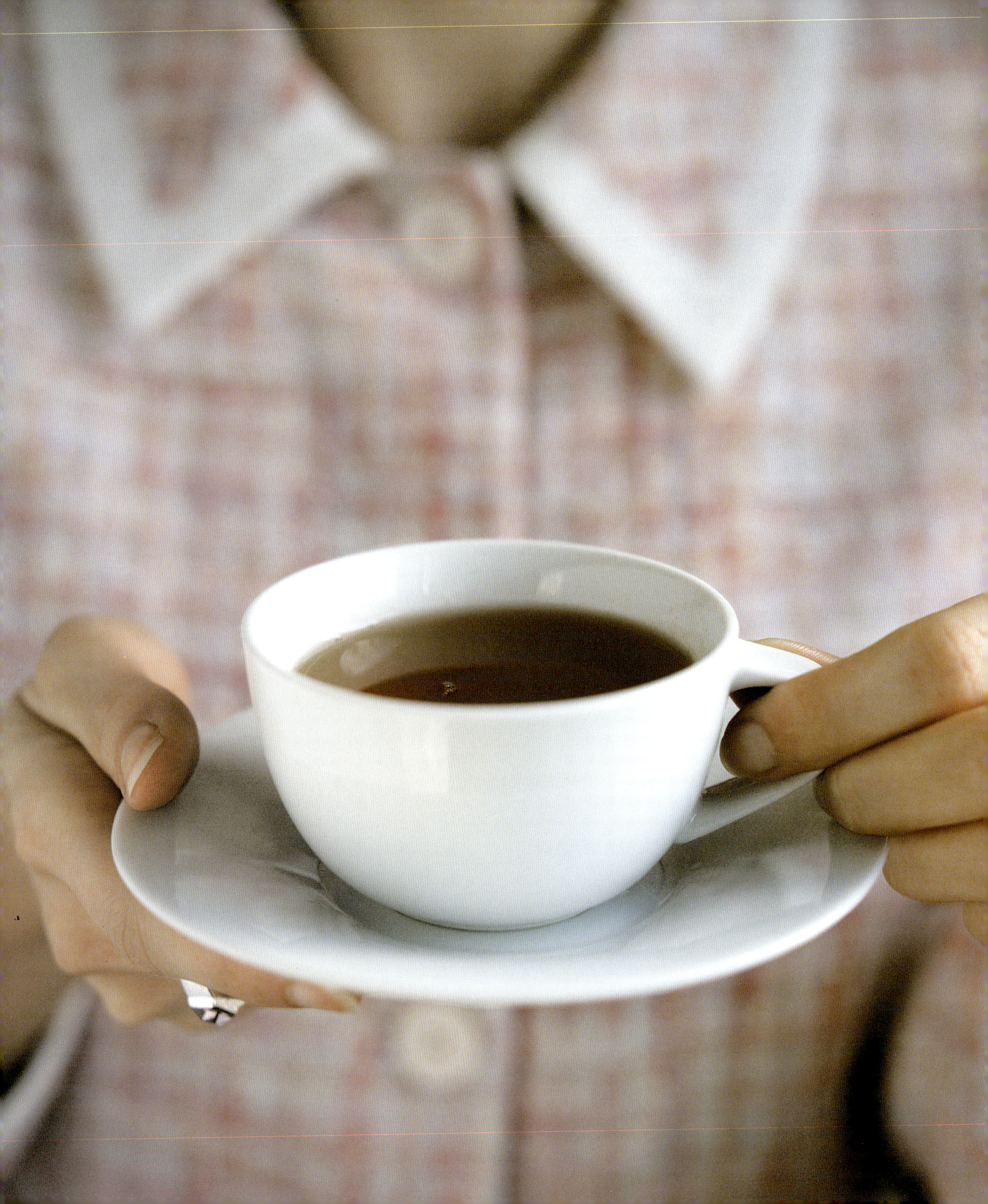

アフタヌーンティー

　アフタヌーンティーほど楽しくて、イギリスの習慣を忠実に表現したひとときはありません。そして、ザ・サヴォイのテムズ・フォイエほどエレガントなティールームは、ほかにはないでしょう。優美な黒のウェストコート（ベスト）とジャケットを着込み、フォイエの中をしずしずと動きまわるウェイターたち。お茶の儀式は厳粛に執り行われます。白磁のポットでゲストにふるまわれるお茶、優美なサンドウィッチがあふれんばかりに盛り付けられた三層のケーキスタンド、そして焼きたてのスコーン、波形のついた紙に乗ってやってくる、かわいらしいペストリーの数々。白いグランドピアノでピアニストが奏でる音楽をＢＧＭに、気のきいたドレス、ときには帽子までかぶったイギリスのご婦人から、トレーナーと実用本位の雨具をまとったアメリカ人観光客にいたるまで、さまざまな宿泊客、レストラン利用客が、伝統あるイングリッシュ・ティーを楽しむのです。

　とはいえ、時の流れにしたがい、伝統も、その姿を変えなければなりません。ザ・サヴォイでは、中国とスリランカから取り寄せた茶葉を独自にブレンドしたものをはじめ、かずかずの紅茶をお選びいただけます。かぐわしさ、渋み、スモーキーな味わい、それとも華やかさ。どんな個性を持つ紅茶も、みなザ・サヴォイ特製デザインのティーポットでふるまわれ、サンドウィッチにはハーブとトマトの香りをつけたザ・サヴォイ謹製のパンが使われ、モダンなアクセントをきかせています。羽のように軽やかなフルーツ・タルトのフィリングには季節に合ったものが選ばれ、イースターには、一杯のシャンパーニュとともに楽しむチョコレート・アフタヌーンティーをご用意しております。これほど洗練されたアフタヌーンティーは、他では体験できないはずです。

　イギリスの有名な聖職者、シドニー・スミス師は、こう書き記しています。「神よ、お茶を与えてくださり、ありがとうございます。お茶がなかったら、世界はどうなっていたでしょう。お茶より先に生まれなくてよかった」と。ていねいに耳を落としたきゅうりのサンドウィッチを食べたい、スプーンでクロテッド・クリームとジャムをすくい、サフランとレーズンのスコーンの上にのせてみたい、クリームがいっぱい詰まったスワン・シュークリームをさっくりと噛んでみたい……それともただ、見る側であれ見られる側であれ、マン・ウォッチングを楽しみたい。ザ・サヴォイでのアフタヌーンティーには、逃すにはあまりに惜しい楽しみがあるのです。

サヴォイのサンドウィッチ

ザ・サヴォイのシェフは、トマトとバジルの香りを加えた特製パンをはじめ、さまざまな種類のパンで作る、個性あふれるサンドウィッチのかずかずを提供できることを誇りに感じています。ティータイムのサンドウィッチは、上品な正方形に切って出すのがふつうである他のホテルとは違って、ザ・サヴォイでは必ず細長く切ってお出ししています。このほうがエレガントだと、私たちは考えます。

クリームチーズとマーマイトのサンドウィッチ

フィンガーサンドウィッチ 6 個分

サンドウィッチ用食パン　4枚
マーマイト　小さじ2〜3杯
クリームチーズ（「フィラデルフィア」など）　40g

パン2枚にマーマイトをごく薄く塗る。もう2枚のパンにクリームチーズを塗り、マーマイトを塗ったパンと合わせてサンドウィッチを作る。耳を落とし、それぞれ長方形に3等分する。

きゅうりのサンドウィッチ　タマゴ＆ミント入り

フィンガーサンドウィッチ 6 個分

固ゆで卵　2個　殻をむき、ていねいにすりつぶしておく
生クリーム　大さじ2
フレッシュミントの小枝　1/2本　葉をちぎり、みじん切りにしておく
サンドウイッチ用食パン4枚　バターを塗っておく
きゅうり　1/2本　皮をむき、薄切りにしておく
塩、挽きたてのこしょう

卵、生クリーム、ミントを混ぜ、塩とこしょうで味を調える。パン2枚にサンドウィッチの具を厚さ5mmになるよう広げる。きゅうりをのせ、あと2枚のパンではさむ。

みみを落とし、それぞれ長方形に3等分する。

アボカドクリーム、プラムトマト、赤たまねぎをはさんだ、バジル・ブレッドのサンドウィッチ

フィンガーサンドウィッチ 6 個分

アボカド　1個　皮をむき、種を除いておく
生クリーム　大さじ4
プラムトマト　1個　皮をむいて種を除き、小さな角切りにしておく
赤たまねぎ（小）　1個　みじん切りにしておく
バジル・ブレッド　4枚　バターを塗っておく
塩、挽きたてのこしょう

生クリームを合わせながらアボカドをつぶす。角切りにしたトマトとみじん切りにした赤たまねぎを加えて混ぜ、お好みの味に調える。できあがった具をはさんでサンドウィッチを2つ作る。

みみを落とし、それぞれ長方形に3等分する。

ドライトマト風味のパンで作るエビとスプリング・オニオンのサンドウィッチ

フィンガーサンドウィッチ 6 個分

中型のえび（車えび、大正えび、ブラックタイガーなど）　100g
　ゆでて殻をむいておく
スプリング・オニオン（シャロット）　2本　みじん切りにしておく
マヨネーズベースのカクテルソース　大さじ2杯
ドライトマト風味のパン　4枚　バターを塗っておく
塩、挽きたてのこしょう

えび、スプリング・オニオン、カクテルソースを合わせ、塩とこしょうで味を調える。できあがった具をはさんでサンドウィッチを2つ作る。みみを落とし、それぞれ長方形に3等分する。

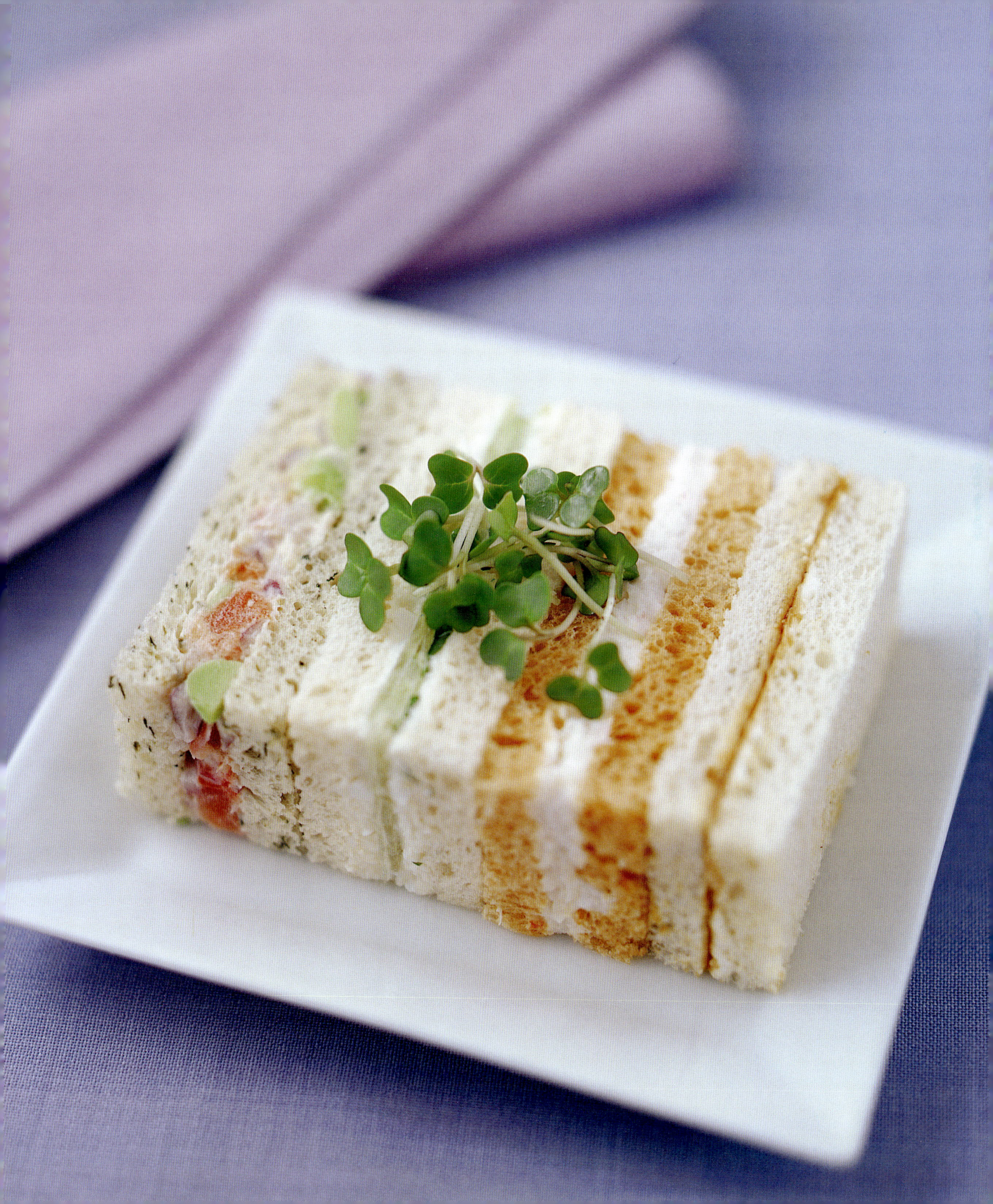

H·M·S PINAFORE
— or The Lass that loved a Sailor.

サヴォイ劇場

隣接するサヴォイ劇場は、ホテル棟と巨大な鋼鉄の梁で結ばれています。ホテルと劇場とのつながりは一見薄そうに思えますが、非凡な才覚で両者をかげから支えたのが、アイルランド人の音楽監督、リチャード・ドイリー・カートです。

　1875年、ドイリー・カートは、ロンドンのロイヤルティ・シアターを本拠地とするオペレッタ劇団を創設しました。彼はシーズンの幕開けをオッフェンバッハのオペレッタで飾ろうと考えていましたが、演奏時間が短すぎ、夜の公演として座がもたないことが判明しました。短時間で観客を入れ替えるのをよしとしなかった彼には、空いた時間を埋める手段を早急に見つける必要があったのです。

　運良く、台本作家のW・S・ギルバートが穴埋めとして、法廷を舞台にしたおもしろおかしい寸劇を提案しました。ドイリー・カートはすぐにアーサー・サリヴァンに曲作りを依頼します。そして、あたふたとリハーサルが続く。——これが、『陪審裁判』が考案され数週間で上演された、いきさつです。このオペレッタはすぐに人気を博し、音楽監督ドイリー・カート、台本作家ギルバート、作曲家サリヴァンのトリオは、あっという間にイギリス演劇史における最高の地位を得たのでした。

　その結果訪れたのが、未曾有の富と名声です。ドイリー・カート劇団は拠点をオペラ・コミック・シアターに移し、ロンドン子たちはこぞって彼らのオペレッタを見物しに行きました。5年も経つと、劇場はギルバート&サリヴァン・ファンの群集をまかなうには手狭になります。誰もが、G&Sの最新作をなんとかして観たいと願っていたのです。そこでドイリー・カートは、みずからの年間収益6万ポンドの一部をつぎこんで、劇団専用の新劇場を建設しました。彼が選んだ場所、そこはかつて中世時代にサヴォイ公国の宮殿が建っていた場所で、当時は何の目的にも使われていない土地でした。

　技術の粋を凝らしたサヴォイ劇場は、当時好まれていたあらゆるデザイン様式を取り入れ、旧式のガス灯を取りやめ、電灯を採用した世界初の公共建築が自慢でした。人々はサヴォイ劇場が気に入り、その近代的な建築を見物しようと集まりました。チケットを求めて群集が殺到するさまを目のあたりにしたドイリー・カートは、公演のチケットを買うのを待っている観客にお茶とケーキを出し、列を作ることで混雑を規制しようという考えを思いついたのです。

サフラン風味のレーズン入りスコーン

ティータイムの人気者であるスコーンに、サフランが濃厚な風味をもたらします。

ザ・サヴォイ風にクロテッドクリームとソフトなフルーツをのせると、実にぜいたくなデザートになります。

8個分

サフラン　少し多めのひとつまみ
白ワイン　150ml
中力粉　250g、打ち粉用として少量（分量外）
ベーキングパウダー　大さじ1杯
グラニュー糖　50g
無塩バター　80g　角切りにしておく、
　天板に塗る分として少量（分量外）
牛乳　100〜125ml
レーズン　50g
卵　1個　割りほぐしておく

スコーンに塗ったり、彩りを添えるもの

バターまたはクロテッドクリーム
フレッシュ・フルーツ（お好みで）
ミントの葉　小ぶりのものを10枚（お好みで）

オーブンを220℃に温めておく。小ぶりの鍋にサフランとワインを入れて沸騰させ、大さじ1杯分になるまで煮詰める。抽出液を目の細かい漉し器で漉し、取り置く。バターを指でこすり合わせるようにして、パン粉状になるまで小麦粉になじませる。サフランの抽出液と十分な量の牛乳を加え、やわらかでなめらかな生地にした後、レーズンを加える。軽く打ち粉をした上で生地を厚さ2cmにのばし、直径6cmの抜き型で10枚の円形を抜く（生地が固くなるのでこねすぎないこと）。バターを塗った天板にスコーンを並べ、その上に割りほぐした卵をはけで塗る。涼しい場所で生地を15分間休ませ、ふたたび卵を塗ったら、ふくらんで黄金色になるまで15分ほど焼く。

スコーンを半分に切り、バター、またはクロテッドクリームを添えてできあがり。

スコーンのまわりに少量のクロテッドクリームを散らし、その上に季節のフレッシュ・フルーツをのせ、小ぶりのミントの葉を飾ってもよい。

ハーブ風味のスコーン　かにの身といくらを添えて

このように香りの良いスコーンは、サンドウィッチの代わりになる、おいしくておしゃれなひと皿です。いや、もしおなかがぺこぺこなら、サンドウィッチと両方召し上がれ！

6個分

強力粉　250g　打ち粉として少量（分量外）
ベーキングパウダー　大さじ1杯
無塩バター　80g　角切りにしておく、
　天板に塗る分として少量（分量外）
フレッシュハーブ数種（バジル、ローズマリー、マジョラム、オレガノなど）
　小さじ4杯　みじん切りにしておく
牛乳　125ml
卵　1個　軽く割りほぐしておく

トッピングの材料

生クリーム　100ml
かに（マツバガニなど）の身　150g
きゅうり　50g　皮をむいて種を取り、角切りにしておく
塩、挽きたてのこしょう

つけ合わせ

レタスの葉の盛り合わせ
いくら　大さじ1
ディル（飾り用）

オーブンを220℃に温めておく。バターを指でこすり合わせるようにして、パン粉状になるまで小麦粉になじませる。ハーブを混ぜる。牛乳を加え、やわらかでなめらかな生地にする。

軽く打ち粉をした上で生地を厚さ2cmにのばし、直径6cmの抜き型で6枚の円形を抜く（生地が固くなるのでこねすぎないこと）。バターを塗った天板にスコーンを並べ、その上にはけで割りほぐした卵を塗る。涼しい場所で15分間生地を休ませ、ふたたび卵を塗ったら、ふくらんで黄金色になるまで15分ほど焼く。

涼しい場所で寝かせる。

生クリーム、かにの身、きゅうりを混ぜ、塩とこしょうで味を調える。小さくちぎったレタスをスコーンの脇に添える。スコーンの上にかにの身をたっぷりのせ、いくらを少量のせる。てっぺんにディルを飾る。

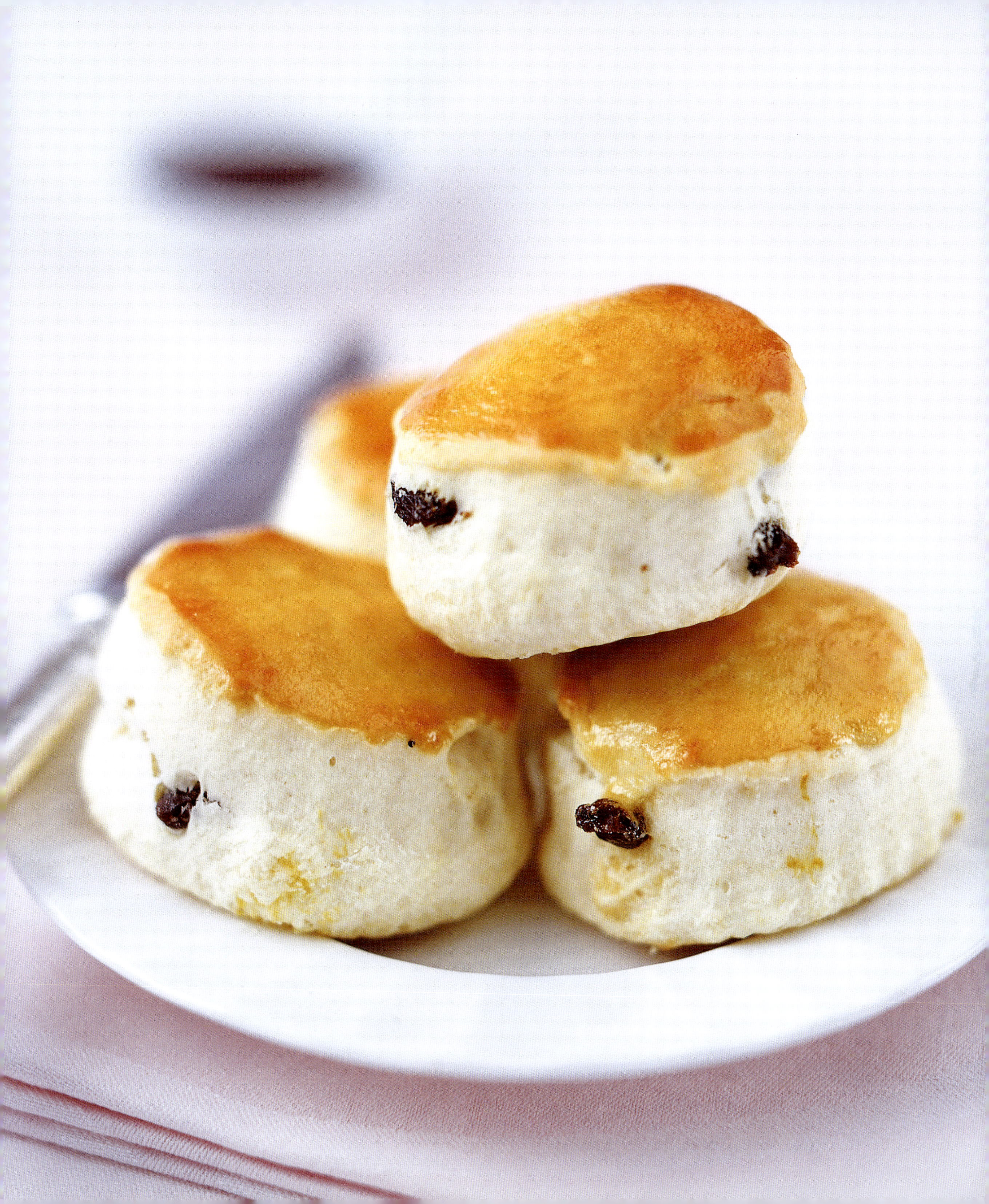

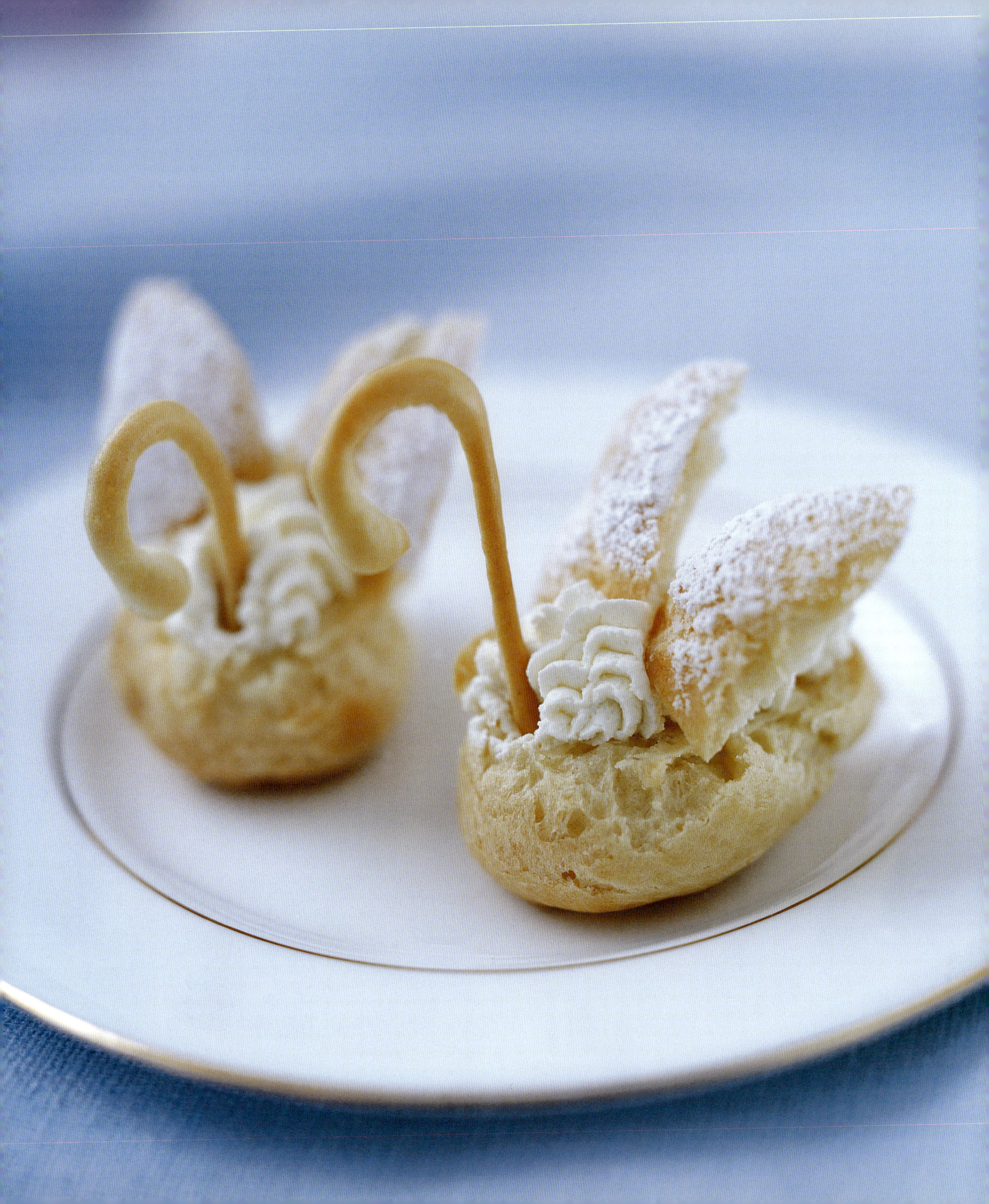

サヴォイ風シユーペストリー　スワン仕立て　　シナモン・マドレーヌ

1905年に行われた、ジョージ・ケスラーのかの有名なゴンドラ・パーティ（そのもようは99ページで読むことができます）で出されたケーキ、それが繊細なスワンの首をちょこんとのせた、このシュークリームです。スワンをかたどったというアイデアもさることながら、ザ・サヴォイが今もなお、このシュークリームをアフタヌーンティーのメニューに載せているのも、すばらしいと思います。

10個分

シュー皮生地（187ページ参照）　150g
バター　天板に塗る分として（分量外）
グラニュー糖　25g
ダブルクリーム　750ml
粉糖

オーブンを200℃に温めておく。直径1cmの丸い口金をつけた絞り出し袋にシュー皮生地を入れ、バターを塗った天板に直径2.5cmの大きさで10個絞り出す。

シューを15分焼き、冷ます。

オーブンの温度を180℃まで下げる。直径3mmの丸い口金に変え、バターを塗った別の天板に、S字を10個絞り出す。10分間、またはカリッと黄金色になるまで焼く。そのまま冷ます。

ダブルクリームにグラニュー糖を加え、固くなるまでホイップする。できあがったクリームは、星型の口金をつけた絞り袋に入れる。

シューの上から3分の1の部分で切る。下側のシューにクリームを満たす。3分の1に切った上の部分はさらに縦半分に切り、角度をつけてクリームの部分に挿し、羽に見立てる。S字型のシューを前方に挿し、スワンの首に見立てる。めいめいに粉砂糖を振りかける。

小さな貝殻の形をしたこの焼き菓子の最初の考案者については、さまざまな言い伝えがあります。17世紀フランス北東部の枢機卿おかかえの料理人、マドレーヌ・シモニンによるものだという説も、そのひとつ。このかわいらしい焼き菓子をいたく気に入った枢機卿が、彼女の名誉をたたえ、マドレーヌという名を菓子につけたというのです。

15個分

卵　3個
グラニュー糖　175g
薄力粉　250g
ベーキングパウダー　小さじ1½杯
シナモンパウダー　小さじ1¼杯
牛乳　大さじ5杯
無塩バター　120g　人肌に溶かしておく
バターと小麦粉　少量　マドレーヌ型に塗る分と打ち粉として

ボウルに卵と砂糖を入れ、クリーム状になるまで泡立て器で混ぜる。薄力粉、ベーキングパウダー、シナモンを合わせてボウルにふるい入れ、先ほどの卵と牛乳を少しずつ加える。なめらかになるまで混ぜる。溶かしバターを加え、完全に混ざるまでかき混ぜる。冷蔵庫で20分寝かせる。

オーブンを190℃に温めておく。油を塗って打ち粉をした貝殻形のマドレーヌ型に、生地を絞り出す（マドレーヌ型がなければ5cm大の紙の焼き型でもよい）。6分焼く。型から外し、ケーキクーラーにのせて冷ます。

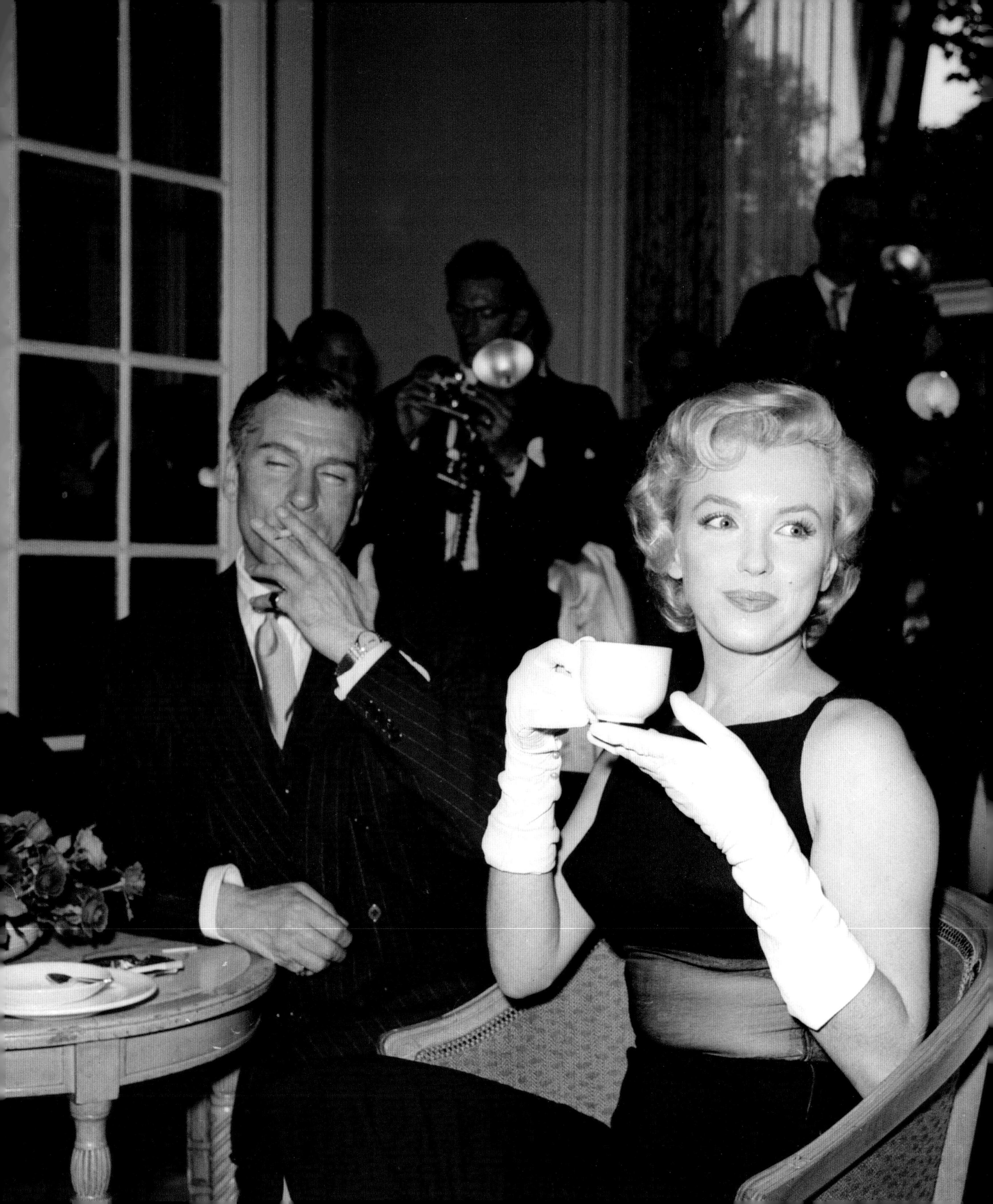

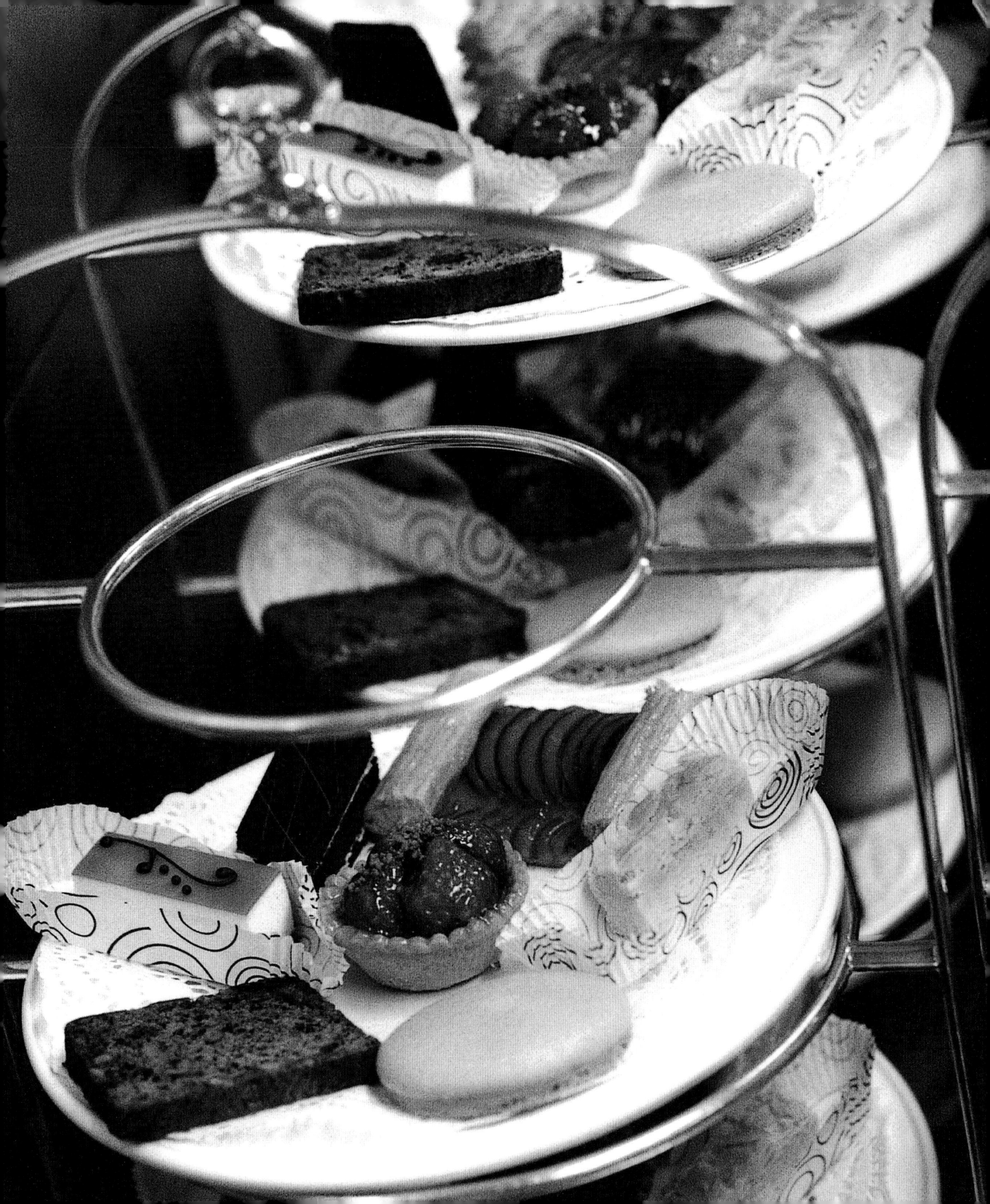

エキゾチック・フルーツのタルトレット

ティータイム用にストロベリーのタルトレット（右側レシピ）を作るときは、より一般的な甘いショートクラストの代わりにパート・フィロを使うようにしています。食感が変わり、アフタヌーンティーという時間そのものとの調和がはかれます。そこで、こちらのタルトレットでは、甘いショートクラストの代わりにパイ生地を使い、パッションフルーツをのせ、シャープに仕上げて絶妙なコントラストをつけてみました。タルトレットは前もって準備できるので、召し上がる数時間前にクリームとフルーツを飾ります。

4個分

小麦粉　打ち粉に使う
パイ生地（186ページ参照）　120g
フランジパーヌ（186ページ参照）　半量
パッションフルーツの果汁　大さじ1杯　裏ごししておく
カスタードクリーム（185ページ参照。またはホイップクリーム）　大さじ4杯
キウィフルーツ　½個　皮をむいて、薄切りにしておく
マンゴー　¼個　種を取って薄切りにしておく
パイナップル（小）　¼個　皮をむいて芯を取り、薄切りにしておく
パパイヤ　¼個　皮をむき、種を取って薄切りにしておく
アプリコットジャム　大さじ4
　つやを出すために使う。温めた後、裏ごししておく
小ぶりのミントの葉　4枚

オーブンを200℃に温めておく。軽く打ち粉をした台でパフペーストを薄くのばし、直径7.5cmのタルトレット型4個に敷き込む。涼しい場所で15分寝かせる。

フランジパーヌを4等分にして生地の上にのせ、黄金色になるまで10～15分焼く。そのまま冷ます。パッションフルーツの果汁をカスタードクリーム（またはホイップクリーム）に入れて混ぜ、スプーンでタルトレットにかける。フルーツを見栄えよく飾り、アプリコットジャムをはけで塗る。最後にミントの葉を飾る。

ストロベリー・タルトレット

フルーツのタルトレットには、甘みをつけたショートクラスト・ペストリーを生地に使うのがふつうです。大半のホテルでは、アフタヌーンティーのメニューに2、3種類タルトレットをそろえていますが、どれも同じ、甘みをつけたペストリー・ケースを使っています。このケースはとてもくどい上、おなかにもたれるため、シェフたちは数年前から、タルトレットをもう少し低カロリーにしようと考え、改良を重ねています。そんなわけで、こちらのストロベリーのタルトレットでは、パート・フィロを使っているのです。とてもタルトレットらしからぬ舌ざわりと味わいが、他のタルトレットとすばらしいコントラストを生み出しています。それでも伝統にこだわりたいというのなら、どうぞフィロの代わりに、甘いショートクラストをお使いください。

4個分

パート・フィロ　3枚
無塩バター　小さじ4杯　溶かしておく
粉糖　40g
フランジパーヌ（186ページ参照）　半量
クレーム・ド・フランボワーズ（お好みで）　小さじ2杯
ペストリークリーム（185ページ参照・またはホイップクリーム）
　大さじ4杯
イチゴ（中）　14個　へたを取っておく
イチゴジャム　大さじ4杯　つや出し用。温めた後で濾しておく
ピスタチオ　少々　飾り用。皮をむき、刻んでおく

オーブンを200℃に温めておく。パート・フィロ1枚に、溶かしバター少量をはけで塗り、砂糖を散らす。もう1枚を重ね、溶かしバターを塗り、砂糖を散らしたら、同様に最後の1枚も重ね、残りのバターを塗り、やはり砂糖を散らす。直径10cmの円形を4個抜き取り、直径7.5cmのタルト型4個に敷き込む。フランジパーヌを4等分し、黄金色になるまで約20分焼く。そのまま冷ます。

フランボワーズ・リキュールを使う場合は、ペストリークリーム、またはホイップクリームと混ぜる。スプーンを使い、クリームをタルトの中心に流す。縁まで満たすと、イチゴをのせたときにあふれてしまうので、注意すること。イチゴを縦に4等分し、クリームの上に形よく並べる。ストロベリー・ジャムをはけで塗ってつやを出し、刻んだピスタチオを少量散らす。

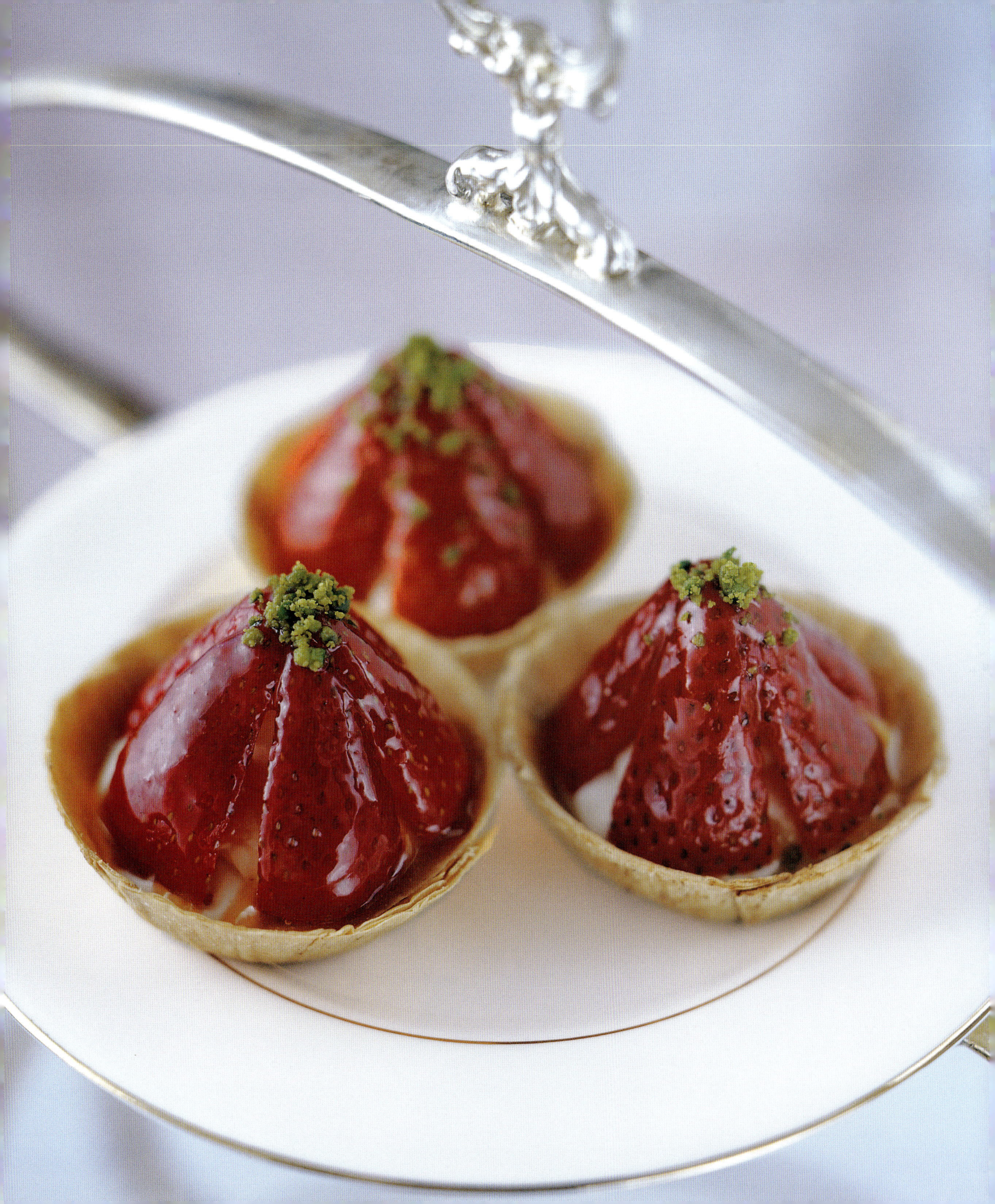

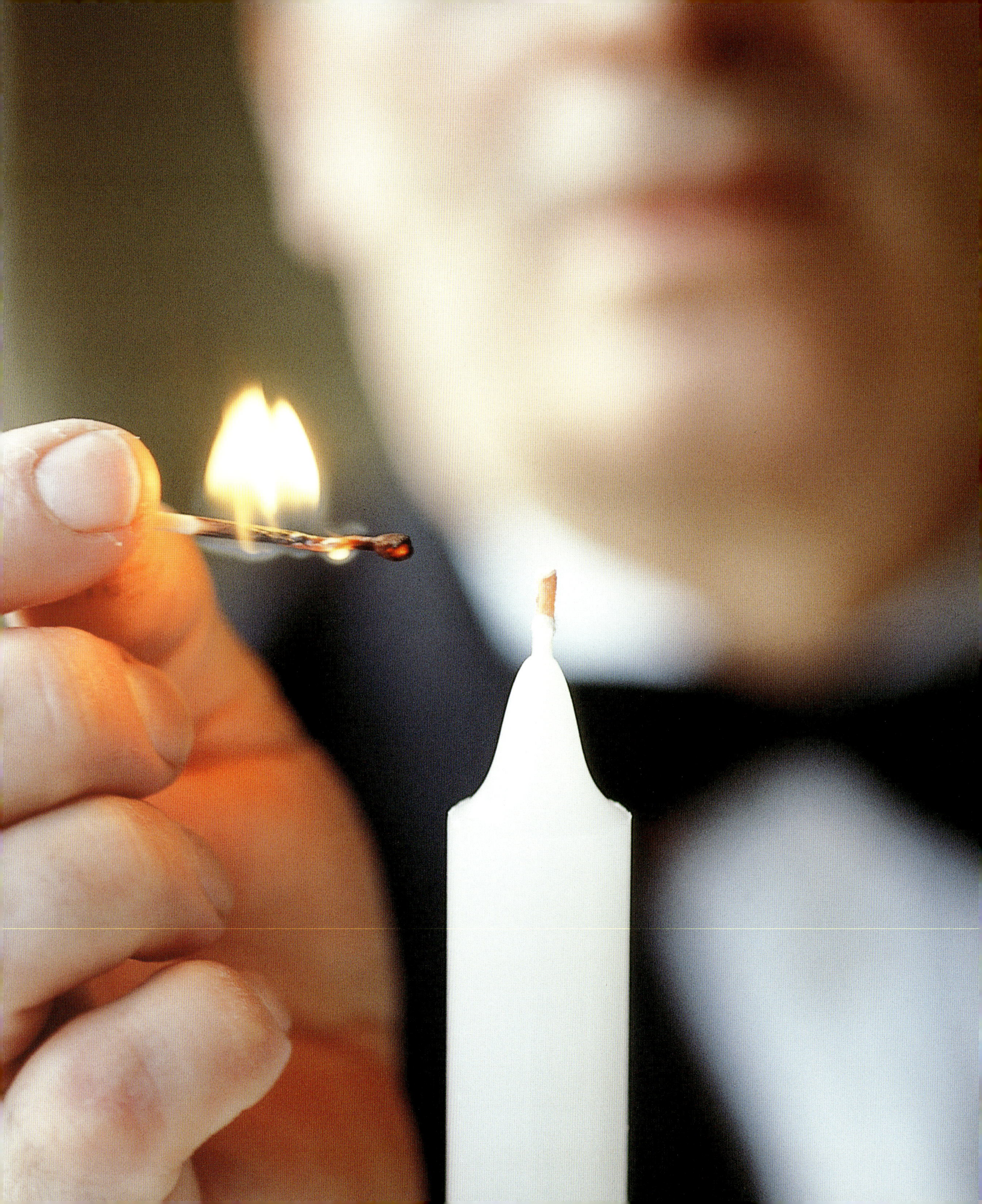

ディナー

　ザ・サヴォイではいつでも、上質のディナーが体験できます。ディナータイムになると、ウェイターたちは全員、夜の正装である燕尾服の現代版、ショート丈のディナージャケット（タキシード）に着替えます。ほの暗く、昼とは違った雰囲気をかもし出す照明、ゆったりとした時間を楽しむための洗練された料理が並ぶメニュー。窓の外側ではテムズ川に映し出された光、そして窓の内側である室内では、グランドピアノの奏でる音色にいろどられるロマンチックなひととき、それがディナーです。ここではだれも時間を気にしません。快適な空間に身をゆだね、3品のメインによるスペシャル・ディナー、またはアラカルトから料理を選び、自分なりの時間をすごします。あわてて仕事に戻らなくてもいいのです。そう、膨大なワインリストを吟味し、これから始まる美食のすてきな体験への期待に胸をふくらませる時間の、始まりです。

　80人のシェフたちが最高の技を集結し、贅をこらした最高級の材料で腕をふるうのは、まさにこのとき。フォアグラとラングスティーヌのソテー、ロブスターのテルミドール風、魚介類の実においしい創作料理、上質のウェールズ産ラム、スコットランド産ビーフ、そして旬のジビエ。『最良のサービスのために努力する』というモットーのもと、ザ・サヴォイのスタッフは、ディナーの時間に最良のサービスの極みをめざします。

　一方、専用の宴会用スイートルームでは、シェフやウェイターがぜいたくなイブニング・パーティの支度をしているでしょう。おそらく、ランカスター・ボールルームにいる500名のゲストのために。あるいは、気のおけない極上の"ふたりのディナー"のためかもしれません。ひょっとすると、『ジ・アザー・クラブ』のような夕食会が開かれているかも。ジ・アザー・クラブは、ウィンストン・チャーチル元首相が1911年に政界、法曹界から30名のメンバーを選んで創立したもので、今でも毎月ザ・サヴォイで定例夕食会が開催されています。思い出に残る夜のひとときを終えたディナー客の大群が去ると、あらたな大群がやってくる——ディナー前の美しい姿に戻すという作業になくてはならない存在、それが掃除担当、皿洗い担当のスタッフなのです。

トリュフ風味のマスカルポーネを包んだトルテッリーニを浮かべたトマト・コンソメ

ドイツのウルムでの修行時代、料理長はよく、厨房のよしあしはコンソメの出来でわかると言っていました。残念ながら、ああいったスープは今では時代遅れのようですが、コンソメを飲むたびに、どうしてだろうと考えてしまいます。よくできたコンソメは濃厚で印象深い味がし、冬の熱いコンソメは芯から体を温め、元気を回復させてくれます。夏の冷たいコンソメは、すっきりと涼やかな気分にしてくれます。このレシピだと大量にできるのでびっくりされるかもしれませんが、コンソメは、ほんのちょっと作ってもおいしくはなりません。努力がむくわれる、おいしいコンソメができるでしょう。

8～10人分

コンソメの材料

薄切り牛肉　100g。ひき肉にしておく
鶏もも肉　100g。刻んでおく
にんじん、セロリ、リーキ、たまねぎ　合わせて80g　ざく切りにしておく
トマトピュレ（またはトマトペースト）　100g
生のプラムトマト　100g　ざく切りにしておく
タイム　1枝
ベイリーフ　1枚
挽いた黒こしょう　小さじ1杯
卵の白身　8個分
チキン・ブイヨン（180ページ参照）　600ml
ビーフ・ブイヨン（180ページ参照）　600ml
塩（適量）
大さじ2杯分の小口切りにしたチャイブ、またはイタリアンパセリの葉（飾り用）

トルテッリーニの材料

ラビオリ生地　100g（186ページ参照）
卵　1個　軽く溶きほぐしておく
マスカルポーネチーズ　100g
トリュフ　20g　細かくみじん切りにしておく
トリュフオイル　1滴

澄んだコンソメの作り方：大型の平鍋に、牛肉、鶏肉、粗みじんに切った野菜、トマトピュレ（ペーストも可）、ざく切りにしたトマト、タイム、ベイリーフ、粒こしょうを入れて混ぜる。卵白を入れてよくかき混ぜたら、冷やしたブイヨンを入れ、またかき混ぜる。

塩で味を調え、とろ火にかけて、スープが表面まで澄んでくるまでよくかき回す。弱火でことことと1時間半ほど煮込み、綿の布（またはチーズクロス）を敷いた漉し器でスープを漉す。

トルテッリーニの作り方：パスタマシンを一番薄い設定にして、生地を延ばす。延ばしたパスタ生地を4cm角の正方形に切り、溶きほぐした卵をはけで塗る。

マスカルポーネ、トリュフ、トリュフオイルを混ぜ合わせる。

トリュフを混ぜたマスカルポーネを20等分したものを、正方形に切ったパスタの中央にのせる。対角線上の角に向かってパスタを折りたたんだものを人差し指に巻きつけたら、両端を重ね、指で押して密着させる。

できあがったトルテッリーニは塩を入れたたっぷりの熱湯で約3分間ゆでる。味を調えたスープストックでゆでると、さらにおいしくなる。

トルテッリーニを2、3個入れたスープ皿に、熱いコンソメを注ぎ、刻んだチャイブかイタリアンパセリを散らしたら、できあがり。

ラングスティーヌのフォアグラ添えとマンゴーのカルパッチョ

こしょうがぴりりときいた、こくのあるソースをマンゴーの甘さがきわ立たせ、とてもエレガントな前菜になりました。このように性格の違う材料を組み合わせると不協和音が聞こえてきそうですが、食べ物の世界ではよくあること。一口食べれば、最高のハーモニーの誕生がおわかりいただけるでしょう。

4人分

熟したマンゴー　1個
焼き目をつけたフォアグラ　50g×8枚
殻をはずしたラングスティーヌ　8尾
ペッパーソース（184ページ参照）　100ml
サルサヴェルデ（184ページ参照）　50ml
シーソルト、挽きたてのこしょう
チャービル　4本　飾り用として

マンゴーの皮をむき、ごく薄く切る。直径4センチの円形に24枚型抜きし、皿の上に並べる。フォアグラの味を調えたら、テフロン加工のフライパン（またはスキレット）に並べ、30秒ずつ両面をさっと焼く。フォアグラを取り出したら、フライパンに残った油分を取り分け、温めておく。下味をつけたラングスティーヌを、先ほどのフォアグラのうまみの移った油で30秒ずつ両面をさっと焼く。

薄切りのマンゴーを敷いた皿の上に、フォアグラを2切れ、ラングスティーヌを2尾ずつ、はなやかに盛り付ける。少量のペッパーソースを料理の周りとてっぺんに注ぎかけ、サルサヴェルデも同じように盛り付ける。チャービルをあしらったらできあがり。

ロブスターのラビオリ入り
サフラン風味のスープ

ザ・サヴォイで大好評の料理です。ぜいたくな食材であるロブスターは、どのように料理してもお客様のお気に召すようです。白身魚で代用すれば、もっと手軽に作れます。シーフードからだしを取ったスープは、他の魚料理との相性も良いですし、あっさりとしたスープとして召し上がっていただいてもいいでしょう。

4人分

ロブスターのフィリングの材料

生のロブスター　500gのもの　1尾
フィレにおろした白身魚　100g
卵白　1個分
ダブルクリーム　300ml
塩、カイエンヌペッパー
ラビオリ生地　200g（186ページ参照）
エッグ・ウォッシュ（卵黄1個を大さじ1杯の牛乳と一緒に溶きほぐしたもの。
　ラビオリを包むときに接着剤として使う）
海の幸のブイヨン　400ml（181ページ参照）
小口切りにしたチャイブ　大さじ2杯
トマト　1個　皮をむいて種を取り除き、さいの目に切っておく
中型のえび（車えび、大正えび、ブラックタイガーなど）　50g
キャビア（オシェトラ、お好みで）　少量

ロブスターのフィリングの作り方：塩を入れ、沸騰させた湯にロブスターを入れ、2分間ゆでる。水気を切り、冷水に入れて冷ます。殻を取り除く。殻は別の用途で使いまわす。はさみの部分を縦長に半分に切り、取り分けておく。

ロブスターの尾の部分と魚の切り身は、刃の細かいミンサー（グラインダー）か、具が熱で温まらないよう気をつけ、ごく短時間フードプロセッサーにかける。目の細かい漉し器で漉しながらボウルに移し、氷の上にのせて冷やす。

卵白を少しずつ入れてかき混ぜ、生クリームを加える。塩とカイエンヌペッパーで味を調え、冷やす。ムースはできるだけ軽めに仕上げる。冷蔵庫に入れると固まるので、外に出したら生クリームを少量加える。

ラビオリの作り方：パスタマシンを一番薄い設定にして、生地を延ばす。延ばした生地を8枚の円形に切り分ける。生地1枚につきロブスターのムースを80gのせ、そのまわりにエッグ・ウォッシュをはけで塗る。その上に生地をもう1枚のせ、ロブスターの具のまわりを押して生地と生地とを密着させ、直径約8cmのラビオリ形を作る。9cmの抜き型で切り抜く。同じ方法で、あと3個ラビオリを作る。

平鍋に水を入れて沸騰させ、塩をひとつまみ入れる。ラビオリを入れ、約5分ゆでる。

仕上げ：181ページのレシピにあるように、海の幸のブイヨンを温め、卵黄と生クリームで仕上げる。チャイブ、トマト、えび、最後にロブスターのはさみを加え、とろ火で約30分温める。

スープ皿にラビオリを入れ、海の幸のスープを注ぎ、最後にラビオリの上にロブスターのはさみを飾る。お好みでキャビアを少量のせても可。

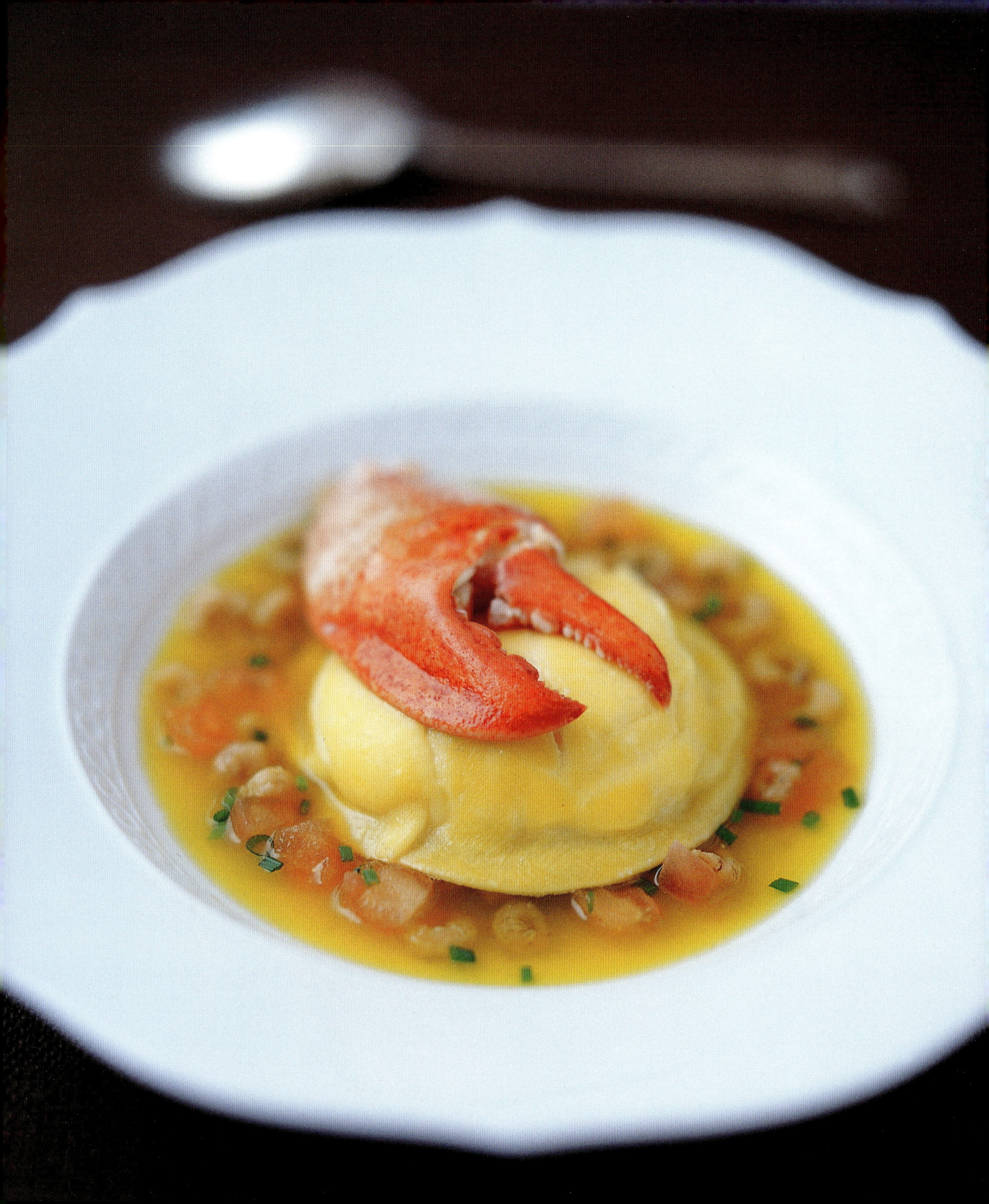

ほうれん草のクリーム煮にのせて パルメザンチーズをまぶしたポーチド・エッグ アルバ産白トリュフ添え

アルバ産の白トリュフはとりわけ高価なものですが、ガーリックの強い匂いとあわせると、他に類を見ない味わいと圧倒するような大地の香りが引き出されます。この料理は、そんな白トリュフの味わいを引き出しています。ポーチド・エッグに使う卵をトリュフと同じ容器の中にひと晩一緒に入れておくと、その風味はさらに高まります。トリュフのアロマが卵の殻を通して伝わり、味覚の奥行きが広がるのです。確かに毎日食べる料理ではないかもしれません。しかし、一生に一度はぜひ食べておきたい一品です。

4人分

白ワインビネガー　150ml
有機卵　4個
薄力粉　40g
卵　1個　軽く溶きほぐしておく
生パン粉　100g
挽きたてのパルメザンチーズ　100g
揚げ油
サラダほうれん草　200g
ダブルクリーム　100ml
挽きたてのナツメグ
生のアルバ産白トリュフ　40g
塩、挽きたてのこしょう

浅くて広幅の鍋に400mlの水、水の3分の2の量の酢を入れて沸騰させた後、弱火にする。このとき塩を加えると、卵白のたんぱく質を破壊し、ポーチド・エッグの形が崩れてしまう。他の3つの卵も同じようにしてポーチド・エッグを作る。4個一緒に鍋に入れて作ることも可能。無理なら2回に分ける。卵を入れたら黄身のまわりで白身が固まるまで、3～4分間弱火でゆでる。

穴あきのレードルで卵を取り出し、冷水と残りの酢を合わせたものに放って冷ます。キッチンペーパーで水気を取り、塩とこしょうで味を調える。

浅い皿に小麦粉を敷き、もう1枚の皿には溶き卵を入れる。ポーチド・エッグに小麦粉をまぶし、次に溶き卵にくぐらせて、うっすらと卵の衣をつける。

生パン粉とパルメザンチーズを混ぜたものを卵に均一にまぶす。

油を150℃に熱する。その間に塩を入れて沸騰させた湯でサラダほうれん草を1分間ゆがき、冷水に放った後、十分に水気を絞る。

平鍋にダブルクリームを入れて煮立たせ、半量になるまで煮詰める。

みじん切りにしたほうれん草を加え、塩、こしょう、そしてナツメグを少量挽いたもので味を調える（ナツメグはとても香りが強いので、入れすぎないよう注意すること）。

油を引いたフライパンにパルメザンチーズの衣をまぶしたポーチド・エッグをそっと入れ、1分半程度を目安に、きつね色になるまで揚げ焼きにする。焼きすぎないよう注意すること。黄身が液状のまま仕上げる。

ほうれん草を4等分して皿に盛り付け、その上に卵をのせる。専用削り器、またはよく研いだ野菜用のピーラーでトリュフを均一に削って卵やほうれん草の上にのせたら、すぐお客様のところにお持ちする。

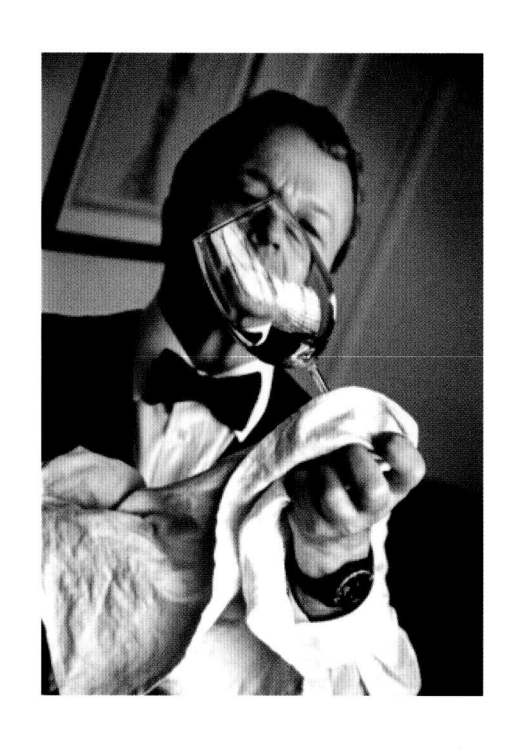

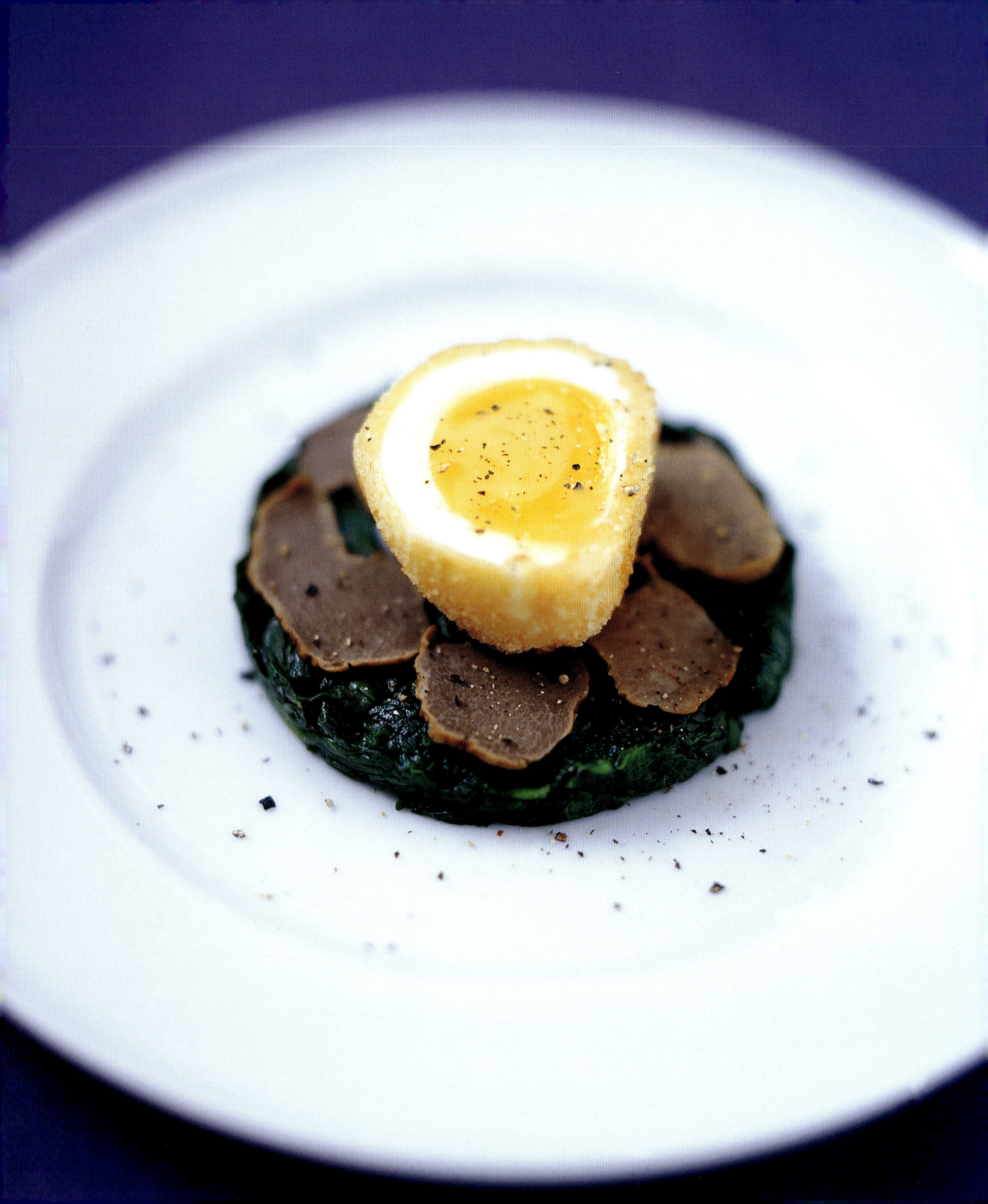

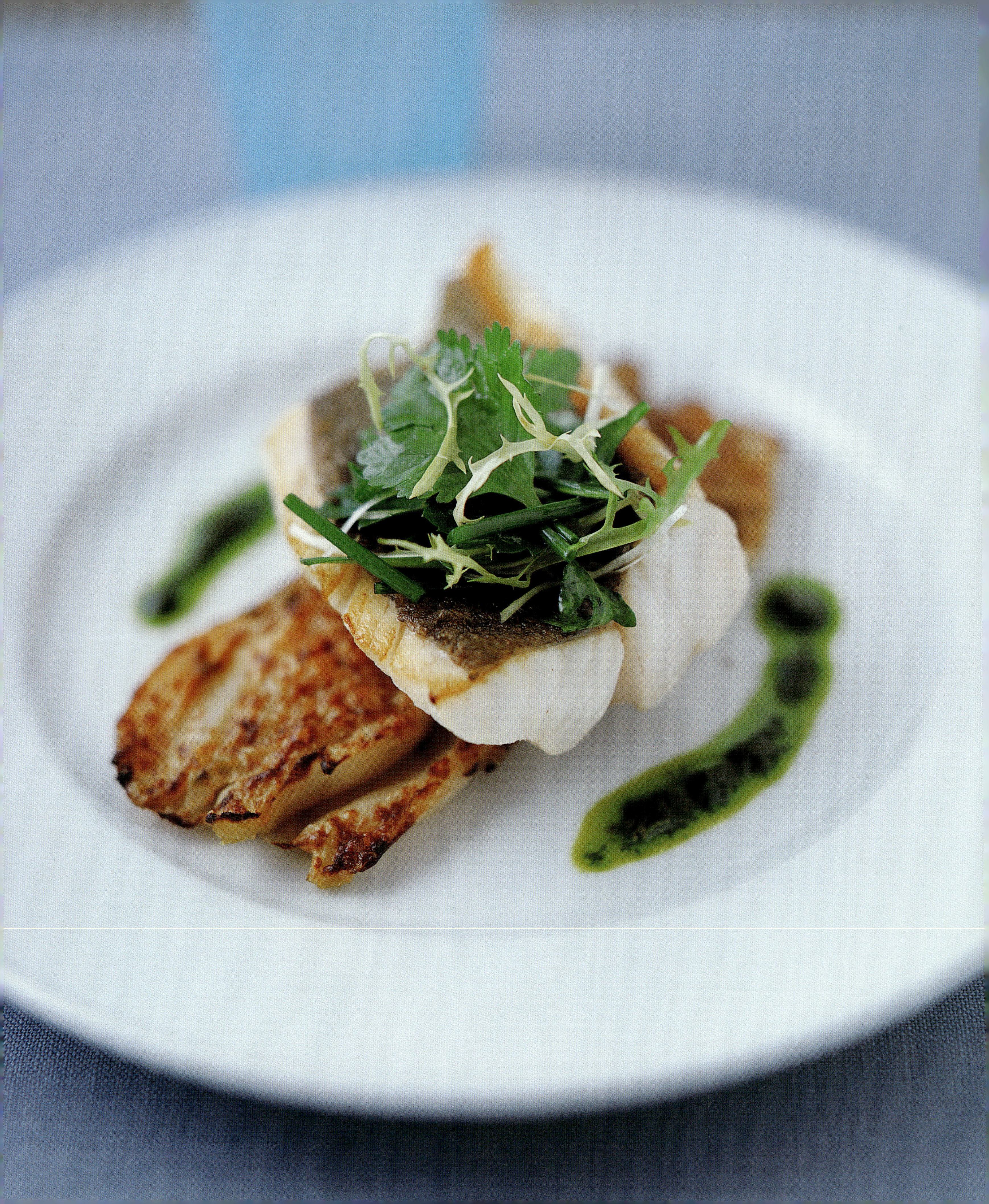

マトウダイのフィレ
ハーブソース添え

春らしい、とても軽やかでさわやかな料理です。前菜として、またメインディッシュとして（その場合は魚の量を1人あたり150gに増やしてください）お出しできます。マトウダイが手に入りにくい場合は、スズキやタラのフィレで代用してください。

アペタイザーにする場合の4人分

たまねぎ　½個　細かくみじん切りにしておく
オリーブオイル　100ml
にんにく　1片　つぶしておく
フェンネルの球茎　1個　皮をむき、1cmの厚さに切っておく
チキン・ブイヨン　200ml（180ページ参照）
挽きたてのパルメザンチーズ　大さじ1杯
皮をつけたままのマトウダイのフィレ　100g×4枚
レモンジュース　½個分
塩、挽きたてのこしょう

ハーブソースの材料

無塩バター　大さじ2杯
種なしのミックスド・オリーブ　大さじ3杯
ざく切りにしたフレッシュ・ハーブ　大さじ2杯
（チャイブ、イタリアンパセリ、タラゴン、チャービル）

つけ合わせ

ハーブサラダ　2つかみ（右側のレシピ参照）
レモン・ドレッシング　大さじ2杯（182ページ参照）

グリルを火にかけ、オーブンを200℃に温めておく。

フェンネルの下ごしらえ：平鍋にオリーブオイルを少量入れ、やわらかく透明になるまでたまねぎを静かに炒める。ガーリックを加え、もう少し水気を飛ばす。フェンネルとチキン・ブイヨンを加え、塩とこしょうで味を調えたら、フェンネルがやわらかくなるまで弱火で煮込む。やわらかくなったフェンネルをグラタン皿に移し、パルメザンチーズを散らす。チーズが柔らかくなるまでグリルの下段で焼く。できあがったら取り分けておく。煮汁にうまみが移っているので、スープ用として取っておくとよい。

テフロン製のフライパン（スキレット）を火にかけ、少量のオリーブオイルを加える。魚のフィレに塩とこしょうで味を調え、皮目を下にしてフライパンに入れたら、魚が反り返らないよう、上に小型の軽い皿をのせる。

皮目がぱりっとするまで焼く。反対側も焼き、レモンジュースを加える。強火にしてレモンジュースが完全に蒸発するまで焼き、焦げ目をつける。焼けた魚をオーブン対応の皿に移し、オーブンで2分間焼く。

ソースの作り方：残りのオイル、バター、オリーブ、ハーブをブレンダーにかけ、なめらかになるまで混ぜ合わせる。

仕上げ：薄切りにしたフェンネルを1枚ずつ皿にのせ、その上にマトウダイを置き、少量のソースをまわりにかける。ハーブサラダをレモン・ドレッシングでトスし、魚の上に盛り付ける。

ハーブサラダ

白ワインビネガー　大さじ1杯
ライムジュース　大さじ1杯
エクストラ・バージン・オリーブオイル　大さじ2杯
チャービル　15g
長さ1cmに切りそろえたチャイブ　15g
バジルの葉　大さじ2杯
ディル　少量
セロリの葉　50g　ざく切りにしておく
ルッコラ　大さじ4杯
塩、挽きたてのこしょう

ワインビネガー、ライムジュース、オリーブオイルでドレッシングを作る。

ハーブ全体をドレッシングでトスし、味を調える。

ほたて貝柱と胸腺肉のグリエ
レモンとタイムを煮詰めたソース添え

ディナーの前菜の逸品であるこの料理が示すとおり、シーフードと内臓肉の組み合わせは、天にも昇らんばかりのマリアージュだと思います。マリアージュが成功する取り合わせの多くがそうであるように、正反対の個性を持つ食材を組み合わせるのが一番です。ほたてと胸腺肉の持つ味わいを引き出すのに、レモンとタイムを煮詰めたソースが役立っています。

4人分

皮つきのじゃがいも　300g（マリス・パイパー種）
オリーブオイル　大さじ2杯
胸腺肉　200g　湯むきし、4枚にスライスする
　（下記の下処理手順参照）
薄力粉　50g
無塩バター　100g
下処理したほたて貝柱　4個（1個約40g）
タイム　4本、飾り用として少々
レモンジュース　大さじ2杯
チキン・ブイヨン　200ml（180ページ参照）
ラディッシュのサラダ　ひとつかみ（188ページ参照）
レモン・ドレッシング　少量（182ページ参照）
塩、挽きたてのこしょう

じゃがいもに軽く火が通るまで約20分ほどゆで、冷ます。皮をむいたらマッシュし、塩とこしょうで味を調える。

円形のポテト台の作り方：オリーブオイルをほんの少量入れたテフロンのフライパンに、直径10cmの抜き型を置き、その中に先ほどのマッシュポテトを5mmの厚さに入れて、力を入れすぎないよう押す。他の3枚のポテト台も同様の手順で作る。強火でさっと焼いたらポテトを裏返し、両側がかりっと黄金色になるまで焼く。できあがったポテトは温めておく。

胸腺肉の味を調え、小麦粉を軽くふった後、少量のバターとオイルで約1分間、黄金色になるまで両面を焼く。ほたて貝柱の味を調え、タイム、少量のバターとオイルとともにフライパンに入れ、両面を30秒ほど焼く。

必ず内側が半透明な状態に焼くこと。フライパンからほたて貝柱と胸腺肉を取り出す。

レモンとタイムのソースの作り方：フライパンからタイムの枝を取り出す。油分をぬぐい、小さじ½杯のレモンジュースを入れ、完全に煮詰める。煮詰めた中にほたて貝柱を戻し入れ、しばらく置いた後、取り出す。残りのレモンジュースをフライパンに入れ、ふたたび煮詰めた後、チキン・ブイヨンと、ちぎったタイムの葉を加える。軽く煮詰め、残りのバターを加え、ハンディフードプロセッサーを使って煮汁がほぼ白色になるまで撹拌する。

塩とこしょうで味を調える。

仕上げ：少量のレモン・ドレッシングで、ラディッシュのサラダをトスする。皿の上にマッシュポテトを円形に盛り付け、その上にスライスした胸腺肉とほたて貝柱をのせる。胸腺肉にタイムの枝を差し入れ、レモンとタイムのソースを、上から、そしてまわりに流しかける。ラディッシュのサラダを彩りに添える。

胸腺肉の下処理の方法

胸腺肉を冷たい流水に3時間漬けておく。

白い膜や脂肪をすべて取り除く。チキン・ブイヨンにクローブを2本刺したたまねぎ1個、ベイリーフ1枚、調味料を加え、胸腺肉をゆでこぼす。沸騰し始めてから12分間ゆでる。

胸腺肉をスープの中に入れたまま冷ます。冷めたら取り出し、2枚の皿ではさんだ上に軽く重しをかけておく。

冷蔵庫に入れて2～2時間半冷やす。

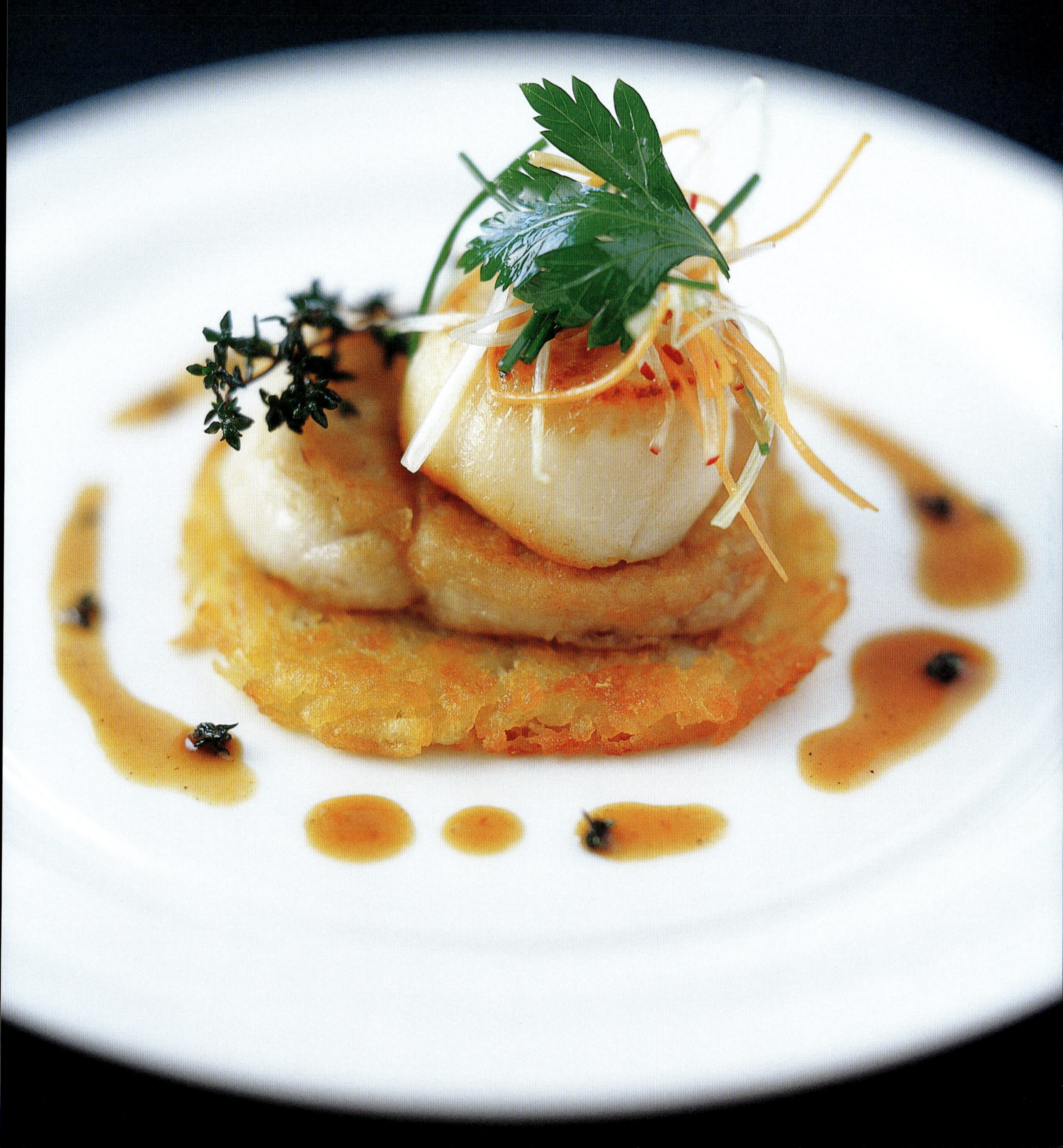

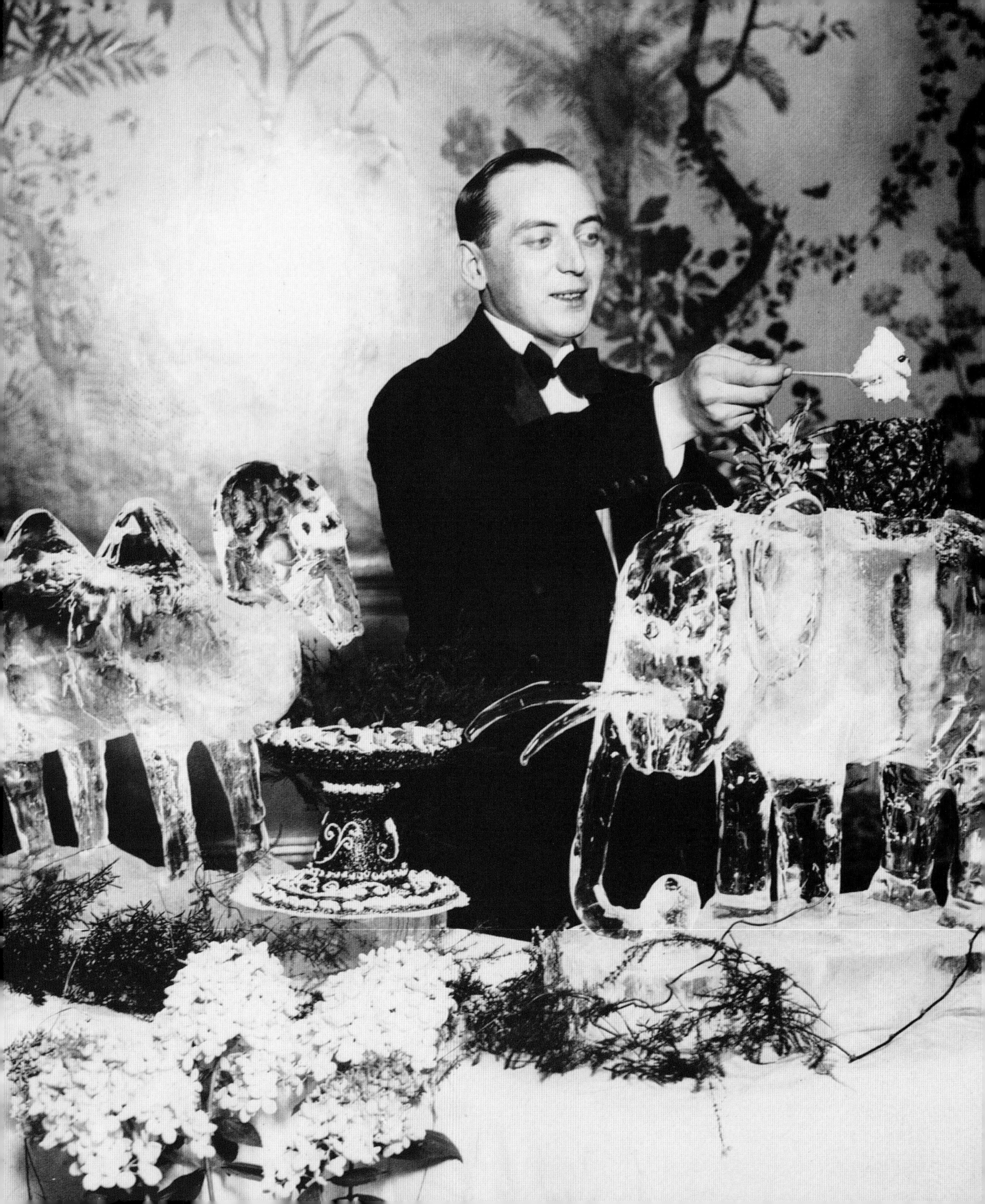

ザ・サヴォイでパーティを

パーティや祝宴にとっていつも最高の場所、それがザ・サヴォイ。シェイクスピア生誕四百年祭や、ハリー・ポッターの映画のプレミアなど、宴会部はどんなリクエストにもこたえます。

なかでもとりわけ大変だったのは、1905年、アメリカの大富豪、ジョージ・ケスラーがみずからの誕生日を祝うために催したゴンドラ・パーティでした。ベニスを模した舞台、背景には宮殿を取り巻く中庭が描かれ、会場は水で満たされ、『人工の池』を作るというもの。しかも水は青く染められており、その水面を泳ぐよう、白鳥の群れが放たれました（残念なことに、水に使われた染料のせいで白鳥たちが命を落とし、急遽撤去の憂き目となりましたが）。24名のゲストは絹張りのゴンドラに乗って料理を楽しみ、もう1艘のゴンドラに乗った楽団が音楽を奏でます。ディナーのあとは、イタリアから呼んだ名テノール歌手のエンリコ・カルーソをはじめとする歌手たちが、朗々とアリアを歌いました。そしてグランド・フィナーレ。とびぬけて大きなバースデーケーキが、小象の背中にのって登場したのです。

1953年6月には、エリザベス女王の戴冠式を祝う世紀の舞踏会が催されました。セシル・ビートンとブリジェット・ドイリー・カートの企画により、何マイルものうねる絹のテントがおおい、ダチョウの羽の宝冠や孔雀の羽で作られたデコラティブな生垣などの装飾が施され、レストランはエリザベス朝様式の天蓋へと変貌したのです。舞踏会場の入り口にはアーミン毛皮調のカーテンがかけてあり、ドアというドアには真紅のベルベットが張りめぐらされました。世界中のロイヤル・ファミリー、政治家、演劇・映画界の名だたるスターなど、1,500名のゲストを歓迎する栄誉を拝したのは、ロンドン塔からやってきたヨーマン。出入り口を護ります。厳粛な晩餐の後、4組のバンド、そして英国連隊から集められたおびただしい数のバグパイプ奏者の演奏による舞踏会。宴もたけなわ、ゲストたちは屋上に上り、テムズ川全体で打ち上げられる花火を見物しました。日付が変わるころ、エリザベス朝様式のひだ襟やハットが滝のように天井から落ちてきて、ノエル・カワード、モーリス・シュヴァリエなど、有名スターが一堂に会したフロアショーが始まりました。

ザ・サヴォイ自身の100年祭を記念し、アントン・エイデルマンは、創業当時のシェフ、エスコフィエのレシピをもとに、とびきり上等な5コースの晩餐会メニューを考案しました。晩餐会のあとは舞踏会、宴が最高潮に達したころには、またもテムズ川を照らす見事な花火が上がったのは、言うまでもありません。

ザ・サヴォイで催されるパーティは、驚きの連続。生きたフラミンゴを連れてきて、ピンク一色のパーティを開きたい？　すでにザ・サヴォイは経験済みです。映画のプレミア、結婚式、誕生日、新製品発表――ザ・サヴォイはどんなパーティも実現させます。アガサ・クリスティの不滅の傑作とされる『ねずみとり』の10周年記念式典がザ・サヴォイで執り行われたときは、500kgものバースデーケーキが供されました。ホラー映画のプレミアでは、ザ・サヴォイの宴会場はドラキュラの隠れ家に姿を変えました。こうしたイベントを歓迎されるお客様ばかりではありません。興行師のビリー・バトリンが、かつてサーカスのオープニング・パーティにペットの豹を連れてきたことがありました。人間と同様、バトリンの"お連れ様"も、宴会場までご案内したものです。

現在の祝賀行事は、いささかドラマチックさに欠けているようです。しかしザ・サヴォイは、やはりパーティを催すための場所です。ウィンブルドン選手権の優勝祝賀会、年に一度のイブニング・スタンダード脚本・映画賞、また結婚式、ユダヤ教の成人式であるバルミツヴァ、そしてあらゆる祝い事のかずかず……。私たちサヴォイの面々は、こうした宴会のすべてにおいて、お手伝いができたことを誇りに感じています。

新じゃがいものマッシュにのせた
アカヒメジとほたて貝柱のグリエ
サルサヴェルデ

小ぶりのアカヒメジは、ディナーのメインディッシュにぴったりの大きさです。このシンプルな一皿は、おなかにたまらずローカロリーなのに香りが豊かという理由で、健康に気を使われるお客様の間で人気があります。ほたて貝柱が持つ甘み、アカヒメジのデリケートな香り、そして辛味のきいたソースのコンビネーションを私は気に入っています。アカヒメジが手に入らない場合は、小鯛を使ってもいいでしょう。

4人分

小ぶりのアカヒメジ、または小鯛（各200g）　4尾
　うろこを落とし、内臓と頭を取っておく
オリーブオイル　大さじ2杯
レモン　½個
無塩バター　25g
水平方向に半分に切った大きめのほたて貝柱　4枚
シーソルト、挽きたての黒こしょう

つけ合わせの材料

黒オリーブ　20g　種を抜き、細かくみじん切りにしておく
細かく刻んだチャイブ　大さじ1杯
プラムトマト　2個　皮をむき、種を取って細かいさいの目切りにしておく
ズッキーニ　50g　薄切りにして湯がいておく
パセリ　大さじ1杯
そらまめ　50g　さやから出しておく
サルサヴェルデ　125ml（184ページ参照）

マッシュポテトの材料

つやのある中ぶりの新じゃがいも　450g
無塩バター　15g
バルサミコ酢　大さじ2杯
みじん切りにした黒オリーブ　大さじ1杯
オリーブオイル　大さじ2杯
塩

マッシュポテトの作り方：塩を入れた水を張った平鍋に新じゃがいもを入れて火にかけ、沸騰したら弱火にして、やわらかくなるまで煮る。水気を取り、フォークの背でふんわりとつぶし、バター、バルサミコ酢、みじん切りにしたオリーブ、オリーブオイルを入れて混ぜ合わせる。

表面が波型になった鋳物のグリル（ブロイラー）を熱し、オーブンを200℃に温めておく。シーソルトとこしょうで魚とほたて貝柱に下味をつけ、少量の油を全体に塗る。熱くなったグリルの上に置き、焼き目がついて熱が加わり始めるまで、1分ほど焼く。反対側も4分間焼く。全体にレモンジュースを少量絞りかけ、グリルから出した後、オーブントレイ（またはフライパン）に移しかえる。身が乳白色になるまでオーブンで焼く。

盛り付け：マッシュポテトを4等分し、皿の中央に盛り付ける。その上に魚と半分に切ったほたて貝柱を2枚のせる。さらにその上から、オリーブ、チャイブ、さいの目切りのトマト、ズッキーニ、パセリ、そらまめを散らすように盛り付ける。サルサヴェルデを振りかけて仕上げる。

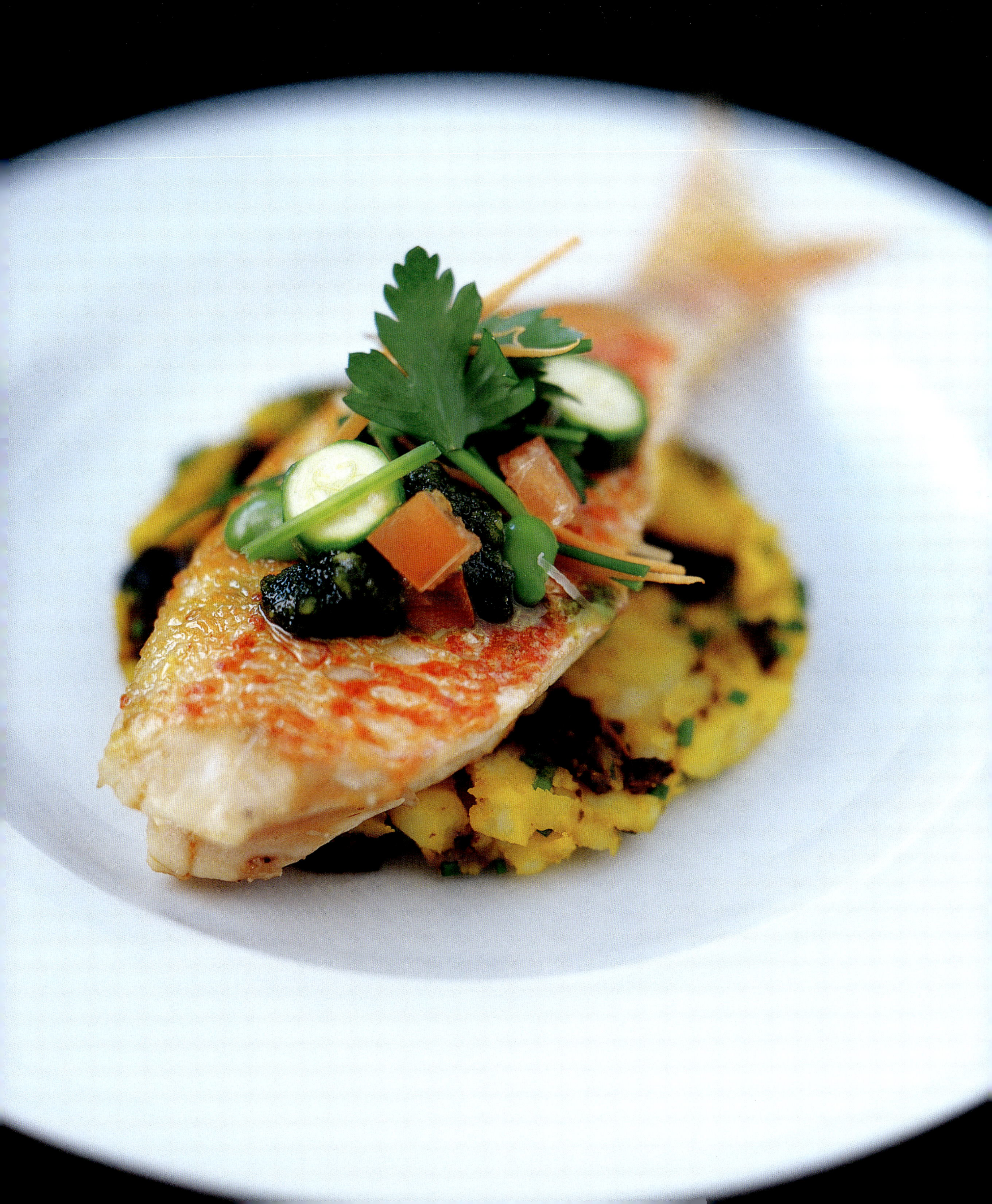

初物のウェールズ産ラム
ベークドポテトのマッシュとチンゲンサイ添え

どっしりとした薫り高いひと皿で、ザ・サヴォイのシェフは、ラムがいちばんおいしい、出回り始めの春にお客様にお出ししています。ラム肉はおいしいのですが、敬遠される方も多く、そのためか、たいへん手ごろな価格で手に入ります。味のキレがよくなるよう、ミントペーストに少量のチリをきかせるといいでしょう。

4人分

じゃがいも　500g　皮をよく洗っておく
オリーブオイル　200ml
みじん切りにしたチャイブ　大さじ2杯
黒オリーブ　50g　種を取り、みじん切りにしておく
初物のラム・ランプ肉　4切れ
チンゲンサイ（または広東白菜）　4株
チリオイル　小さじ2杯
ミントペースト　200ml（183ページ参照）
塩、挽きたてのこしょう

マッシュポテトの作り方：オーブンを220℃に温めておく。ポテトを入れ、やわらかくなるまで1時間ほど焼く。手で触れる程度に冷めたら皮をむき、フォークの背でつぶす。小さじ1杯のオリーブオイル、チャイブ、黒オリーブと混ぜ合わせ、塩とこしょうで味を調える。ふたをして冷めないようにする。

塩とこしょうでラムの味を調える。深めのフライパン（スキレット）を温め、うっすらと油を引く。ラムを入れ、フライパンの中で裏返し、両面に焼き目がつくまで焼く。ラムの切り身を天板に移し、高温で12分間焼く。ラムはミディアム・レアの状態に焼きあがる。オーブンから取り出し、10分間ほど休ませた後、3枚から4枚に斜め切りする。

チンゲンサイの外側の葉を取り除き、根元を切り落とす。平鍋に塩を入れた水を入れて沸騰させ、チンゲンサイを入れて3分間ゆでる。氷水にさらしてしゃっきりとさせたあと、水気を取る。

深めのフライパン（スキレット）でチリオイルを温め、チンゲンサイを加える。オイルの中でチンゲンサイを返して熱を通し、1枚ずつ皿に並べる。その脇にマッシュポテトを形よく盛り付け、斜め切りにしたラムを並べた後、温かいミントペーストをラムの上、または脇に散らす。

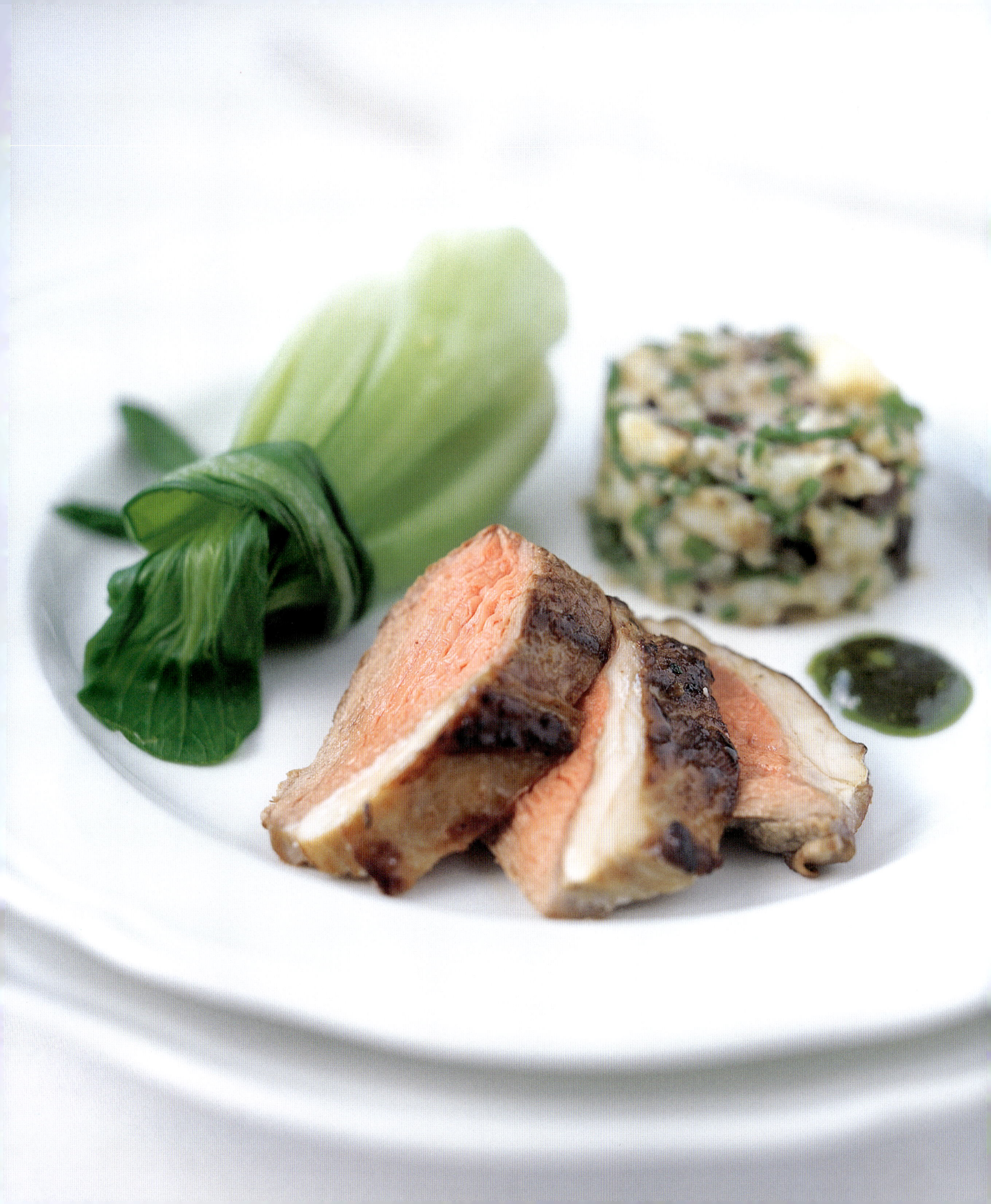

スパイシーな豆のシチューにのせた スコットランド産ビーフの じっくり蒸し煮とレアステーキ

このようにまったく異なる2種類の肉を違った方法で調理するというスタイルが、私のお気に入りです。よく動く筋肉らしい硬さと微妙な風味を持つオックステール、そしてすばらしいソース。この取り合わせが、レアに焼いたテンダーロインのビーフと絶妙なハーモニーをかもしだすのです。スパイシーな豆のシチューが、冬らしいどっしりとしたディナーのひと皿の雰囲気を和らげてくれます。

私ならオックステールの骨は12分で抜きますが（仲間のシェフのゲアリーなど、9分30秒きっかりで抜いてしまうんですよ！）、とても無理そうなら、関節のところでいくつかに切り、骨の上に肉を残し、チキンムースもいっしょにあきらめてしまいましょう。でも、料理の魅力が半減してしまうのは言うまでもありません。

4 人 分

チキンムースの材料

鶏肉の胸の部分　100g　皮と骨を取り除いておく
卵白　1個
ダブルクリーム　100ml
オックステール　1個　骨を抜いておく
油　50ml
ロースト用野菜　100g　（皮をむいたたまねぎ　1個、
　皮をむいたにんじん　1本、セロリの茎　1本、リーキの白い部分　¼本）
　ざく切りにしておく
トマトピュレ（ペースト）　大さじ2杯
黒こしょう　小さじ½杯
赤ワイン　200ml
薄力粉　大さじ2杯
チキン・ブイヨン　900ml（180ページ参照）
タイム　1枝
マージョラム　1枝
牛フィレ肉（テンダーロイン）　80g×4枚　形を整えておく
そらまめ　100g　さやごと使う
さやいんげん　50g　硬めにゆで、半分に切っておく
無塩バター　40g
トマト　1個　皮をむいて種を取り、さいの目切りにしておく
塩、挽きたてのこしょう

スパイシーな豆のシチューの材料

たまねぎ　1個　乱切りにしておく
にんにく　4片　つぶしておく
唐辛子　½本　種を取り、ぶつ切りにしておく
薄く切ったスモークベーコン　2枚
白いんげん豆　100g　1時間水に浸しておく
塩、挽きたてのこしょう

チキンムースの作り方：フードプロセッサーで鶏肉をなめらかなムース状にし、塩とこしょうで味を調える。氷を当てたボウルに入れて冷やす。卵白を少量加えてよく混ぜ、少量の生クリームを入れ、さらによく混ぜる。骨を抜いたオックステール半量にチキンムースを塗り、残りの半量を上にのせてムースを挟むようにする。調理用のたこ糸で、2cm間隔になるようしっかりと縛る。

オックステールの作り方：オーブンを140℃に温めておく。オックステールがちょうど入る大きさの耐熱性のキャセロールに薄く油を引いて熱し、オックステールの味を調えたらキャセロールに入れてオーブンで焼く。焼き色がついたら反対側も焼く。オックステールを取り出し、ロースト用の野菜をキャセロールに入れて野菜にも焼き色がついたら、トマトピュレ（ペースト）と粒こしょうを加える。トマトピュレにこげ目がつくまで2分間焼き、少量の赤ワインを加え、沸騰したらつやが出るまで煮詰める。残りのワインを2回に分けて加える。最後にワインを入れて煮詰めたら、小麦粉をふるいにかけ、1分間よく混ぜる。300mlのチキン・ブイヨンを少しずつ加え、塩とこしょうで味を調える。ハーブを入れ、次にオックステールを加えてスープをひと煮立ちさせたらふたをして、オーブンで3時間半、肉が柔らかくなる蒸し煮にする。オックステールはだいたい30分おきに表裏を返す。スープが少なくなってきたら足す。

オックステールを皿に移し、目の細かい漉し器でソースを漉す。ソースが薄くなりすぎたようなら煮詰め、オックステールの上にかける。

スパイシーな豆のソースの作り方：平鍋に少量のオイルを引き、みじん切りにしたたまねぎがやわらかく、半透明になるまで水気を飛ばす。にんにくと唐辛子を加え、さらに蒸し煮にする。ベーコンを加え、軽くかりっとするまで水気を飛ばす。戻しておいた白いんげん豆の水気を取り、平鍋の中に入れる。豆がひたひたになる量のチキン・ブイヨンを注ぎ、ときどきかき混ぜ、豆が芯からやわらかくなり、煮汁がほぼ蒸発するまで、ごく弱火でことことと煮る。水気が完全に上がったら、チキン・ブイヨンを加える。塩とこしょうで味を調える。

牛フィレ肉（テンダーロイン）の味を調え、少量の油でレアの状態に焼き上げる。少量のバターでそらまめとさやいんげんを炒めて味を調えた後、最後にさいの目切りにしたトマトを加える。

仕上げ：スプーンで各皿に豆のシチューを取り分ける。オックステールを厚さ1.5cmに切り、その上にのせる。牛フィレ肉は半分に切り、オックステールの上に角度を付けて盛り付ける。少量のソースをかけ、料理の上やまわりに野菜を散らす。

ニジマスの「ゴンドラ」仕立て

シャンパーニュのビジネスで一財を成したアメリカ人、ジョージ・A・ケスラーは、1905年、ザ・サヴォイで壮麗な誕生パーティを催しました（99ページ参照）。ザ・サヴォイの大先輩にあたる当時の料理長、シルヴィーノ・トロンペットが、華やかなパーティの様子にヒントを得て、ゴンドラ仕立てのニジマスのレシピを思いつきました。私がここで働くようになった1982年の時点でもメニューに載っていたほどの、人気料理です。ザ・サヴォイの伝統料理といえる華やかな盛り付けで、食べるのが楽しみになるひと皿。ただ、このゴンドラに乗船される前には、ぜひ魚屋でニジマスの背骨を抜いてもらってください。そうすると、ニジマスはまるで蝶のように広がります。

6 人 分

ニジマス　2.5kg×1尾　はらわたを取っておく
バター　照りを出すために使う
白ワイン　200ml
フュメ・ド・ポワソン　500ml（180ページ参照）
塩、挽きたてのこしょう、カイエンヌペッパー

ソースの材料

エシャロット　50g　細かくみじん切りにしておく
スターアニス　2かけ
サフラン　ひとつまみ
黒こしょう　小さじ½杯　つぶしておく
白ワインビネガー　50ml
白ワイン　200ml
ダブルクリーム　400ml

つけ合わせ

舌びらめまたはよく似た白身魚　120g　皮をむいておく
薄力粉　50g
卵　2個　軽く溶きほぐしておく
生パン粉　50g
バター　50g
小ぶりのホワイトマッシュルーム　6個　汚れを落としておく
白ワイン　大さじ2杯
魚のすり身　100g
パイ生地 6 個分（右側レシピ参照）

ニジマスの骨を抜いて蝶々のように開く作業を自分でやる場合は、次の手順で行う。背骨の片側に沿ってニジマスに注意深く包丁を入れて開く。頭、尾、腹の部分を傷つけないよう、はさみを使って背骨を取り除く。はらわたを取り除き、腹の中をきれいに洗う。とげぬきで小骨を抜き、ふきんでくるんで魚の水気を取る。

ニジマスの作り方：オーブンを180℃に温めておく。バターを引いた耐熱皿に魚をのせ、塩とこしょうで味をしたあと、半量のワインとフュメ・ド・ポワソン全量を注ぐ。ホイルでふたをして、12分間オーブンで蒸し煮にする。

ニジマスを蒸し煮にしている間にソースを煮詰める：エシャロット、スターアニス、サフラン、つぶした黒こしょう、白ワインビネガーを平鍋に入れ、煮汁がなくなるまで煮詰める。白ワインを足し、濃い目のシロップ状になるまでさらに煮詰める。

ニジマスが蒸し上がったら、煮汁を取り出して温めておく。先ほど煮詰めたソースに煮汁を加えたものを、4分の3の量になるまで煮詰める。クリームを加え、軽くとろみがつくまで煮詰める。塩とカイエンヌペッパーで味を調え、目の細かい漉し器で漉す。

つけ合わせの作り方：舌びらめのフィレを細長く切り、味を調えたらまず小麦粉、次に卵にくぐらせ、最後にパン粉をつける。揚げ油を160℃に熱し、舌びらめを入れたら黄金色になるまで高温の油で揚げる。

小型のフライパンに少量のバターを入れて熱し、マッシュルームを入れて1分間ほど水気を出す。さらに白ワインを入れ、ふたをして2分間蒸し煮にする。

ティースプーン2本を使って魚のムースを6個の小さなクネル（楕円形の団子）にして、耐熱皿の上にのせる。塩を入れて沸騰させた水をムースがかぶる程度入れ、火が通るまで3分ほど弱火でゆでる。キッチンペーパー（ペーパータオル）で水気を取る。

盛り付け：大皿にニジマスをのせ、魚のクネルとマッシュルームを盛り付ける。ソースを全体にかけ、細切りにした魚のフライとニジマスがゴンドラに見えるよう盛り付ける。魚のまわりにパイを飾る。

パイの材料

パイ生地　40g（186ページ参照）
卵黄　1個　溶きほぐしておく
けしの実
ごま

パイ生地を厚さ3mmに延ばす。いろいろな方向から延ばして、焼いている間にパイがゆがまないようにする。三日月形をした6cmの抜き型で、4枚の三日月型をくり抜く。バターを塗った天板に置き、表面に卵黄を塗って、少量のけしの実とごまを振る。冷蔵庫で20分ねかせたあと、200℃のオーブンで黄金色になるまで15分ほど焼く（フルーロン。186ページ参照）。

焼きビーツにのせた
セージを詰めた鹿のフィレ肉

鹿肉は最近は手に入りやすくなり、肉質も昔のもののように硬くありません。脂肪分がたいへん少なく、したがってコレステロール値がとても低い肉です。ほかのジビエもそうですが、濃厚で野性味に富むソースを合わせても、肉の個性が負けるということはありません。ザ・サヴォイのリバー・レストランでは、こしょうのきいたソースを添えてお出ししています。

4人分

大型のビーツ　2個
オリーブオイル　大さじ2杯

セージのフィリングの材料

たまねぎ　50g　細かいみじん切りにしておく
にんにく　1片　つぶしておく
サシ（脂身）の入ったベーコン　50g　みじん切りにしておく
ホワイトマッシュルーム　50g　みじん切りにしておく
鶏レバー　100g
パン粉　200g
セージ　15g　刻んでおく
チキン・ブイヨン　小さじ4杯（180ページ参照）

グリーンピースとブロッコリーのピュレの材料

たまねぎ　50g　細かいみじん切りにしておく
にんにく　1片　つぶしておく
じゃがいも　1個　皮をむき、さいの目切りにしておく
ダブルクリーム　50ml
冷凍グリーンピース　600g
ブロッコリー　150g
粉に挽いたナツメグ　ひとつまみ
鹿フィレ肉　120g×4枚　鞍下肉から切り出し、皮はすべてはぐ
こしょうのきいたジビエソース　200ml（右側レシピ参照）
塩、挽きたてのこしょう

ビーツの焼き方：オーブンを200℃に温めておく。ビーツ表面にオリーブオイル2、3滴をなじませ、ホイルに包み、中まですっかりやわらかくなるまで1時間ほど焼く。冷めないよう保温する。

ビーツを焼いている間にセージのフィリングを作る。半量のたまねぎとにんにく、少量のオリーブオイルを平鍋に入れ、透明でやわらかくなるまでじっくりと火を通す。ベーコンとマッシュルームを加え、やわらかくなるまで蒸し煮にし、鶏レバーを入れ、塩とこしょうで味を調える。さらに3分間蒸し煮にした後、パン粉、セージ、チキン・ブイヨンを加えてもう1分間煮る。ハンディフードプロセッサーで平鍋の中身が均一になめらかになるまで攪拌する。全体の味を調える。

グリーンピースとブロッコリーのピュレの作り方：残りのたまねぎとにんにくを油を少量引いた平鍋に入れ、やわらかくなるまで火を通す。ジャガイモと生クリームを足し、ふたをしてやわらかくなるまで煮る。グリーンピースとブロッコリーを加え、クリームが煮詰まるまで弱火でことこと煮る。ハンディフードプロセッサーで攪拌し、塩、こしょう、ナツメグで味を調える。

鹿肉の焼き方：オーブンを220℃に温めておく。フィレ肉に下味をつける。残りのオイルをフライパン（スキレット）に入れて熱し、鹿肉の両面をさっと焼く。天板の上に鹿肉を並べ、高温のオーブンで6分間、ミディアムの状態になるまで焼く。冷めない場所で5分間肉を休ませる。

ビーツの皮をむいて輪切りにし、皿に盛り付ける。

鹿肉をスライスし、ビーツの上に盛り付ける。セージのスタッフィングをクネル（楕円形の団子）状に形を整え、グリーンピースとブロッコリーのピュレもクネル状に形をそろえ、一緒に鹿肉の脇に添える。上からソースをかける。

こしょうのきいたジビエソースの材料

約1リットル分

油　大さじ2杯
鹿肉の骨とくず肉　200g
たまねぎ　1個　みじん切りにしておく
にんじん　1本　みじん切りにしておく
リーキ　1/2本　外側の葉を捨て、よく洗ったあとみじん切りにしておく
セロリの茎　2本　みじん切りにしておく
トマトピュレ（ペースト）　大さじ1/2杯
赤ワイン　100ml
チキン・ブイヨン　850ml（180ページ参照）
黒こしょう　大さじ1/2杯　つぶしておく
タイムの枝
ジェニパーベリー　小さじ1杯
レッドカラント・ゼリー　大さじ1杯
塩

オーブンを220℃に温めておく。ローストパンに少量の油を引き、鹿肉の骨とくず肉を加える。ときどきかき混ぜながら茶色になるまでオーブンでローストする。

野菜を加え、さらに10分ローストする。

ローストパンを調理用ストーブのコンロにのせ、トマトピュレ（ペースト）を加えた後、半量の赤ワインを加えて半量になるまで煮詰める。残りのワインを足し、また半量になるまで煮詰める。チキン・ブイヨン、粒こしょう、タイム、ジェニパーベリーを加える。あくを取り、ひんぱんにかき回しながら45分間弱火で煮る。

目の細かい漉し器でソースを漉し、ローストパンに戻して半量になるまで煮詰める。レッドカラント・ゼリーの中にソースを入れてかきまぜ、塩で味を調える。

リブロースのロースト
赤パプリカの温かいチャツネ添え

肉質のよさが大きな決め手となるレシピです。おいしさの鍵は、チャツネと組み合わせること。

4 人 分

牛リブロース　400g　サーロイン部を切り落とす
ピーナツオイル　大さじ1杯
無塩バター　20g
ローズマリーの小枝　2枝
塩、挽きたての黒こしょう

チャツネの材料

赤パプリカ　4個
ピーナツオイル　大さじ2杯
赤たまねぎ　1個　細かくみじん切りにしておく
にんにく　1片　細かくみじん切りにしておく
赤唐辛子　1本　種を取り、細かめのざく切りにしておく
砂糖　小さじ1杯
赤ワインビネガー　大さじ2杯
チキン・ブイヨン　200ml（180ページ参照）
プラムトマト　4個　皮をむき、種を取ってさいの目切りにしておく

チャツネの作り方：高温に熱したグリルに赤パプリカをのせ、全体が黒焦げになるまで皮を焼く。ビニール袋に入れ、手でさわれる程度に冷めたら皮をむき、1cm角に切る。

ピーナツオイルを入れたフライパン（スキレット）を熱し、たまねぎを入れ、やわらかくなるまで火を通す。にんにくを加えてもう1分間火を通したら、角切りにした赤パプリカ、赤唐辛子、砂糖を入れ、もう2分間火を通す。赤ワインビネガーを入れ、沸騰させて半量まで煮詰める。煮詰めたものをチキン・ブイヨンの中に入れてかき混ぜ、冷ましたあと、チャツネがとろりとするまで弱火で煮る。トマトを加え、よくかき混ぜながら3分間煮る。できあがったチャツネが冷めないように保管しておく。

ローストビーフの焼き方：オーブンを220℃に温めておく。

グリル（ブロイラー）を火にかけて熱する。リブロースを塩とこしょうで味を調える。表面にピーナツオイルをなじませた後、熱したグリルにのせて片面2分ずつ両面を焼く。オーブンに移して15分間焼くとミディアム・レアに焼きあがる。レア、ウェルダンにしたい場合は焼き時間を調整する。冷めない場所で15分間肉を休ませる。

肉からしみ出た肉汁をすべて集める。筋に沿って1cmの厚さで肉を切る。小型のフライパンにバターを溶かし、ローズマリーを加え、バターが黄金色になるまでじっくりと温める。できあがった溶かしバターとローズマリーを肉にかける。肉汁をチャツネに加え、ローストビーフに添えて出す。

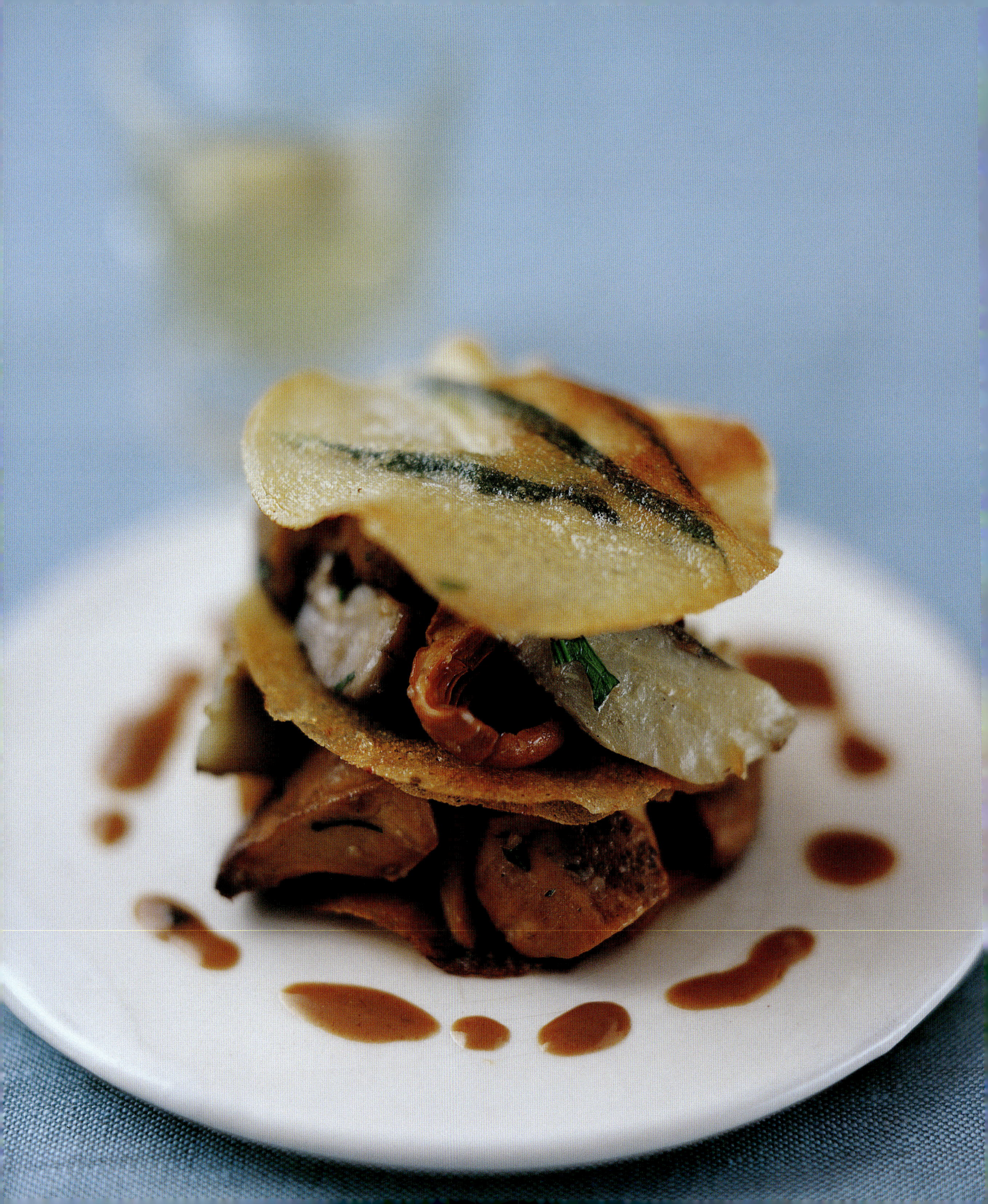

マッシュルームのミルフィーユ
アーティチョークとタラゴン添え

ベジタリアンのお客様のための、とても夏らしいひと皿です。季節に合わせて使う野菜を変えてみるのも、いいアイデアです。

パート・ブリック、またはパート・フィロ　4枚分

オリーブオイル　100ml

無塩バター　50g

卵黄　1個　軽く溶きほぐしておく

生のタラゴン　25g

アーティチョークハート（芯の部分）　4個

ワイルドマッシュルームの取り合わせ
　（セップ、シャントゥレル、ジロール、ブラック・トランペットなど）
　200g

ホワイトマッシュルーム　100g

レモン汁　½個分

白ワイン　50ml

ダブルクリーム　50ml

マディラ酒　50ml

エシャロット　1個　細かくみじん切りにしておく

にんにく　1片　つぶしておく

時間をかけてローストしたトマト　40g

塩、挽きたてのこしょう

生地の作り方：8cmの抜き型で、パート・フィロ1枚につき円形に4枚切り抜く。テフロン製のフライパン（スキレット）に油とバター各小さじ½杯を入れ、円形のパート・フィロを8枚入れて薄茶色になるまで焼く（時間がたつにつれ色が濃くなるので、この段階では、あまり長い間フライパンに入れておかない）。キッチンペーパー（ペーパータオル）にのせて油分を取る。

残り4枚のパート・フィロをテーブルにのせ、はけで卵黄を塗る。パート・フィロ1枚につきタラゴンの葉3枚をのせたら、最後に残った4枚をのせる。同じ手順で焼き、キッチンペーパーにのせて油分を取る。

アーティチョークの芯の部分の下ごしらえの方法：アーティチョークの軸を落とす。外側の大きな葉の部分を取り除き、小ぶりの葉はよく切れるナイフですべて切り落とす。中心部の綿毛状の部分に達したら、ティースプーンでくりぬく。残りの葉や茎はすべてアーティチョークの底の部分から取り除き、4等分する。全体に半割りにしたレモンの表面をこすりつけ、変色しないようにする。

フィリングの作り方：アーティチョークハートを5ミリ幅の拍子切りにする。ワイルドマッシュルームの形を整え、塩を入れて沸騰させた湯にさっとくぐらせる。水気を取っておく。

ソースの作り方：少量のバターを引いたフライパンにホワイトマッシュルームを入れて火を通し、塩とこしょうで味を調えた後、レモン汁と白ワインを足し、ふたをして2分間蒸し煮にする。マッシュルームを取り出した後の煮汁は、とろみがつくまで煮詰める。生クリームを入れて半量まで煮詰めた後、マディラ酒を加え、味を調える。

小さじ1杯のオリーブオイルでエシャロットがやわらかく、透明になるまで火を通す。にんにくを加え、さらに数分間火を通した後、ワイルドマッシュルームを入れ、塩とこしょうで味を調える。拍子切りにしたアーティチョークは、少量のバターであえる。時間をかけてローストしたトマトを加える。

ミルフィーユの盛り付け方：各皿に1枚ずつパート・フィロを置き、その上にアーティチョークを盛り付ける。その上に2枚目のパート・フィロを重ね、さらにワイルドマッシュルームをのせ、最後にタラゴンをはさんだパート・フィロをのせる。残ったタラゴンはみじん切りにし、ソースに混ぜ、ミルフィーユのまわりに少量あしらう。

仔牛レバーのソテー
チャービルの株のピュレとパンチェッタ添え

チャービルは、香りという点ではそれほど意味のないハーブだと思います。でも私をはじめ、たくさんのシェフがチャービルを大量に使うのは、その見た目の美しさにあることはだれも否定しないでしょう。ただ、チャービルの株にはおいしさとアロマがぎっしり詰まっています。めったに料理に使わないイギリスでは、いまだに知る人ぞ知る存在であるチャービルの株の部分。しかしフランスでは、古くからごちそうとして有名でした。簡単に作れて、しかも一風変わった強い風味が引き出せるので、ピュレにするのが一番です。生のチャービルの出盛りの時期はとても短く、晩秋からクリスマス寸前まで。味わいが落ち着いて一番おいしくなるのが、初霜が降りた後です。ジビエや内臓肉料理のつけ合わせとして最適です。

4人分

チャービルの根　500g　皮をむいておく
牛乳　200ml
ダブルクリーム　100ml
パール・オニオン　16個　皮をむいておく
タイム　15g　（飾り用として4枝分とっておく）
油　大さじ2杯
りんご　1個　皮をむいて芯を抜き、5mmの厚さにスライスしておく
仔牛のレバー　135g×4
かりかりに焼いたパンチェッタの薄切り　4枚
　（142ページ、たらのスモークとイングリッシュマフィン　ポーチド・エッグ
　のせのレシピを参照）
塩、挽きたてのこしょう

チャービルの株のピュレの作り方：チャービルの株を均一の長さに切る。平鍋にチャービルの株を入れ、牛乳と同量の水を加える。塩で味を調え、やわらかくなるまで弱火で煮る。水気を取り、目の細かい漉し器か野菜つぶしでつぶす。生クリームを加え、塩とこしょうで味を調え、冷めないよう保管しておく。

材料が重なり合わずに入る程度の大きさの平鍋に、たまねぎとタイムを入れる。少量の油を加え、強火で全体にまんべんなく色が変わるまで火を通す。鍋を火から降ろし、ふたをして、たまねぎがやわらかくなるまで5分間蒸らす。

テフロン製のフライパン（スキレット）に薄く油を引き、りんごのスライスを入れ、両面の色が変わる程度にさっと焼く。

グリル（ブロイラー）を高温になるまで熱する。レバーに下味をつけたらグリルにのせ、両面をお好みの状態まで焼く。

チャービルの株のピュレを各皿に取り分ける。盛り付けたピュレにドライパンチェッタを挿し、脇にレバーのグリルを盛り付ける。レバーの上にりんごとたまねぎを盛り、タイムの枝をあしらう。

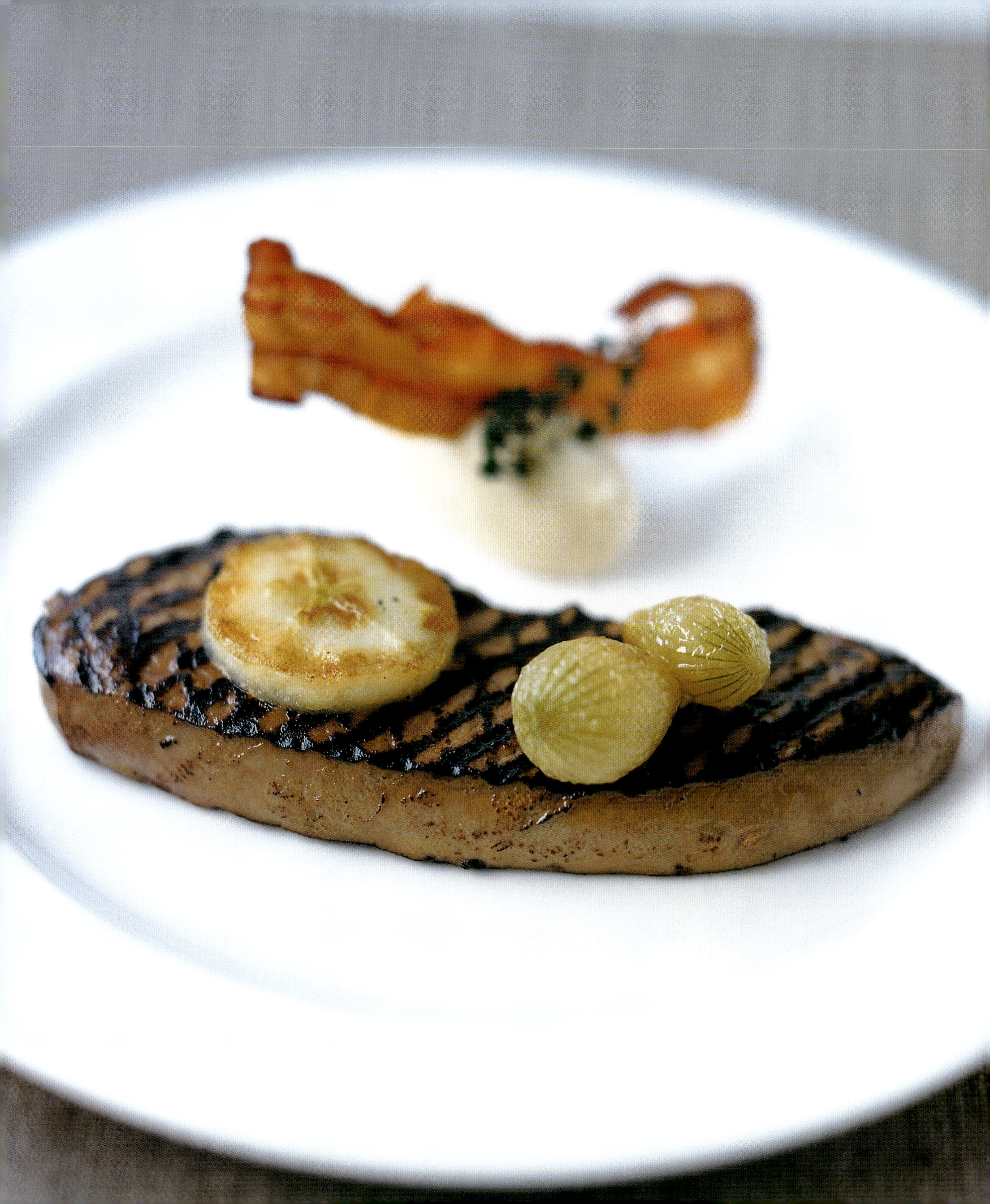

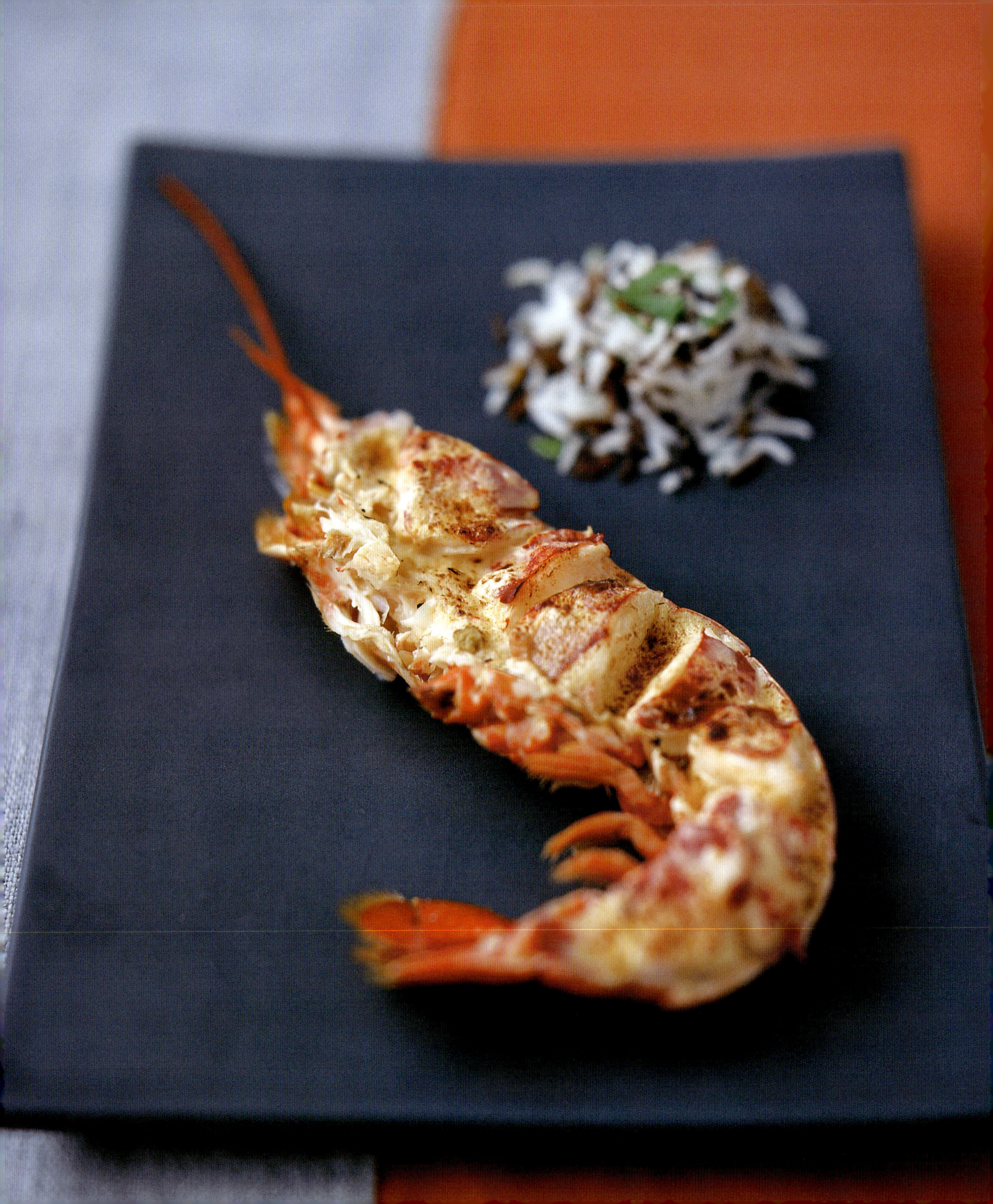

サヴォイ伝統の
ロブスター・テルミドール風
ワイルドライス添え

数あるロブスターの調理法の中で、19世紀にもっとも評判を博したのが『テルミドール風』です。ザ・サヴォイの偉大なる料理長、エスコフィエが19世紀末に考案し、当時のレストランはこぞってメニューに加えました。今はほとんど姿を消したといっても過言ではありませんが、ときおり思い立って作ることがあります。そのたびに、料理のすばらしさ、おいしさに心を打たれてしまいます。味わいのコンビネーションが絶妙に調和した一品です。

4人分

活ロブスター　500g×4尾
白ワイン　100ml
エシャロット　1個　細かいみじん切りにしておく
つぶした黒こしょう　小さじ½杯
スターアニス　1かけ
フュメ・ド・ポワソン　300ml（180ページ参照）
ダブルクリーム　400ml
ディジョンマスタード　小さじ½杯
刻んだイタリアンパセリの葉　小さじ4杯
オランデーズソース　大さじ1杯（183ページ参照）
塩、挽きたてのこしょう
ミックス・ワイルドライス　225g（右側レシピ参照）　つけ合わせとして

ロブスターの下ごしらえ：大型の鍋に水を張って沸騰したらロブスターを投入し、5分間ゆでる。水気を切ったら冷水に放ってしゃっきりさせる。

殻の取りはずし方：2本の大きなつめをひねるようにして取り、第1関節をひねって前脚の部分をもぐ。作業台に胴体の両端をとんとんとたたきつけ、身離れをよくする。はさみの小さい側を折ると中の身が取り出しやすくなる。先のとがったナイフで、慎重に殻の脇を切り離し、次にはさみの大きい方の中心部を割って引き離し、中の身を取り出す。

ロブスターの身は縦長に半分に切り、頭から内臓袋をとりはずす。尾の部分の身がひと続きになるよう取り出した後、メダイヨン（楕円形）になるよう、ななめにカットする。取り外したロブスターの殻は飾り用として取っておく。

ソースの作り方：平鍋に白ワイン、エシャロット、砕いた黒こしょう、スターアニスを入れ、沸騰したら4分の3の量になるまで煮詰める。フュメ・ド・ポワソンを加え、シロップ状になるまでふたたび煮詰める。生クリームを300ml加え、軽くとろみがつくまで煮詰める。できあがったソースは目の細かい漉し器を使ってきれいな平鍋に漉す。残りのクリームは泡立てておく。

ソースの中にメダイヨンに切ったロブスターを入れ、約1分間とろ火で火を通す。（スコットランド産のロブスターは、火を通しすぎると硬くなる）

仕上げ：グリル（ブロイラー）を熱する。メダイヨンにカットしたロブスターとつめの身を先ほど取っておいた殻の中に戻す。ソースにマスタード、パセリ、ホイップクリーム、オランデーズソースを加え、塩とこしょうで味を調える。ロブスターのグリルの上に少量のソースをかけ、その下にもソースを敷く。ワイルドライスを添えたらできあがり。

ワイルドライス・ミックス

ワイルドライスは必ず白米やハーブと合わせてピラフにし、さまざまな香りと質感のハーモニーをかもし出すようにしています。

4人分

たまねぎ　大さじ1杯　細かいみじん切りにしておく
油　50ml
長粒種の白米　200g
煮立てた野菜のブイヨン（182ページ参照）または水　500ml
ベイリーフ　1枚
ワイルドライス　50g
フレッシュ・ハーブを何種類か合わせ、みじん切りにしたもの　大さじ2杯
塩、挽きたてのこしょう

ワイルドライスのピラフの作り方：オーブンを180℃に温めておく。平鍋に油を引き、たまねぎを入れて透明になるまで火を通す。白米を加え、油が米に完全になじむまでかき混ぜる。煮立てた野菜のブイヨン、または水、そしてベイリーフを加え、塩とこしょうで味を調える。ふたをしてオーブンに入れ、やわらかくなるまで約20分火を通す。

たっぷりの塩を入れた水にワイルドライスを入れ、アルデンテになるまで30分間炊く。水気を切り、先ほど作ったピラフ、そしてみじん切りにしたハーブと混ぜ合わせる。

かりかりに仕上げた野菜と
豆もやしの上にのせた　クロマグロのグリエ

ザ・サヴォイらしくない料理だと思われるかもしれません。そのとおり。しかし宴会メニューとして評判を呼び、のちにレストランのほうでもお出しするようになりました。もたれない、胃にやさしい一品として、お客様から好評を博しています。しかも短時間でできあがるため、私たちとしてもありがたいメニューです。

4人分

エッグ・ヌードル（乾麺）　250g
さやえんどう　100g　形を整え、長さを揃えてカットしておく
ステーキ用クロマグロ　150g×4切れ
ごま油　大さじ1杯
サラダオイル　大さじ2杯
スプリング・オニオンの葉の部分　5枚　皮をむき、薄切りにしておく
生しょうが　5cm　皮をむき、ざく切りにしておく
豆もやし　100g
コリアンダー・リーフ　大さじ2杯　みじん切りにしておく
しょうゆ　大さじ2杯
煎りごま　小さじ1杯
ライム　3個　半分に切る
塩、挽きたてのこしょう

オーブンを200℃に温めておく。大き目の平鍋に塩をいれた水を入れて沸騰させる。エッグヌードルとさやえんどうを入れてふたたび沸騰させ、火をとめ、五徳に置いたまま5分間蒸らし、水気を切る。

ヌードルを蒸らしている間にツナステーキの下ごしらえをする。フライパン（スキレット）に少量のゴマ油を入れて熱し、クロマグロを両面グリルする。耐熱皿に移し、オーブンで3分間焼き、中身がレアの状態に仕上げる（ツナはビーフのときのように、お客様に焼き具合のお好みを聞いてから焼くこと）。

クロマグロを焼いている間に、サラダオイルをひいたフライパンを熱し、スプリング・オニオンと根しょうがを入れ、2分間火を通した後豆もやしを加え、もう少々炒める。最後にみじん切りにしたコリアンダーを加える。

蒸らしたヌードルをしょうゆ、残りのごま油、煎りごまであえる。ヌードルを4皿分均等に盛り付ける。ツナステーキにライムを絞りかけ、ヌードルの上に盛り付けたら、その上にスプリング・オニオンと豆もやしの炒め物を添える。

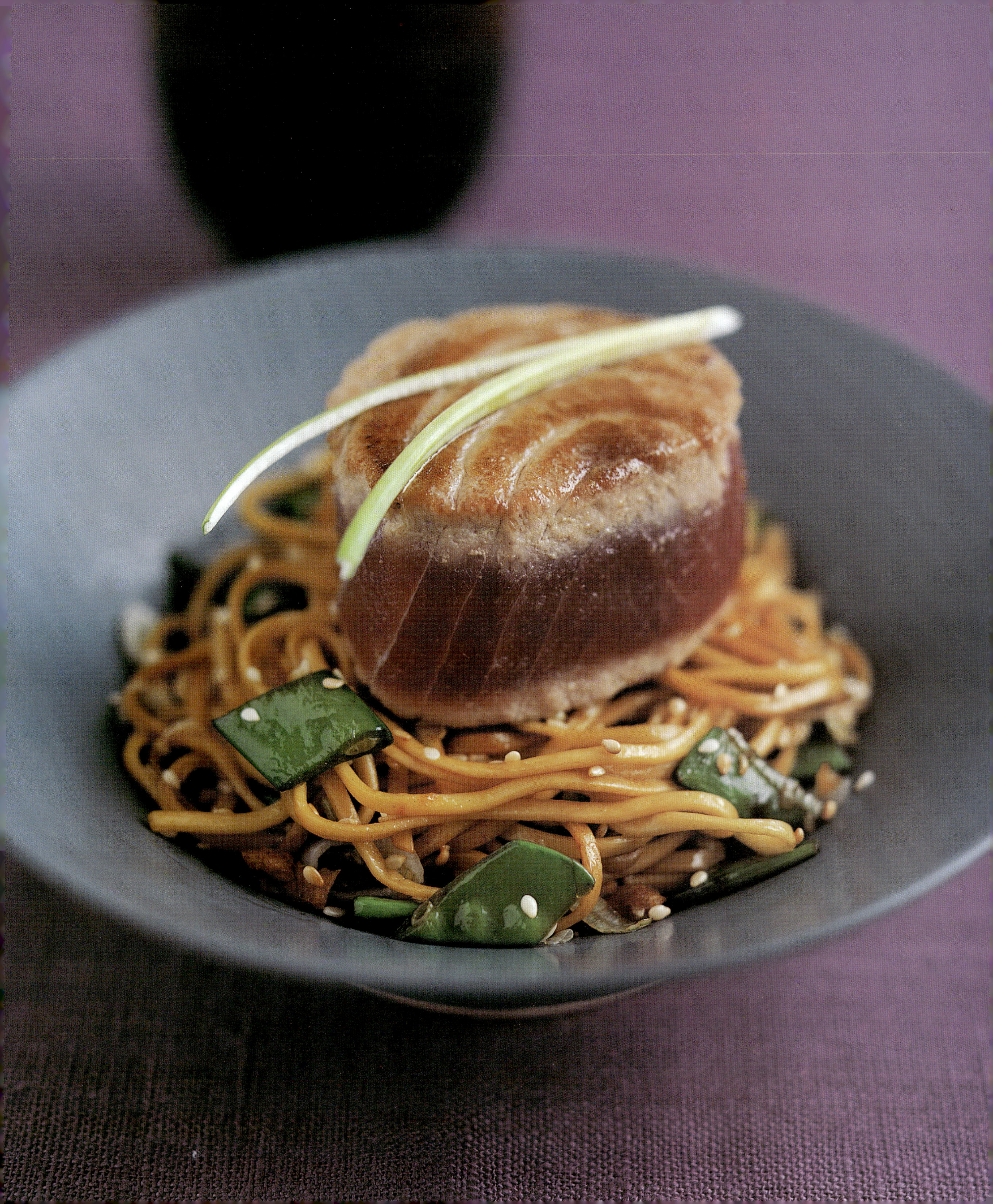

ミント風味のグリーンピースのピュレにのせたラムのメリメロ（ごちゃまぜ）

ラムは、なんと言ってもザ・サヴォイの人気ナンバーワンの肉。数年前、とある鴨料理を出そうとしたとき生まれたのが、このボリューム満点でおいしい料理でした。鴨のコンフィの代わりにラムにポテトのパンケーキ（ロスティ）を添えたところ、あとは皆さんご存知のとおりです。このロスティ、あっという間につけ合わせとして人気ものとなりました。

4人分

コトレット用ラム肉（ラムチョップ）　50g×4切れ
ラム肩ロース肉　50g×4切れ　皮を取り除いておく
オリーブオイル　大さじ2杯
にんにく　2片　つぶしておく
ミックス野菜の千切り（にんじん、緑・黄色のズッキーニ、グリーンピース、大根など）　160g　長さ10cmの粗めの千切りにし、湯通ししておく
バター　25g
シーソルト、挽きたての黒こしょう

ロスティの材料

じゃがいも　400g　厚さ3mmの千切りにしておく
油　大さじ2杯
タイム　2枝　葉のみを使う
ラムのコンフィ　120g（右側レシピ参照）
チキン・ブイヨン（180ページ参照）　200ml

グリーンピースのピュレの材料

みじん切りにしたたまねぎ　25g
油　大さじ2杯
にんにく　½片　つぶしておく
辛口の白ワイン　50ml
ダブルクリーム　大さじ5杯
冷凍グリーンピース　200g
みじん切りにしたミントの葉　大さじ½杯

ロスティの作り方：オーブンを180℃に温めておく。じゃがいもに大さじ1½杯の油をからませ、タイムを加え、塩とこしょうで味を調える。直径20cm、深さ4cmほどの円形の耐熱皿に、じゃがいもを厚さ1cm程度に敷きつめる。チキン・ブイヨンを半量まで煮詰め、じゃがいもの上にかける。

じゃがいもをオーブンで1時間半焼き、取り出したら少し冷ます。じゃがいもの上に皿を1枚のせて重しにする。4時間かけて冷まし、十文字にナイフを入れて4枚に切る。テフロン製のフライパンで残りの油を熱し、先ほど切った4枚のロスティを入れ、両面に軽く焼き目をつける。ふたたびオーブンに入れて10分焼く。

グリーンピースのピュレの作り方：浅い鍋にたまねぎと油を入れ、たまねぎがやわらかく透明になるまで火を通したらにんにくを加え、さらに火を通す。白ワインを加え、3分の2の量になるまで煮詰める。生クリームを加え、さらに半量になるまで煮詰める。グリーンピースを加え、全体に火が通ったら塩とこしょうで味を調え、ハンディフードプロセッサーで粗く混ぜ合わせる。最後にミントを入れてかき混ぜる。

ラムの下ごしらえ：オーブンの温度を160℃まで下げる。ラムすべてに下味をつけたら、少量の油をからめ、つぶしたにんにくをまぶす。天板にのせ、コトレット肉を3分、フィレ肉を5分間オーブンで焼く。焼きあがったら5分間休ませる。

盛り付け：ミックス野菜の千切りを少量のバターで炒め、味を調える。皿の中央にグリーンピースのピュレをスプーンで盛り付け、ロスティを脇に添える。これを4皿分作る。ラムのフィレ肉を4等分し、ピュレの上にフィレ肉1切れ、コトレット肉1切れを盛り付ける。千切り野菜のソテーをのせて仕上げる。

ラム肩ロースのコンフィ

コンフィはそもそもフランスはガスコーニュが発祥の地で、堅くて脂っぽい鴨のもも肉をやわらかくするため、いやそれよりも、保存をよくするために考え出された料理法です。最近では鴨以外のあらゆる肉のコンフィが作られていますが、その基本概念は昔と変わりません。ガチョウの脂はデリカテッセンやスーパーマーケットで缶詰が手に入ります（註・日本では難しいかもしれません）。

約1kg分

骨付きのラム肩肉　800g
にんにく　3片　つぶしておく
タイム　5枝　葉のみを使う
ガチョウの脂　500g
シーソルト、挽きたての黒こしょう

オーブンを80℃、または最低の温度設定で温めておく。ラムにシーソルトをすりこみ、こしょうで味を調える。つぶしたにんにくをこすりつけ、タイムを散らす。ふたをして12時間冷やし、余分な水分が肉から出やすくする。焼く前に水分をふき取っておく。ガチョウの脂を耐熱性のキャセロールに入れ、80℃で熱し、脂の中に完全に漬かるようラムを入れる。ふたをして約4時間オーブンで火を通し、そのまま冷ます。

コンフィはこれでできあがりですが、脂の中にいれたまま冷やしてもかまいません。冷やしておけば数週間保存できます。ラムを漬けた後の脂は、トゥールーズ風カスレやシュークルートなど、温かい料理に使いまわすことができます。

レンズ豆とワイルドマッシュルームのサラダ
クミンの香りのヨーグルトと
アルメニア風パン添え

ベジタリアンのお客様向けの、ボリュームのあるサラダです。しかし、きのこの代わりにローストした赤パプリカを使ってみると、カラフルでおもしろみのある一品になるでしょう。アルメニア風パンは、従来のメルバトーストの代わりとして、最近あちこちのレストランでよく使われています。サラダと対照的な質感が、私は気に入っています。とても薄くて、お好みのトッピングをのせることができます。私の場合、特に輪切りにしたエシャロットに、けしの実やドライハーブ、パプリカを散らしたものが大好物です。それぞれ違った質感をかもしだすので、さまざまな形のものを作ってみてもいいでしょう。

4人分

オリーブオイル　大さじ2杯
たまねぎ　½個　細かいみじん切りにしておく
にんにく　2片　つぶしておく
レンティル・ド・ピュイ（ピュイ地方産レンズ豆）　120g
　2時間水に漬けておく。その間水を2回替える
野菜のブイヨン（182ページ参照）　200ml
エシャロット　1個　細かいみじん切りにしておく
ワイルドマッシュルームの取り合わせ（ジロール、シャントゥレル、セップ、ブラック・トランペットなど）　120g　半分に切り、湯がいておく
イタリアンパセリのみじん切り　大さじ2杯
そらまめ　50g　ゆでて皮をむいておく
トマト　2個　皮をむき、種を取り、千切りにしておく
プレーンヨーグルト　大さじ4杯
クミン（挽いたもの）　ひとつまみ
みじん切りにしたミント　大さじ2杯
アルメニア風パン（右側レシピ参照）　8枚　またはトーストしたピタパン
　つけ合わせとして

パンプキンシード・ドレッシングの材料

白ワインビネガー　大さじ2杯
オリーブオイル　大さじ4杯
パンプキンシード・オイル　大さじ4杯
塩、挽きたてのこしょう

レンズ豆の下ごしらえ：半量のオリーブオイルを平鍋に入れて熱し、たまねぎを入れてやわらかく、透明になるまで火を通す。にんにく半個を加え、さらに火を通す。レンズ豆の水気を切り、野菜の千切りとともに平鍋に入れる。レンズ豆がやわらかくなり、水分がほぼ蒸発するまで弱火で煮込み、そのまま冷ます。すべての材料を混ぜ、パンプキンシード・ドレッシングを作る。少量をレンズ豆に加え、塩とこしょうで味を調える。

ワイルドマッシュルームの下ごしらえ：オリーブオイルの残量でエシャロットが透明になるまで炒める。残りのにんにくを加えてさらに火を通し、ワイルドマッシュルームを入れ、さらに1分間火を通す。

塩とこしょうで味を調え、パセリを散らす。そらまめとトマトを入れ、残りのパンプキンシード・オイルを最後に加える。お好みで飾り用としてそらまめを少量取っておく。

盛り付け：各皿にレンズ豆をスプーン1杯分のせ、その上にワイルドマッシュルームをのせる。ヨーグルト、クミン、残りのにんにくをミントと混ぜたものをレンズ豆の上にかけるか、または脇に添える。サラダにアルメニア風パンを添えて、できあがり。

アルメニア風パン生地の材料

強力粉（バゲット用の専用粉が手に入ればなお可）　500g
ガーリックソルト　大さじ1杯
水　250ml
オリーブオイル　150ml

トッピングの材料

水　100ml
オリーブオイル　100ml
ガーリックパウダー　小さじ2杯
たまねぎ　½個　薄切りにしておく
ごま油　小さじ1杯

パン生地の作り方：粉とガーリックソルトをふるいにかけたものを、電気ミキサーのフックに合った大きさのボウルに入れる。水とオリーブオイルを加え、弾力性のある生地になるまで10分ほどミキサーにかける。生地を2等分し、20分間休ませる。

オーブンを220℃に温めておく。天板に油を引き、逆さまにしたボウルの上に置いて、カウンターとの距離を10cmほど開ける。

指先だけを使い、シュトルーデル・ペストリー（オーストリアの伝統的な菓子。アップルパイに似ている）の生地を作るときの要領で、トレイをおおうように生地を伸ばす。このとき裂けないよう注意する。紙のようにごく薄く、トレイの端をおおうまで広げる。

水、オリーブオイル、ガーリックパウダーを混ぜたものを、生地が乾かないよう丹念にはけで塗る。生地を四角形または三角形に切り、薄切りのたまねぎとごまを散らす。温めたオーブンで8分間焼く。冷めるまで待ち、盛り付けまで密閉容器に入れて保存する。できあがったパンは4日間保存できる。

けしの実のパンを作るときは、たまねぎとごまの代わりに大さじ2杯のけしの実を散らす。

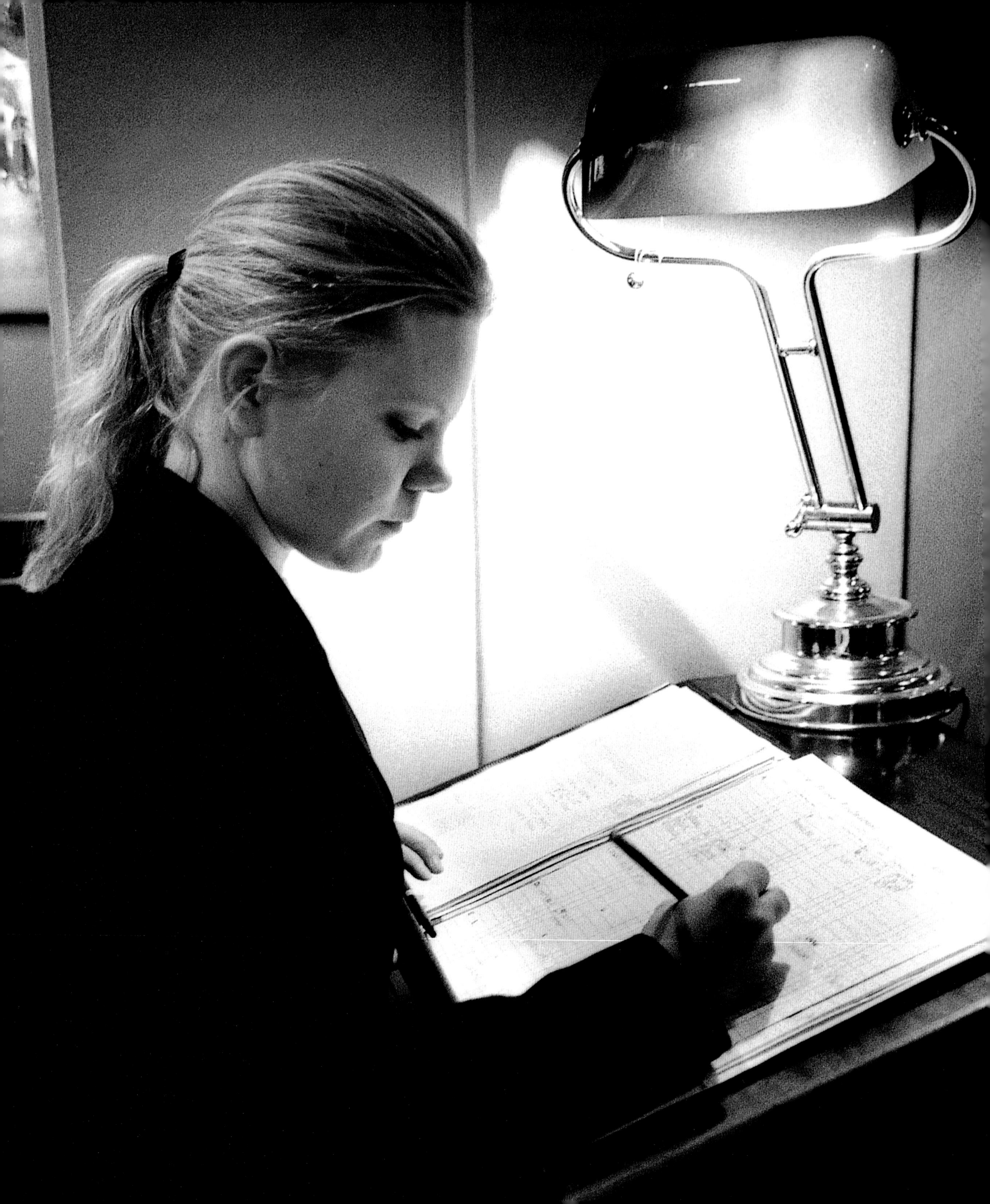

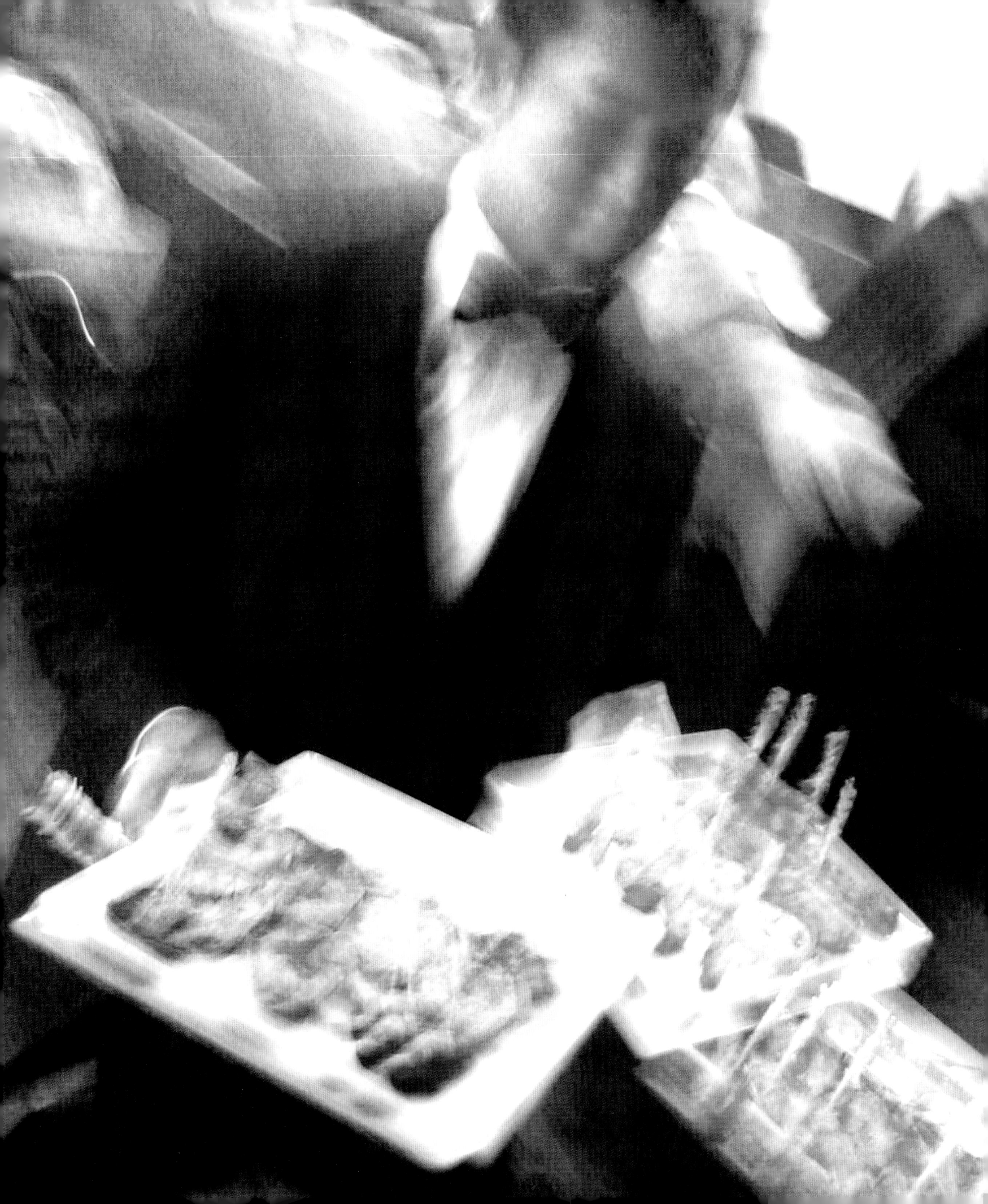

ジンジャー・クリーム・ブリュレ ごまのチュイル添え

いつまでも続く感動。そのほとんどが、ほんのささやかなことなのです。このクリーム・ブリュレにも、そんなすばらしい、ささやかなひと工夫がほどこされています。

4人分

生しょうが　75g　皮をむき、細かいみじん切りにしておく
ホイップクリーム　500ml
卵黄　6個
グラニュー糖　100g
ブラウンシュガー　100g

ごまのチュイルの材料

粉糖　25g
薄力粉　25g
ごま　25g
バター　25g　溶かしておく
オレンジジュース　大さじ1½杯　室温に戻しておく
ノーワックスのオレンジの皮　½個分　細かくすりおろしておく
型に塗る分のバター　少量

遅くとも2時間前にジンジャークリームを作っておく：平鍋にみじん切りにしたしょうがとホイップクリームを合わせ、沸騰させる。鍋を火から降ろして冷ます。卵黄とグラニュー糖が完全に混ざり合うまで泡立てたら、冷やしたクリームの中に流し込んでさらに泡立て、カスタードを作る。よくかき混ぜ、ふたをして、しょうがの香りがカスタードに移るまで、少なくとも2時間は冷やす。裏ごしする。

ジンジャークリームの焼き方：オーブンを120℃に温めておく。焼き型に耐脂紙（パラフィン紙）を敷く。小ぶりのラムカン皿4枚にカスタードを流し込み、焼き型の中に入れる。焼き型の中に湯を張り、オーブンで40分間蒸し焼きにする。

カラメリゼ：グリルを高温に熱する。ジンジャークリームが室温まで冷めたら表面にブラウンシュガーを均一に散らし、グリルの下に置いて砂糖がこげ茶色になるまでカラメリゼする。

ごまのチュイルの作り方：砂糖、小麦粉、ごまを合わせ、溶かしバターを入れた後、オレンジジュースとオレンジピールを加える。冷蔵庫に入れて1時間冷やす。その間にオーブンを180℃に温めておく。バターを敷いた天板に生地を薄く延ばし、オーブンで8～10分間焼く。7cmの円形の抜き型で4枚のチュイルをくりぬく。天板から取り出したらすぐにチュイルの上で麺棒を転がし、おなじみのカーブを作る。お好みで形を自由に作ってもよい。ジンジャー・ブリュレの上にごまのチュイルを飾ったらすぐにお出しする。

フランジパーヌのタルトレット バルサミコでマリネした温かいいちごとフローズン・レモンカード

このふんわりとおいしいタルトは、簡単に作れる、すばらしいごちそうです。このままでも、またストロベリーのクーリとアングレーズソースを絞り出して皿の上に格子模様を描いてからタルトを置き、その上にレモンカードをのせて、最後に小さなミントの葉を飾るなど──アレンジはあなたのお気に召すまま。バルサミコでマリネすると、さえない味の温室育ちのいちごでさえ、絶品に仕上がります。

4人分

甘みをつけたショートクラスト
　（66ページ、パッションフルーツのタルトを参照）　400g

フランジパーヌの材料

無塩バター　120g　やわらかくしておく
粉糖　120g
卵　大（特大）約3個分　割りほぐしておく
薄力粉　25g
アーモンドパウダー　120g
ダークラム　小さじ4杯
ストロベリージャム（ゼリー）　大さじ2杯

バルサミコでマリネした温かいいちごの材料

いちご　400g　へたを取り、洗った後水気を取っておく
グラニュー糖　70g
バルサミコ酢　大さじ5杯

タルトレットの作り方：生地を厚さ3mmに延ばす。12cmの抜き型で円形の生地を4枚抜き、10cmのタルトレット型に敷き詰める。ベーキング（クッキー）シートの上に置き、20分間冷やす。

フランジパーヌの作り方：やわらかくしたバターにアイシング用の砂糖を加えてかき混ぜ、クリーム状になったら、少しずつ卵黄を入れて泡立てていく。粉とアーモンドパウダーをふるいにかけ、先ほどのバターと砂糖のミックスに入れてなめらかになるまでかき混ぜた後、ラムを入れてさらにかき混ぜる。

タルトレットの焼き方：オーブンを160℃に温めておく。冷蔵庫からタルト型を出し、はけでストロベリージャムを塗る。フランジパーヌを5mmの厚さに広げ、タルトが黄金色になるまで約40分間オーブンで焼く。

バルサミコでマリネしたいちごの作り方：砂糖とバルサミコ酢を混ぜて沸騰させる。いちごを入れ、徐々に温める。レードルでマリネ液からいちごを取り出し、タルトレットの上にのせる。凍らせた球状のレモンカードをてっぺんに飾る。

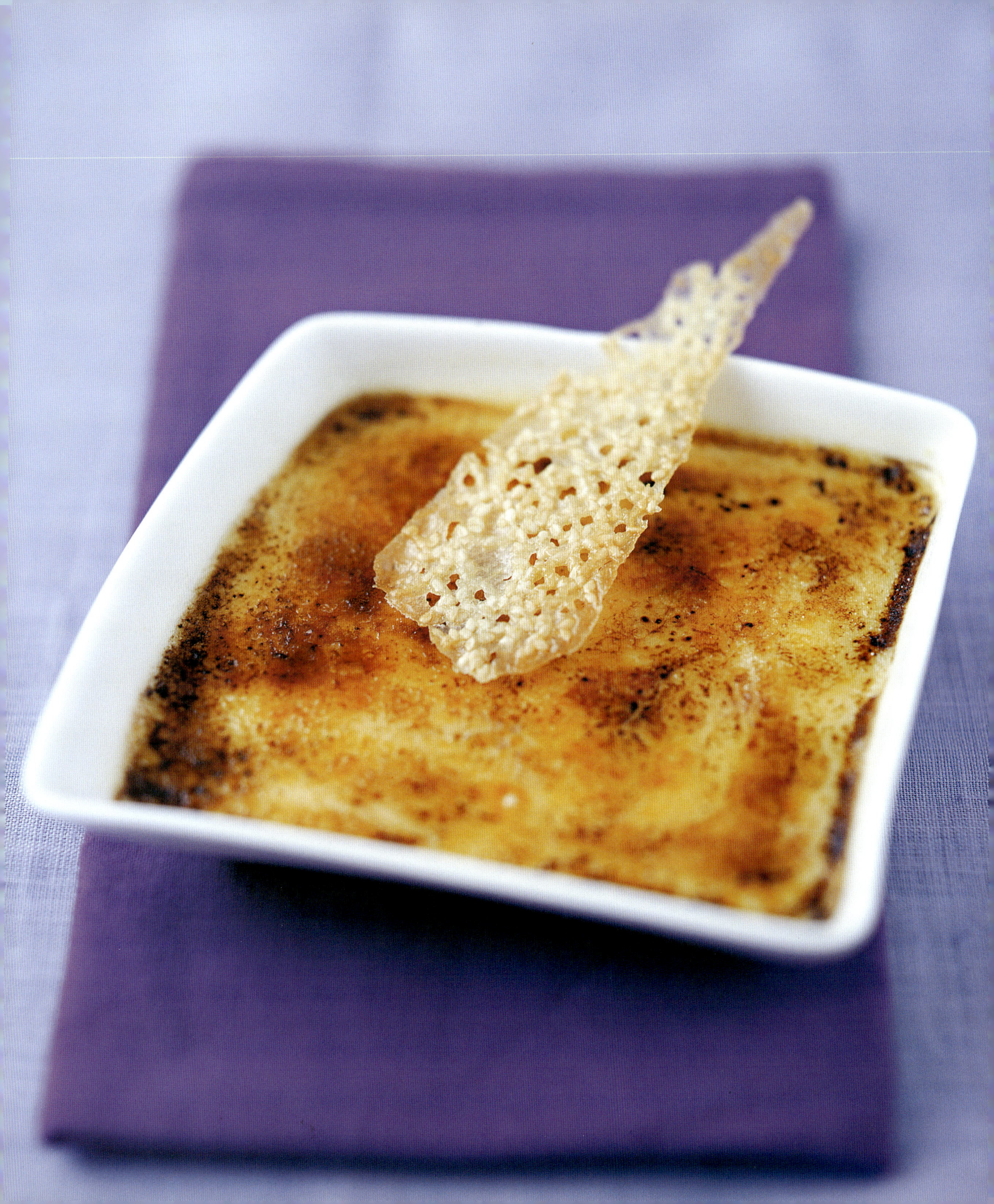

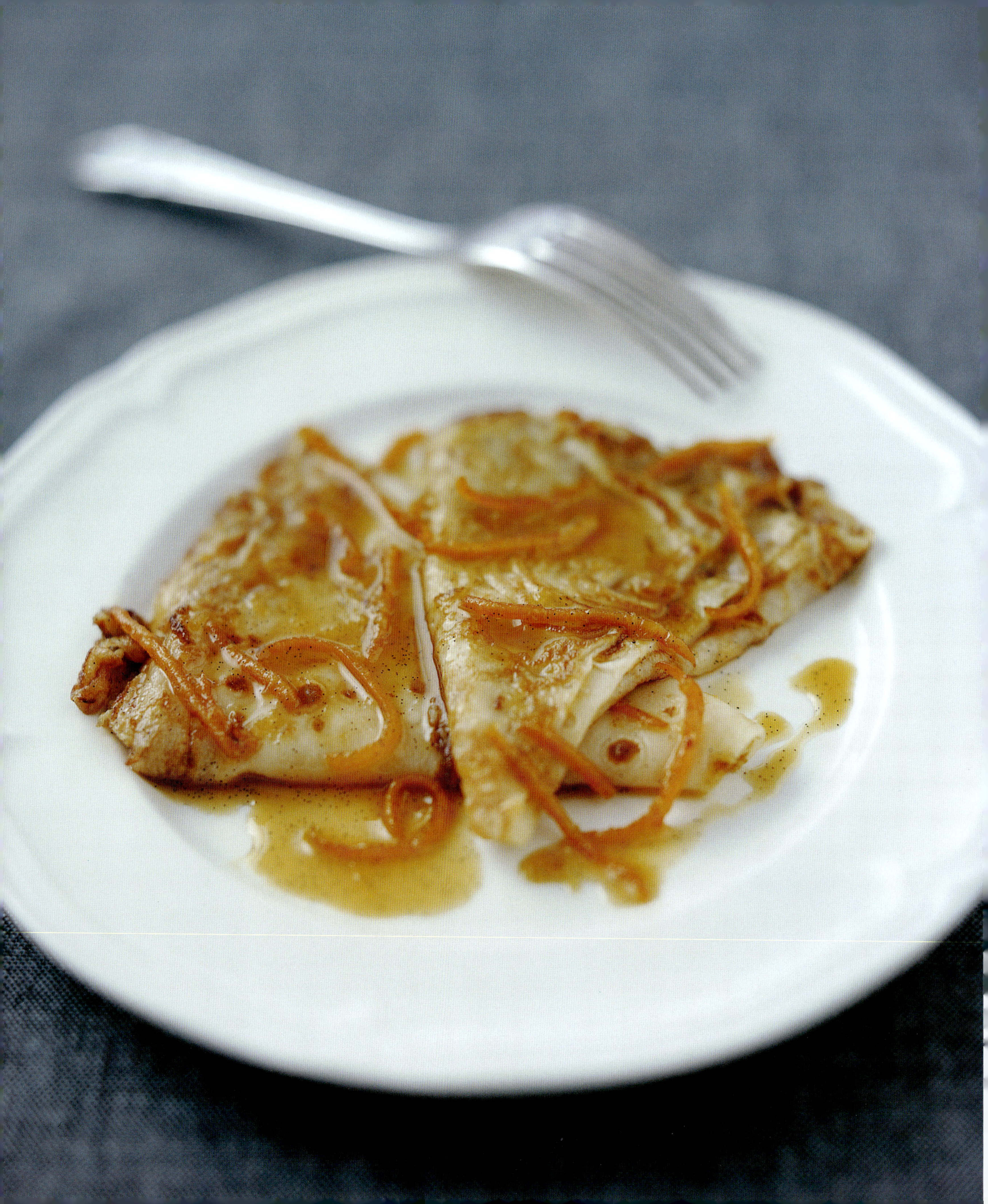

クレープ・シュゼット　サヴォイ風

紙のように薄いパンケーキの傑作、クレープ・シュゼットは、ザ・サヴォイを訪れるお客様のテーブルを彩りつづけてきました。最後の仕上げにシェフがグラン・マニエに火をつける瞬間、他のお客様の視線を集めることうけあいです。

4 人 分

薄力粉　100g
塩　ひとつまみ
卵　2個
グラニュー糖　大さじ8杯
牛乳　300ml
無塩バター　40g
しぼりたてのオレンジ果汁　300ml
オレンジの皮　2個分
スターアニス　2個
バニラビーンズ　2さや　縦に裂いておく
グラン・マニエ　50ml
レモンの果汁　½個分
バニラ・アイスクリーム（188ページ参照）　250g　テーブルで盛り付ける

クレープ生地の作り方：小麦粉と塩をふるいにかけたものを大きめのボウルに入れ、卵、半量の砂糖、4分の1の量の牛乳を加える。よくかき混ぜてかための生地を作ったら、残りの牛乳を少しずつ加える。だまができたら目の細かい漉し器で漉す。泡立つまで鍋でバターを焦がし、半量を手早く生地の中に入れる。

クレープの焼き方：20cmのテフロン製フライパン（スキレット）を熱する。先ほど残したバターのうち、少量をはけでフライパンに塗り、表面を薄くおおう程度の量の生地をレードルで流し入れたら、少しずつフライパンを傾け、生地を均一に広げる。30秒火を通したらクレープを裏返し、もう30秒焼く。この時点でクレープの両面は均一に茶色になっている。フライパンからクレープを取り出し、同様にあと7枚クレープを焼く。

ソースの作り方：残りの砂糖を幅広の鍋に入れて熱し、あめ色になるまで絶えずかき混ぜる。オレンジ果汁、オレンジの皮、スターアニスを加え、バニラビーンズのさやから種をしごく。半量になるまでソースを煮詰める。

仕上げ：4枚の皿を温めておく。クレープを手に取り、ソースに浸したら裏返して半分に折り、さらにもう半分に折る。8枚のクレープを鍋の中ですべて折り終えたら、レモン絞り汁少量とグラン・マニエを加える。1分間ほど置いてソースをなじませたら、各皿にクレープを2枚ずつ並べる。

最後にバニラ・アイスクリームを加えると、温かいクレープの上でおいしそうに溶けていく。

ロスチャイルド風スフレ

ザ・サヴォイの傑作ともいえるこの一品は、20世紀を間近に控えた頃、エスコフィエが紹介したものです。あれから百年、今もなお、ディナーメニューの中で目を引く存在で、これぞ時代の荒波を乗り越えてきたと心から言える逸品です。エスコフィエの時代と唯一違うのは、流れるようなホイップクリームの代わりに、濃いオレンジ色のアイスクリームを添えること。フルーツの砂糖漬けで一風変わった楽しい口当たりを添え、すばらしい風味をかもしだしています。

4人分

バター　120g　溶かしておく
グラニュー糖　130g
牛乳　500ml
小麦粉　70g
卵黄　10個分
砂糖漬けにしたオレンジピール　大さじ1杯　みじん切りにしておく
砂糖漬けにしたチェリー　大さじ1杯　みじん切りにしておく
砂糖漬けにしたアンゼリカ　大さじ1杯　みじん切りにしておく
卵白　8個分
コーンスターチ　小さじ1杯
カラメル・オレンジのアイスクリーム（189ページ参照）　250g

スフレ型の準備：オーブンを220℃に温めておく。スフレ型4個の内側にそれぞれ溶かしバターをはけで塗っておく。バターはスフレの内側全体にまんべんなく塗ること。スフレ型に砂糖を入れ、内側をまんべんなく砂糖がおおうよう型を回す。残りの砂糖を次の型に入れ、4個の型すべてに砂糖をコーティングさせる。

スフレ生地の作り方：平鍋に牛乳を入れて沸騰させ、バター80gと小麦粉を混ぜたものを入れる。

卵黄と砂糖100gを混ぜ、先ほどの牛乳と小麦粉、バターを混ぜたものを少量入れてかき混ぜ、混ざったら逆に平鍋の中に入れる。かき混ぜながらふたたび沸騰させ、粗熱を取る。オレンジピール、チェリー、アンゼリカの砂糖漬けを加え、さらに室温まで冷ます。

きれいに洗った大型のボウルの中に卵白を入れて角が立つまで泡立て、コーンスターチと残りの砂糖を加える。できあがったものの4分の1を先ほどのスフレ生地に切るようにして混ぜ、やわらかくする。泡立てた卵白の残りを少しずつ加えながら、切るように混ぜ、スフレ型の口ぎりぎりまで生地を流し込む。スフレ生地が十分にふくらむまで、25分ほどオーブンで焼く。

仕上げ：アイスクリームをクネル（楕円形の団子）型に整え、スプーンに1個ずつのせる。皿の上にスフレ型をのせ、脇にアイスクリームをのせたスプーンを添える。

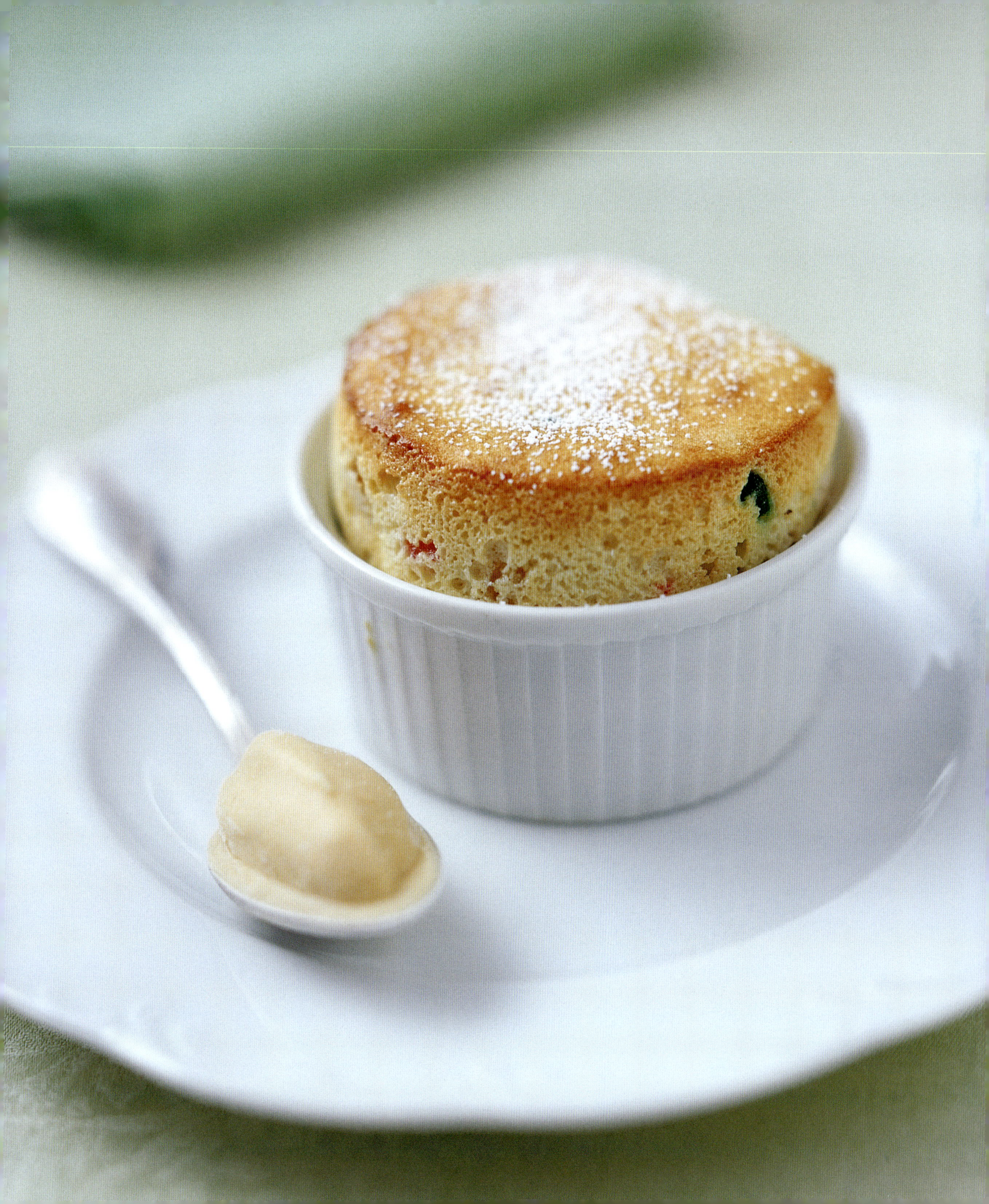

チェリータルト
シナモン・アイスクリーム添え

母のレシピから拝借したものです。昔はよく、自宅に実ったチェリーで母と一緒に作ったものでした。子どもの頃、オーブンから出したばかりのまだ温かいタルトを食べたことをよく思い出します。実に幸せな思い出です。

タルトに添えるおいしいラズベリーのソースは、サヴォイ風サマープディング（64ページ参照）など、他のデザートと合わせてもいいでしょう。ヘルシーでおいしく、クリームの代わりに使ってみてはいかがでしょう。

4～6人分

薄力粉　225g
ベーキングパウダー　小さじ1杯
塩　小さじ½杯
無塩バター　120g　冷やしておく
グラニュー糖　100g
細かくすりおろしたノーワックスのレモンの皮　1個分
卵　1個
生のチェリー　500g　よく洗い、水気を切って種を取っておく
卵白　少量
プレーンヨーグルト　200ml
シナモンスティックを削ったもの　飾り用として

ソースの材料

ラズベリーソース（185ページ参照）
シナモン・アイスクリーム（189ページ参照）　250g

パイ皮の作り方：ボールの中で小麦粉、ベーキングパウダー、塩を合わせる。バターを角切りにしたものを加え、粗めのパン粉状になるまで指でこすりあわせるようにして混ぜる。砂糖大さじ1杯、レモンピール、卵を取り分けておき、残りはすべて混ぜ合わせて生地を作る。

ボウルにラップをかけ、冷蔵庫で1時間冷やす。

直径15cmのフランリングに油を塗り、天板の上にのせる。底が抜けるタイプのフラン型（キッシュ型）を使ってもよい。3分の2の量の生地を5mmの厚さに延ばし、リングまたはフラン型の中に敷く。生地にしっかりと押し付けながら、チェリーをすきまなく敷き詰める。

残りの生地を5mmの厚さに延ばす。チェリーの上に生地をかぶせ、余った部分は切り取り、リングの内側に少しずつ押しこむようにしてふたをする。冷蔵庫に入れて20分間冷やす。

タルトの焼き方：オーブンを190℃に温めておく。タルトのてっぺんに卵白をはけで塗り、取り分けておいた砂糖を散らす。タルト生地が黄金色になるまで、25～30分間焼く。粗熱が取れるまで休ませたら、フランリング、またはフラン型の側面を取り外す。お好みの大きさに切り分ける。

仕上げ：各皿にラズベリーソースを少量敷き、その中央にヨーグルトを1滴たらす。お好みで木製のカクテルスティック（つまようじ）や串を使って紅白2色の羽飾りを描いてもよい。できあがったソースの脇にタルトを添える。

アイスクリームの形の整え方：デザートスプーンをお湯にくぐらせたあと、表面に沿ってアイスクリームをすくい、スプーンを回して形のよいクネル（楕円形の団子）状にする。できあがったクネル状のアイスクリームをタルトに添える。

アイスクリームの上にシナモンを削りかけたら、できあがり。

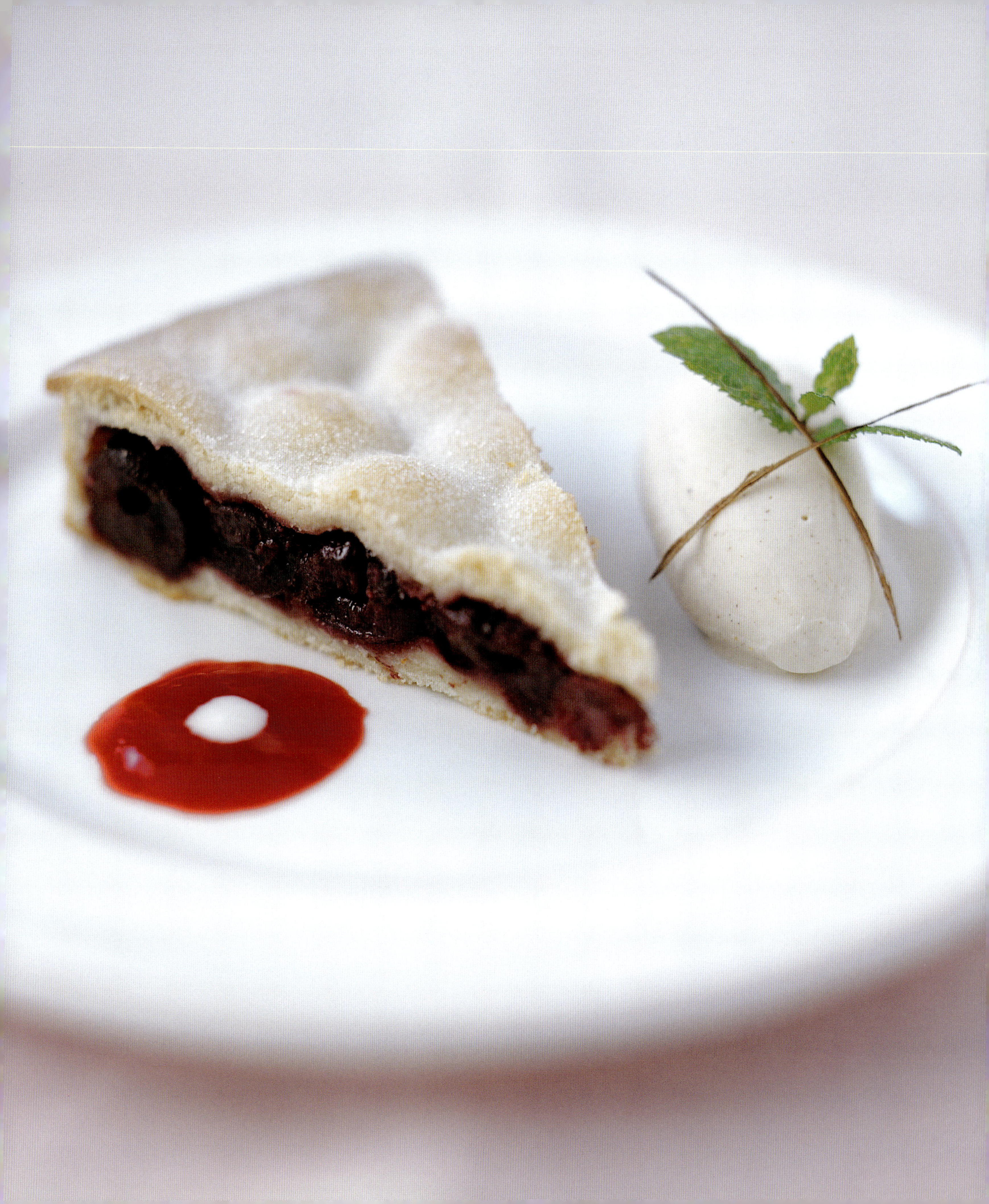

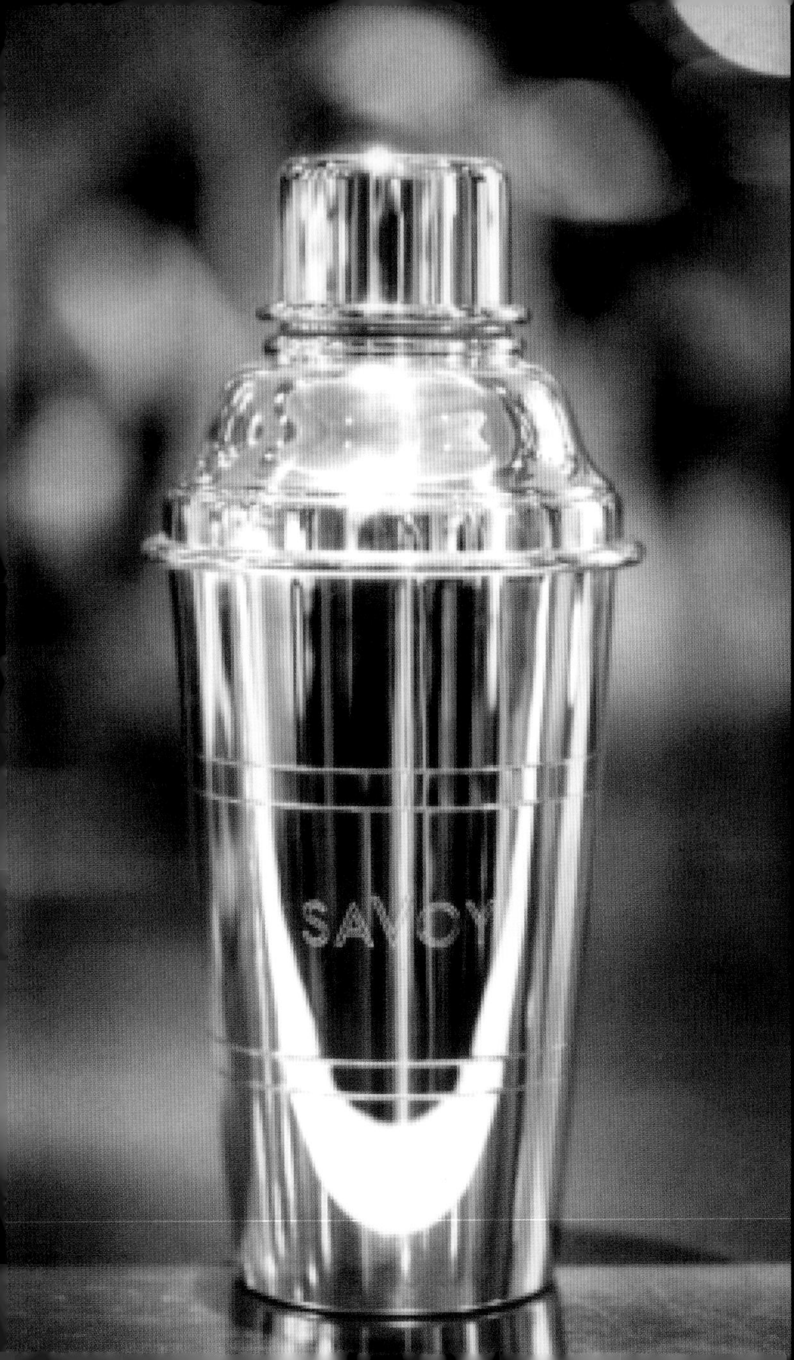
SAVOY

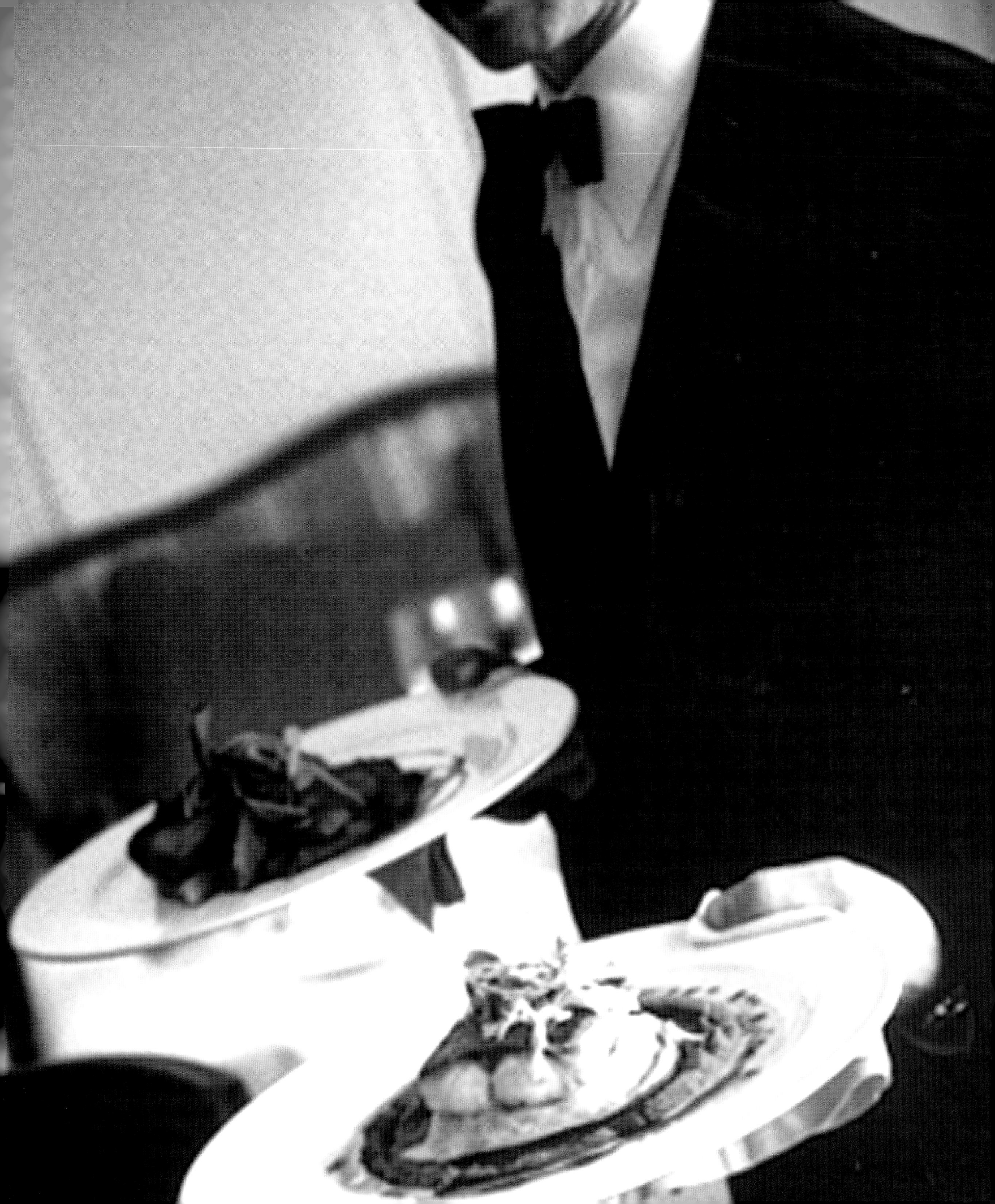

チョコレート・トライフル

トライフルは、英国のデザートのレパートリーに必ず入るひと品です。デザートワゴンの上から時代遅れのケーキを引退させるとなると、ザ・サヴォイを訪れるお客さまのお気に入りのケーキの場合、そのスタイルを刷新したうえで残すことになり、私は知恵をめぐらさなければなりません。そうやってできあがった最新版が、このトライフル。メニューは定期的に見直すのが常。明日になったら新たなレシピに生まれ変わっているものがあるかもしれません。

4人分

シロップの材料

グラニュー糖　150g
水　300ml
レモンジュース　小さじ4杯
板ゼラチン　3枚
グラン・マニエ　50ml

チョコレート・カスタードの材料

バニラビーンズ　½さや
牛乳　250ml
卵黄　1個分
砂糖　大さじ2杯

クーヴェルチュール、またはプレーン（ビタースイート）の製菓用チョコレート　150g
板ゼラチン　4枚
ダブルクリーム　大さじ4杯　ごく軽くホイップしておく
大きめのオレンジ、20ふさ　種を取り、薄皮をむいておく
スポンジケーキ（169ページ参照）　120g
クレーム・ド・カカオ・リキュール　大さじ1杯
ライチ　8個　皮をむき、種を取っておく
オレンジソース（下記レシピ参照）　200ml　仕上げ用

まず、シロップを作る。小型の鍋に砂糖と水を入れ、中火にかけて砂糖を溶かす。レモンジュースを加え、沸騰させる。ゼラチンを水でふやかしたあと、絞って水気を切り、熱いシロップに入れてかき混ぜ、冷ます。漉したあと、グラン・マニエを入れてかき混ぜる。

チョコレート・カスタードの作り方：バニラビーンズのさやを縦に裂き、種を取り出したら牛乳の中に入れ、沸騰させる。ボウルで卵黄と砂糖を泡立てたあと、先ほど沸騰させた牛乳を流し入れて泡立て続ける。できあがったものを鍋に戻してふたたび沸騰させたら、カスタードがレードルの底をおおう固さになるまでかきまぜ続ける。鍋を火から降ろし、チョコレートを加え、溶けるまでかき混ぜる。

ゼラチンを水でふやかし、絞って水気を切ったらカスタードの中に入れてかき混ぜる。人肌程度にまで冷ましたら、ホイップクリームを切るように混ぜる。

トライフルの作り方：ドーム型の型、または陶器製のラムカン皿4枚にシロップを5mm流し込み、固まるまで冷蔵庫で冷やす。オレンジを2ふさ置き、さらにシロップを5mm注ぎ足す。冷蔵庫に戻して固める。

厚さ5mm分のチョコレート・カスタードを流し込む。細かくちぎり、クレーム・ド・カカオに浸したスポンジケーキで、型やラムカン皿との間を分ける。チョコレート・カスタードを厚さ1cm分流し込み、固まるまで冷やす。

トライフルの上に残りのオレンジのふさをのせ、残りのシロップでおおう。固まるまで約2時間冷やす。

仕上げ：パレットナイフ、または薄いナイフを温め、トライフルのへりに差し込んだら、くるりと1周させて型からはずし、トライフルを皿の上にのせる。ライチを細かく切り、オレンジソースと合わせたものを少量、トライフルの周りに流し入れる。

オレンジソースの材料

バニラビーンズ　3さや　縦に裂き、種を取っておく
絞りたてのオレンジジュース　500ml
オレンジの皮　4個分
グラン・マニエ　50ml

平鍋にバニラビーンズ、オレンジジュース、オレンジの皮を入れ、沸騰したら200mlまで煮詰める。グラン・マニエを入れてかきまぜる。

りんごのファンタジー
水あめ仕立てのカルバドスソース添え

私にとって、りんごはとてもやりがいのある食材です。さまざまな調理法があり、どれもおいしく、気分をとても晴れやかにしてくれるものばかりです。ほんとうにおいしいのは一番安いりんごなのですが、食材としてとても過小評価されています。だからこそ、引き出されるおいしさもひとしお。このレシピでは、4つのスタイルで調理したりんごを取り合わせたものです。りんごは品種によって個性が違うので、調理法に合ったりんご選びがたいへん重要です。火を通さないほうがおいしいりんごもあれば、甘すぎるものも、すっぱすぎるものもあります。私なら、ソルベ（シャーベット）の材料にはブラムリー（欧米産青りんご）を、タルトにはグラニースミス（欧米産青りんご）からスパータン（紅玉に似た小ぶりのりんご）を、そして焼きりんごにはやはりグラニースミス、または季節によって、コックス・オレンジピピン（イギリス産のオレンジがかった小ぶりのりんご）を選びます。

4人分

焼きりんごの材料

サルタナ（ゴールデン・レーズン）　25g　カルバドスに漬けておく
ソフトブラウンシュガー　40g
グラニースミス種のりんご　4個　芯を取り、周囲に切り目を入れておく

りんごのタルトの材料

パイ生地（186ページ参照）　200g
フランジパーヌ（186ページ参照）　100g
スパータン種のりんご　4個
　皮をむき、芯を取って半分に切り、厚さ3mmの薄切りにしておく
粉糖　20g

ソルベ（シャーベット）の材料

りんごのピュレ　200g
水あめ　20g
シロップ（185ページ参照）　200ml
レモンの絞り汁　1個分

ソースの材料

グラニュー糖　50g
水　50ml
水あめ　10g
無塩バター　50g
ダブルクリーム　150ml
カルバドス　大さじ3杯

デコレーションの材料

アップル・ミントの枝
細かく刻んだピスタチオとくるみのミックス　大さじ2杯

焼きりんごの作り方：オーブンを180℃に温めておく。カルバドスに浸したサルタナ（ゴールデン・レーズン）とブラウンシュガーを混ぜ、芯を抜いたグラニースミスの中央部に詰める。りんごが柔らかくなるまで、オーブンで40〜50分焼く（小型のナイフを刺して焼き具合を調べる）。

りんごのタルトの作り方：オーブンの温度を200℃に上げる。パイ生地を3mmの厚さに広げ、5×8cmの長方形に切る。フォークでピケした後、その上にフランジパーヌを塗って薄い層を作り、細心の注意をはらってまたその上にりんごの薄切りをのせる。タルトを20分間冷蔵庫で冷やし、オーブンで20〜25分焼く。

アイシング用の砂糖を振り、バーナーか熱いグリルの下に置いてカラメリゼする。

りんごのソルベ（シャーベット）の作り方：りんごのピュレ、水あめ、シロップ、レモン果汁を合わせ、アイスクリームメーカーに入れて凍るまで撹拌させる。

ソースの作り方：水あめに砂糖と水を入れ、淡い琥珀色になるまで火にかけたら、バターとクリームを入れてかき混ぜる。最後にカルバドスを加える。

仕上げ：それぞれの皿に焼きりんごとりんごのタルトをのせる。2本のスプーンでソルベの形をクネル（楕円形の団子）状に整え、タルトの脇に添えて、アップルミントの枝をあしらう。焼きりんごのまわりに少量のソースをかけ、細かく砕いたピスタチオとくるみを散らす。

チーズのプチフール

今までにない、新鮮で斬新なスタイルのチーズのメニューです。ときにはおなじみの甘いプチフールの代わりに、ポートや赤ワインを少々たしなむのにぴったりな、味わい深い匂いのあるひと皿でディナーを締めくくりたいと考えることがあります。ここでご紹介する5つのバリエーションは、ただアイデアをいくつかご紹介したにすぎません。イマジネーションを駆使し、いろいろなチーズを、さまざまな種類のパンにのせてみてください。

タルトレット・ケース（シェル型）の材料

約16個分

無塩バター　100g
薄力粉　225g　塩をひとつまみ加え、ふるっておく
冷水　小さじ8杯

薄力粉と塩を合わせたものと無塩バターを指でこすり合わせるようにして混ぜ、水を加えて固めの生地を作る。涼しい場所に20分間置いて生地を休ませたら、できるだけ薄く延ばし、小型のマフィン型に敷く。

空のマフィン型を上から重ね、生地に重しをかける。

オーブンを200℃に温めておく。フィリングを詰めずに10分間焼く。重ねたマフィン型をはずし、さらに5分間焼く。生地を型からはずし、冷ます。

ブリーチーズのタルトレット

4人分

タルトレット・ケース（シェル型）（上述のレシピ参照）　4個
クランベリーソース　小さじ½杯
ディルの葉
けしの実
ごま

フィリングの材料

ブリーチーズ　25g　外側の部分を取っておく
中ぐらいの大きさの卵黄　1個
ナツメグ　ひとつまみ
シングルクリーム　大さじ2杯
塩、挽きたてのこしょう

フィリングの材料をすべてフードプロセッサーに入れ、なめらかになるまで撹拌する。グリル（ブロイラー）を熱する。タルトケース（シェル型）にチーズのフィリングを詰め、熱いグリルの下に置いて、黄金色になるまで焼く。タルトの上に少量のクランベリーソースをのせ、ディルの葉を飾る。タルトを見栄えよく皿にのせ、けしの実とごまを散らす。

ゴートチーズのクロスティーニ

4人分

小型のゴートチーズ（ハーブ・オリーブオイル漬けにしたクロタン・ド・シャヴィニョールなど〈50ページのトマトのタルト参照〉）　½個
卵　1個　溶きほぐしておく
けしの実　大さじ½杯
ごま　大さじ½杯
オリーブオイル　大さじ2杯
クロスティーニ、またはトーストした円形の小型のパン　4枚
バター（クロスティーニに塗る分量）
トレビス（赤チコリ）の葉

ゴートチーズを4つに切り、溶き卵に浸したあと、けしの実とごまを合わせたものの上で転がし、全体にまぶしつける。テフロン製のフライパン（スキレット）でオリーブオイルを熱し、チーズを入れ、ごまが黄金色になるまで炒める。クロスティーニにバターを塗り、トレビスを2枚ずつのせる。その上に温かいゴートチーズをのせたらできあがり。

カッテージチーズのタルトレット

4人分

スプリング・オニオン　1本　表の皮を取り除いておく
ミントの葉　4枚
カッテージチーズ　40g
タルトレット・ケース（シェル型）　4個
塩、挽きたてのこしょう

長ねぎを薄切りにし、ミントの半量を刻む。ボウルにカッテージチーズを入れ、長ねぎ、ミントを加えてかき混ぜる。塩とこしょうで味を調え、タルトケースに詰める。めいめいにミントの葉をあしらう。

ボーフォールチーズ　アーティチョークを添えて

4人分

ボーフォールチーズ　40g
アーティチョークの芯　2個　火を通し、マリネしておく
練りがらし　小さじ¼杯
チャービルの葉

グリル（ブロイラー）を熱する。ボーフォールチーズは4つに、アーティチョークは半分に切る。アーティチョークの上にチーズを1つのせ、グリルの下に置いて軽く溶かす。チーズの上に、少量のからしとチャービルの葉を1枚飾る。

ブリオッシュ・クルート　マンゴー・チャツネとロックフォールのせ

4 人 分

ブリオッシュ（27ページ参照）　2枚
無塩バター（ブリオッシュに塗る分量）
マンゴー・チャツネ　小さじ5杯
ロックフォールチーズ　50g
松の実　4個

抜き型を使い、ブリオッシュを適当な大きさの4枚の円形に抜いた後、両面を軽くトーストする。表面にバターとマンゴー・チャツネを塗る。ロックフォールをつぶし、チャツネの上に散らしたら、めいめいに松の実を飾る。

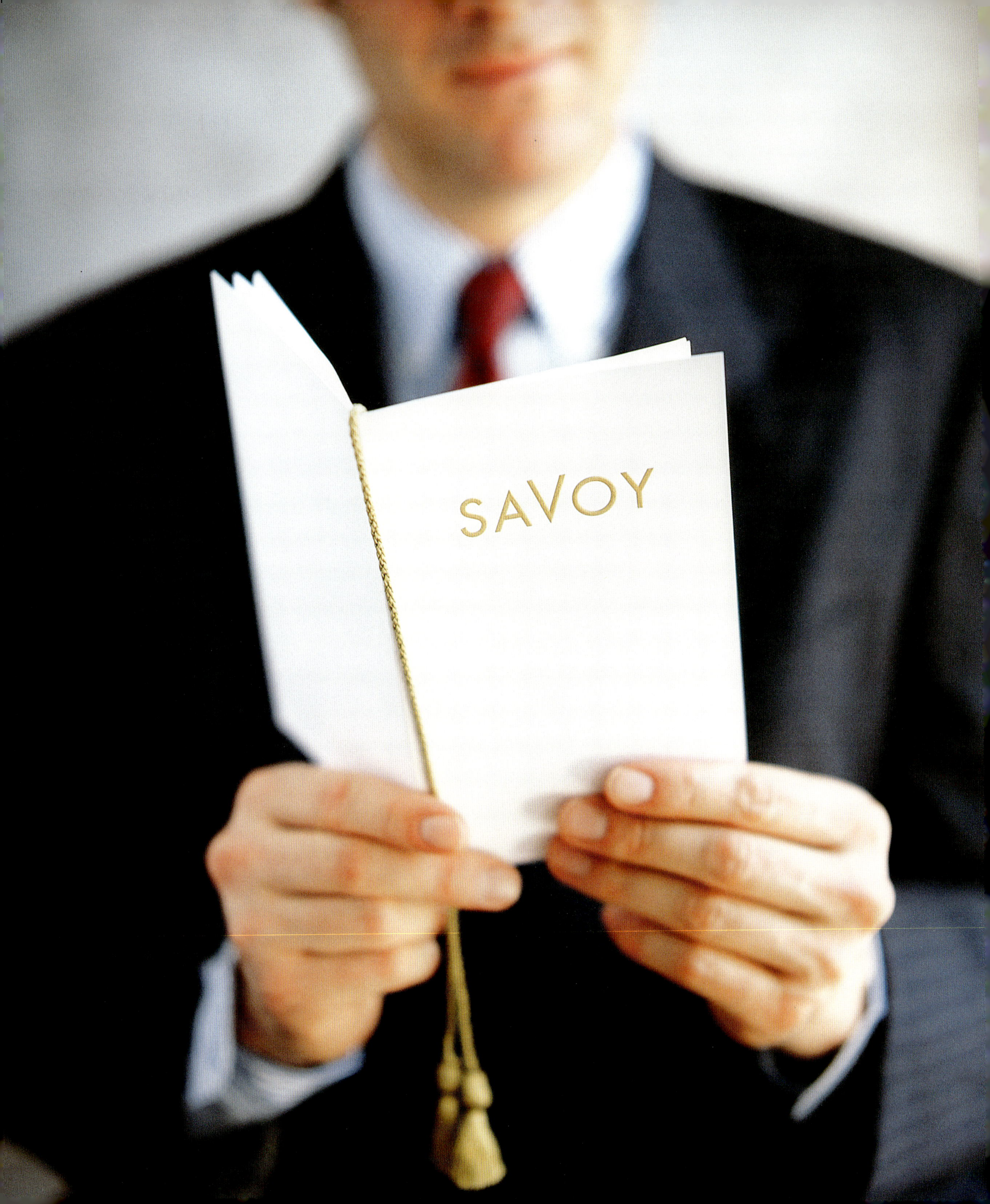
SAVOY

ライトミール

　百年前、イギリス国内で夜遅くに外食を楽しむことは不可能でした。事前許可制法によって、レストランは午後11時で閉店することと決められており、ザ・サヴォイも例外ではなかったのです。しかし、道楽者のプリンス・オブ・ウェールズ（のちのエドワード7世）にとって、これは不便極まりないことでした。芝居がはねたあとに、リリー・ラングトリーや芝居仲間と食事を取ることを、こよなく愛していたからです。欲しいものはたいてい手に入れてきた皇太子です。事前許可制法もしかるべく改正されました。レストランは真夜中過ぎまで開店していてよしと決定され、ザ・サヴォイのレストランは真っ先に深夜の食事を提供する店のひとつとなりました。それが伝統となって今日まで続いていることが、このホテルの誇りです。

　ザ・サヴォイでの夕食がみな荘厳で格式張ったものかというと、そんなことはありません。サヴォイ劇場や近隣の劇場から駆けつけて肩の凝らない夜食や気軽な軽食を取ることも、できます。厨房では、夕食担当部隊が午後10時半に帰途につきますが、代わりに夜間担当のシェフが到着して、おなかを空かせたお客様のために夜食やルームサービスや、軽食の準備をします。ザ・サヴォイの厨房が眠ることは、ないのです。

　アップステアーズ・レストランは、夜遅くに軽くて消化のいいアジア料理を出すことで知られています。カウンターでは、日本人シェフがイキのいいスシとサシミ、それにパリっと揚げたスプリングロールや繊細な味わいのカレーを作っています。もし、伝統的な夕食メニューをお好みなら、デボン産の魚のパイや、かに、フィッシュケーキやリゾットといったものをお届けしましょう。牛肉の赤ワインソース煮や子羊のカツレツも、ご一緒にいかがでしょう。ときには、軽食だけを希望される方もいらっしゃいます。そのようなとき、シェフはいそいそと、ピタパンのピッツァや特製クラブサンドウィッチをご用意させていただくことでしょう。

　夜食をとりに来られるお客様はたいてい、軽めの食事を好まれますが、高価なお酒をお求めになります。観たばかりの演目に浮き足立ち、つい気分が高まったせいではしゃぎがちですので、シャンパーニュがその日（あるいはその夜）の一番人気となることもしばしばです。

　お客様がたの興奮はあっと言う間に広がり、夜食どきのザ・サヴォイはいつも、お祭りムードに包まれています。

焼きほたてとスナップエンドウのガスパチョ

ガスパチョにはさまざまなレシピがありますが、いずれも夏の暑い日にいただくとおいしいものです。とはいえ、シェフたちは当然、自分たちのレシピをさらに風味豊かなものにしようと、日々精進しています。そして、力強くてごまかしのない、強烈な夏の趣に富んだすばらしい一品を、生み出しつづけているのです。このレシピでは、上にキャビアののった熱いほたて貝が、冷えたスープとわくわくするような対照をなして、楽しませてくれます。

4人分

トマト　600g　四つ割りにする
きゅうり　300g　四つ割りにする
赤パプリカ　50g　種を取り、大きめの角切りにする
緑のパプリカ　50g　種を取り、大きめの角切りにする
刻んだたまねぎ　100g
にんにく　½片　つぶしておく
生パン粉　25g
オリーブオイル　大さじ2杯
水　大さじ3杯
赤ワインビネガー　大さじ3杯
トマトケチャップ　小さじ1杯
オレガノ　ひとつまみ
マヨネーズ（183ページ参照）　小さじ1杯
塩、挽きたての黒こしょう

つけ合わせの材料

スナップエンドウもしくはさやえんどう（スノーエンドウ）　10本
ほたて貝柱　4個
オリーブオイル　小さじ1杯
レモンの絞り汁　½個分
オシェトラ種キャビア　20g
金箔　4枚　デコレーションに使う

ガスパチョの作り方：トマトときゅうり、ピーマン、たまねぎ、にんにく、パン粉、オリーブオイル、水、赤ワインビネガー、ケチャップ、オレガノを混ぜ合わせる。塩とこしょうで味つけし、ふたをして冷蔵庫に入れ、ときどき混ぜながら少なくとも丸1日置いて、マリネにする。

マリネ状のものをすべてミキサーもしくはフードプロセッサーにかけて、マヨネーズを加えて混ぜ、調味料で味を調えてから、目の細かい裏ごし器でガスパチョを漉す。

飾りの準備：たっぷりの塩水を鍋で沸かし、スナップエンドウもしくはさやえんどう（スノーエンドウ）を数秒間くぐらせる。豆の水気を切って、氷水に放す。再び水気を切り、小さなさいの目に切る。

貝柱に下味をつけてから、色がついて火が通る程度までオリーブオイルで軽くあぶる。レモン汁を加えて火を弱め、貝柱を裏返して味を含ませる。味がしみたら、鍋から取り出す。

仕上げ：ガスパチョをよく冷やした深皿に注ぎ、さいの目に切ったスナップエンドウをひと山中央に盛り、その上に貝柱とスプーン1さじ分のキャビアをのせる。金箔をキャビアの上に置いて、できあがり。

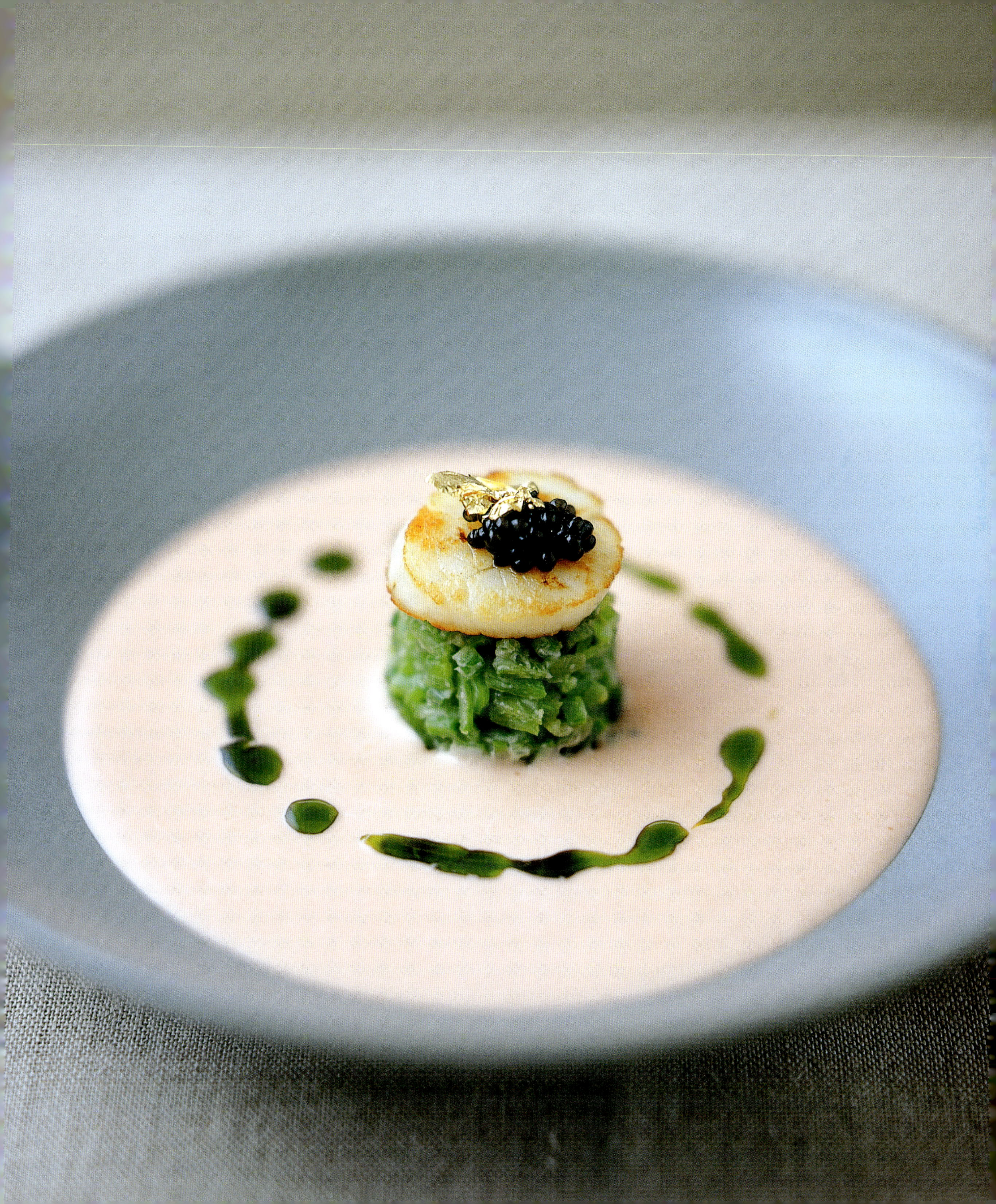

焼きいちじく
ゴートチーズとコリアンダーのサラダ添え

この料理はとても繊細で、材料もどこか控えめな感じがします。けれども、このいちじく料理は、驚くべきパンチ力があり、個性に溢れていて、軽い夕食の始まりには最高の一品です。

4人分

ゴートチーズのフィリングの材料

ゴートチーズ（クロタン・ド・シャヴィニョールなど）　小ぶりのもの2個
ローズマリーの小枝　1本
オリーブオイル　300ml
ダブルクリーム　100ml
黒いちじく　6個
細かくすりおろしたオレンジの皮　½個分
シーソルト

コリアンダーサラダの材料

にんじん　2本　皮をむいておく
スプリング・オニオン　2本
ラディッシュ　4個
コリアンダー・リーフ　25g
ワイルドルッコラ　50g
レモンの絞り汁　½個分
ビーツのシロップ（右側のレシピ参照）　50ml　仕上げ用

ゴートチーズのフィリングの作り方：チーズとローズマリーの枝をオリーブオイルに漬けて、少なくとも3時間そのままおく。ひと晩漬けておけばなおよい。チーズをオイルから取り出し、キッチンペーパー（ペーパータオル）で軽く押さえて水気を切る。さらにボウルに移して崩し、クリームを入れてかき混ぜる。ローズマリーとオリーブオイルはとっておくこと。

いちじくの焼き方：オーブンを200℃に温めておく。いちじくを縦半分に切り、シーソルトを少々とすりおろしたオレンジの皮を振りかけてから、チーズのフィリングを上にのせる。天板に先ほどのローズマリーを置き、いちじくものせる。チーズが溶けてうっすらと色づくまで、オーブンで6〜7分焼く。

オーブンに入れている間に、コリアンダーのサラダの準備をする。にんじん、スプリング・オニオン、ラディッシュを千切りにしてから、コリアンダー・リーフとルッコラと一緒に混ぜ合わせる。ここでは、ルッコラの葉は小ぶりのものを選び、にんじんとラディッシュはごく薄く切ることが大切。できあがったときに素材全体が目に入るので、サラダの材料はすべて同じ分量にしておくということを忘れずに。

仕上げ：レモンの絞り汁を先ほど取り分けておいたオリーブオイル少々とよくかき混ぜ、このドレッシングでサラダをあえる。皿ごとに半分のいちじくを3個ずつのせ、コリアンダーサラダを上に盛る。ビーツのシロップを、いちじくの上からかける。

ビーツのシロップ

ビーツの絞り汁　200ml
オリーブオイル　大さじ5杯

ビーツの絞り汁を5分の4程度まで煮つめる。冷ましたあと、オリーブオイルを混ぜて泡立てる。

かにのマヨネーズあえ
グラニースミス・ゼリー添え

酸味のあるグラニースミス種の青りんごのゼリーと、あっさりしたかにの身という組み合わせは、ごく軽めで上品な前菜で絶妙な働きをしてくれますので、春から初夏にかけての夜食にはぴったりです。

4人分

グラニースミス種の青りんご　4個
シロップ（185ページ参照）　大さじ3杯
辛口の白ワイン　小さじ4杯
レモンジュース　小さじ4杯
板ゼラチン　2枚
レモンの絞り汁　1/2個分
ミントの葉　8枚
かに（マツバガニなど）の身　165g　ほぐしてから、軟骨をすべて取り除く
生クリーム　大さじ2杯
マヨネーズ（183ページ参照）　大さじ2杯

つけ合わせのサラダの材料

オリーブオイル　100ml
エンダイブ　2つかみ分
マーシュレタス　1つかみ分
塩、挽きたてのこしょう

乾燥りんごの輪切りの作り方：オーブンを80℃に温めておく。りんご1個を円形のまま、12枚のごく薄切りにし、油を通さない紙（パラフィン紙）あるいはシリコン製のマットの上に並べる。バニラシロップと白ワイン、レモンジュースの半量を混ぜ、りんごの薄切りの上にはけで塗ってからオーブンに入れ、2時間もしくはりんごがカリカリになるまで乾燥させる。

グラニースミス・ゼリーの作り方：残りのりんごをジューサーにかけ、絞り汁を鍋に移す。ゼラチンを水でふやかしておく。りんごの絞り汁をとろ火で加熱し、ふやかしたゼラチンを加え、混ぜながら完全に溶かす。溶けたら、汁が固まるまで冷蔵庫で冷やす。

つけ合わせサラダの準備：残ったレモンジュースとオリーブオイルを混ぜ合わせ、塩とこしょうで味つけしてから、ドレッシングとしてエンダイブとマーシュレタスとをあえる。

仕上げ：かにの身、生クリーム、マヨネーズを混ぜ合わせる。ミントの葉を細切りにして、混ぜ合わせたものに加え、塩で味を調える。かにの身を皿4枚に盛り、めいめいに乾燥りんごの輪切りを1枚かぶせ、その上にドレッシングであえたサラダをのせる。さらに1枚りんごの輪切りをのせ、上からかにの身、さらにその上からサラダをのせたあと、最後にりんごの輪切りをのせる。グラニースミス・ゼリーを適当な大きさに切り、皿の周辺に盛りつける。

ジビエのサラダ
ワイルドマッシュルームとポートワインで煮詰めたエシャロットのソース

ジビエのシーズンになると、ザ・サヴォイで必ず人気ナンバーワンになるひと皿です。ジビエならばどんな種類の肉を使ってもよく、飽きることなどありえません。日替わりでさまざまなジビエが材料に選ばれることもあるでしょう。

4人分

鹿肉のロース　165g　薄膜はすべて取り除く
電子レンジで温めればできあがるやまうずらの調理済みパック　2羽分
オーブンで温めればできあがるコガモの調理済みパック　1羽分
ワイルドマッシュルーム（ジロール、ブラック・トランペット、シャントゥレル、
　セップなど）　あわせて165g
エシャロット　350g　皮をむいておく
オリーブオイル　125ml
にんにく　2片　つぶしておく
イタリアンパセリの葉　15g　洗って細切りにする
ポートワイン　150ml
レッドカラントのゼリー　大さじ2杯
塩、挽きたてのこしょう

ジビエの焼き方：オーブンを200℃に温める。塩とこしょうで鹿肉とやまうずら、コガモの味を調える。うずらとコガモを、ロースト用浅鍋に寝かせた状態で入れる。鹿肉も入れ、オーブンでピンク色になるまで焼く。鹿肉に8分、鳥肉に計12分——片足それぞれ4分、背部に4分——が目安。オーブンから出し、暖かい場所で10分間置く。鳥は骨を取り除き、ももの骨もはずして、冷めないようにしておく。

ワイルドマッシュルームの焼き方：きのこ類は洗い、大きさによっては半分に切る。沸かした湯をくぐらせて湯がき、水気を切る。エシャロット1個をみじん切りしてから、オリーブオイル小さじ4杯でやわらかく透き通るまで炒める。にんにくを加え、さらに炒める。きのこを入れて火を弱め、塩とこしょうで味を調えてから、最後に細切りにしたパセリを加える。

ポートワインで煮詰めたエシャロットソースの作り方：残りのエシャロットを、沸騰させた塩水でさっと2分ゆで、冷水につけてシャキッとさせ、水気を切る。残りのオリーブオイルをテフロン加工の浅いフライパンで熱し、エシャロットが重ならないように入れる。入れたエシャロットがすべてフライパンに触れて、鍋底が完全に隠れるようにすること。火を強くして、エシャロットがきつね色になるまで焼く。ポートワインとレッドカラントのゼリーを加えてから火を弱め、水分が減ってシロップ状になり、エシャロットがしんなりするまで火を通す。塩とこしょうを軽く振って、味つけをする。

仕上げ：エシャロットを皿に盛り分ける。鹿肉とうずら、コガモの胸肉を厚さ5mmに薄く切る。肉をエシャロットの上にのせ、上からワイルドマッシュルームを散らして、できあがり。

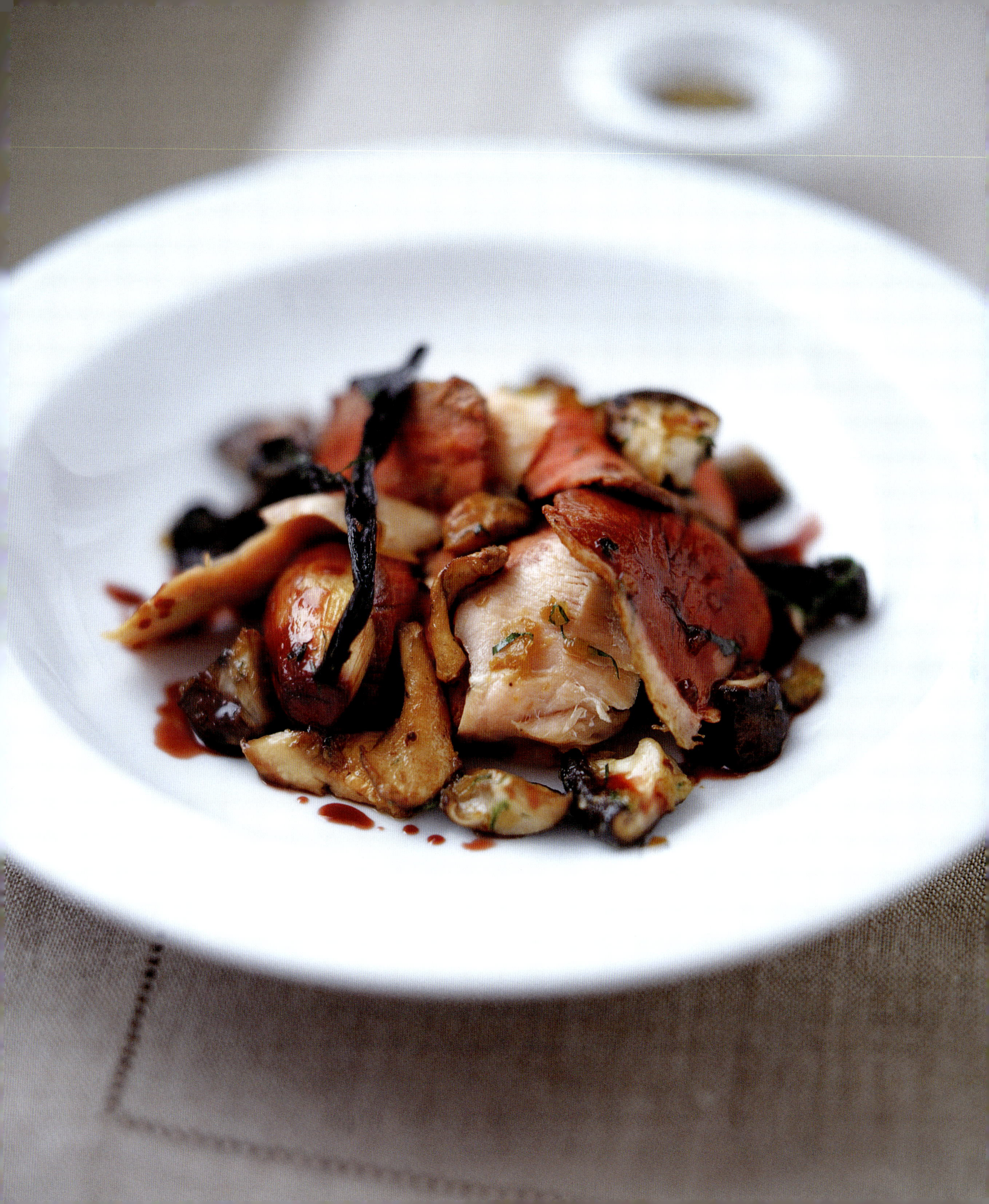

たらのスモークとイングリッシュマフィン
ポーチド・エッグのせ

ザ・サヴォイのレストランで創業時から「ハドック・モンテカルロ」と呼ばれて親しまれてきたメニューを、改良したものです。ザ・サヴォイで料理をお出ししている間は、絶対になくなることはないでしょう。すてきな昼食、または夕食の前菜にどうぞ。

4人分

パンチェッタの薄切り　4枚
ビネガー　100ml
有機卵　4個
牛乳　100ml
ハドック（たら）のスモーク　200g　切り身のもの。皮は取り除いておく
ダブルクリーム　200ml
リーキ　1本　余計な部分を切って洗い、外側の皮をむいておく
バター　25g
イングリッシュマフィン　2個　半分に切る
バジルの葉　15枚
作りたてのオランデーズソース（183ページ参照）　125ml
挽きたてのこしょう

つけ合わせの材料（お好みで）

オリーブオイル　100ml
レモンの絞り汁　½個分
サラダ用青野菜（エンダイブ、ルッコラ、サニーレタス、トレビスなど）　275g

パンチェッタをかりかりにする方法：オーブンを80℃に温めておく。ワックスペーパーを敷いたバットにパンチェッタを並べ、次に同じ大きさのバットを上からかぶせて、パンチェッタを押しつける。これを乾くまで3時間オーブンに入れておく。そのまま冷ましたら、密閉容器に保存する。

水400mlとビネガーを深めの鍋に入れて火にかけ、沸騰したらことこと煮立つ状態に火を弱める。塩を入れると卵白のプロテインが破壊され、ポーチド・エッグの形が崩れてしまうので、ここでは塩を入れないこと。

ポーチド・エッグの作り方：卵をカップに割り入れ、先ほどから煮立てている湯の中に滑らせるように入れる。卵1個ずつこの作業を繰り返すと、1つの鍋で同時に4つのポーチド・エッグを作ることができる。鍋が小さい場合は2回に分けて作ること。卵は3〜4分、黄身のまわりを包むように白身が固まるまで煮る。穴あきのレードルですくい上げ、氷水に入れて冷やす。

たらのスモークの調理法：牛乳に同量の水を加えて鍋に入れ、かき混ぜながら沸騰させる。たらのスモークを入れ、約4分ゆでる。火を止めてそのまま冷ましてから、水気を切って身をほぐす。

ダブルクリームを火にかけ、分量が半分になるまで煮詰める。リーキを縦に4つに切ってから、5mm角のさいの目に切る。バターを厚手の鍋で溶かし、リーキを入れて混ぜる。こしょうで味つけしてから、ふたをして約5分間、こまめにかき混ぜながら手早く火を通す。先ほどのたらのスモークとクリームを入れ、さらにこしょうで味をつける。鍋が冷めないようにする。

マフィンをこんがりと焼く。バジルの葉を細切りにして、温かいオランデーズソースに入れ、よく混ぜる。

オリーブオイルとレモンジュース、それに塩・こしょう少々を一緒に泡立て器で混ぜ、このドレッシングでサラダ用の青野菜をあえる。

仕上げ：ポーチド・エッグを沸かした塩水に入れ、およそ3分で温め直す（卵を固めるときと温め直すときは、ほぼ同じぐらいの時間がかかる）。穴あきのレードルですくって、ふきん（食器用ふきん）にのせて水分を取る。ハドックを混ぜたものを焼いたマフィンの上に分けてのせる。その上にポーチド・エッグをそれぞれ1個ずつのせ、オランデーズソースを上から少量かける。マフィンを皿に盛って青野菜のサラダで飾り、かりかりにしたパンチェッタのスライスをてっぺんにのせる。

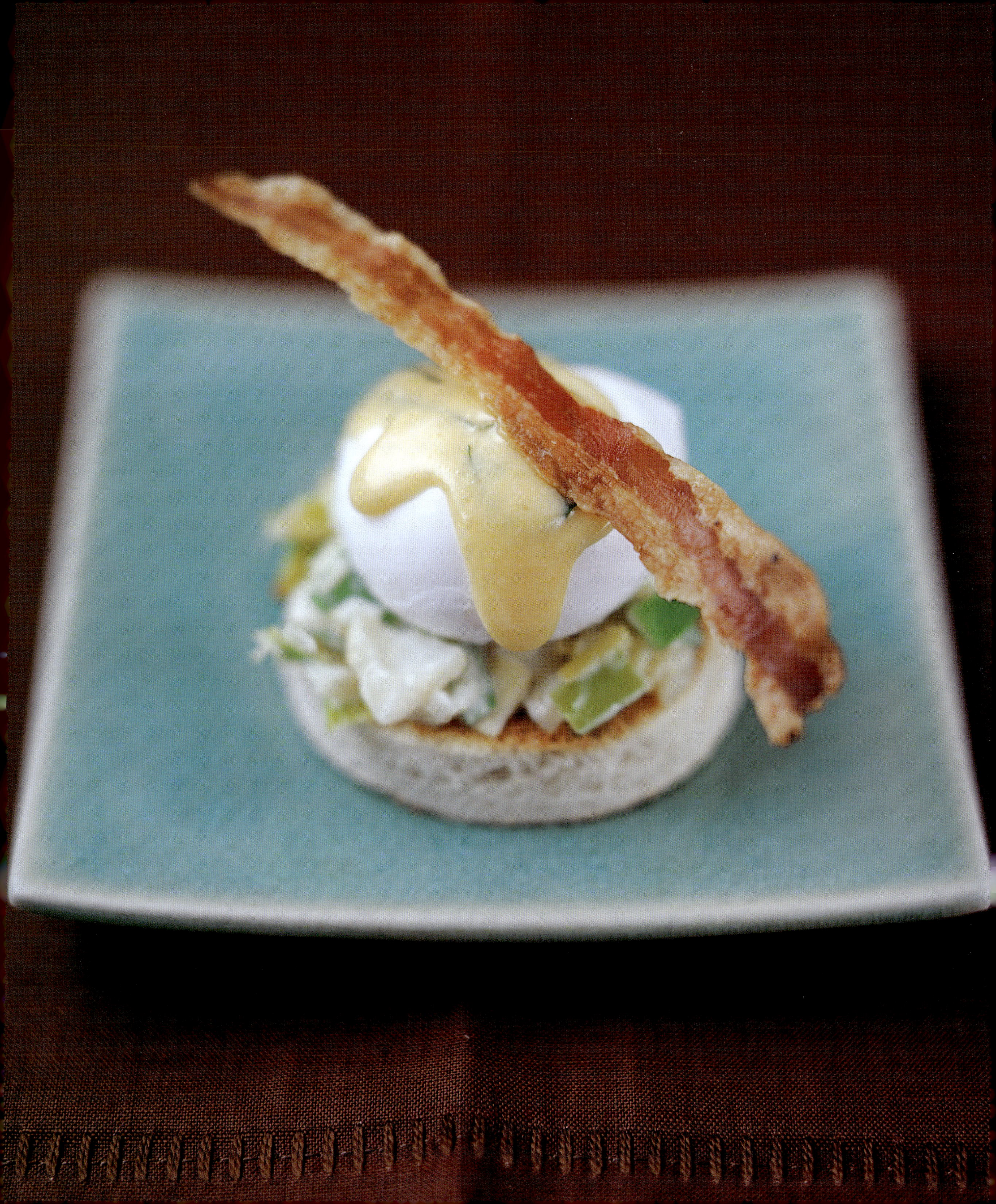

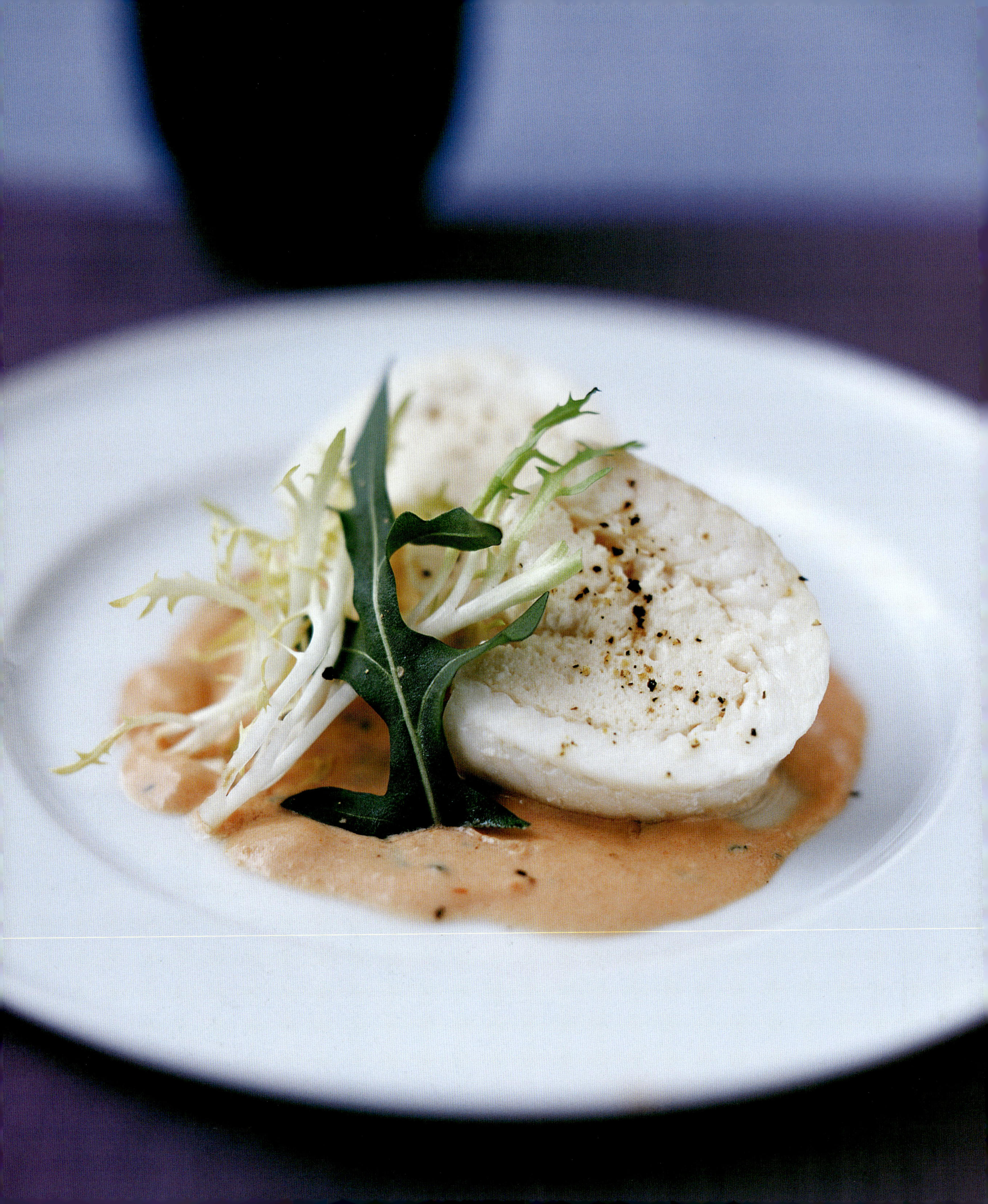

かれいのレモン・サラダ
タラゴンクリームソース添え

この愛すべき夏の前菜はザ・サヴォイの伝統に根ざしていますが、私が手を入れ、そのスタイルを変えてみました。この料理の鍵を握るのは、トマトとタラゴンソースの香味です。かれいは高級な親戚にあたる舌びらめよりも安価で手に入り、もっと肉薄なので、この冷たい料理にはよく合います。

4 人分

かれいの切り身　8枚　皮は取り除いておく
魚のムース　250g
エシャロット　1本　みじん切りにする
スターアニス　1個
タラゴンの葉　大さじ2杯　茎は別にとっておく
黒粒こしょう　小さじ½杯　砕いておく
白ワイン　100ml
フュメ・ド・ポワソン（180ページ参照）　300ml

ソースの材料

プラムトマト　3個　ざく切りにする
ダブルクリーム　300ml
塩、挽きたての黒こしょう

つけ合わせの材料

ルッコラとエンダイブ　それぞれ軽く1つかみ分
レモン・ドレッシング（182ページ参照）　大さじ3杯

オーブンを180℃に温めておく。かれいの切り身をキッチンペーパー（ペーパータオル）で拭き、塩とこしょうで下味をつける。魚のムースをスプーン1さじ分ずつ、それぞれの切り身の半分に広げてのせ、切り身を二つに折り曲げてムースを挟むようにする。

かれいの焼き方：耐熱性の深皿にバターを塗り、先ほどの切り身を入れる。エシャロットとスターアニス、別にとっておいたタラゴンの茎とつぶした粒こしょうを上から振りかける。さらにワインとブイヨンを注ぎ、アルミホイルでふたをする。オーブンに入れて8分焼き、取り出したらかれいの切り身を別の皿に移して、残った汁は別にとっておく。切り身をラップで包んでそのまま冷ますが、風味を損なうので冷蔵庫には入れないこと。

ソースの作り方：オーブンから出してとっておいた汁を鍋に入れ、トマトを加えて、スープの分量が¼までになるまで煮詰める。ダブルクリームをさらに加えて熱し、分量をさらに半分に煮詰める。塩とこしょうで味を調えてから、目の細かい漉し器にかけ、トマトをしっかり裏ごしして香りと色が出るようにする。タラゴンの葉を刻んでソースに加え、室温になるまで冷ます。

仕上げ：魚の切り身を2枚ずつ皿にのせ、少量のソースを上からかける。つけ合わせ用の青野菜をドレッシングであえ、切り身の上に小さな山を作るようにのせる。

地中海風野菜のベッドにのせた ワイルドマッシュルームと豆腐の シュトルーデル

ベジタリアンのかたも、そうでないかたも、一風変わったおいしいこのメニューをお楽しみいただけるでしょう。どんな野菜でもたいてい合い、手早く作ることができて、しかもメインディッシュにも前菜にも使えるという、この料理の応用の利くところは、私も大いに気に入っています。

4人分

シュトルーデルの材料

たまねぎ　1個　みじん切りにする
オリーブオイル　大さじ3杯
にんにく　2片　つぶしておく
リーキ　1/2本　外の皮をはがしてから5mmの長さに切り、水にさらしておく
ワイルドマッシュルームいろいろ（ジロール、シャントゥレル、セップ、シイタケ、ブラック・トランペットなど）　400g　形を整えてゆがいておく
パート・フィロもしくはパート・ブリック　8枚
卵　1個　軽く溶きほぐしておく
豆腐　200g
揚げ油
塩、挽きたてのこしょう

つけ合わせの材料

新じゃがいも　350g（なるべくジャージー・ロイヤル種）
挽いたクミン　小さじ1/2杯
酢漬けのしょうが　40g
地中海風野菜のラグー（187ページ参照）　350g
無塩バター　25g
チャイブ　大さじ2杯　小口切りにしておく
バジルオイル（182ページ参照）　大さじ4杯

じゃがいもの下ごしらえ：よくこすって洗い、クミンと一緒に塩水に入れて、やわらかくなるまでゆでる。水気を切ったあとも冷えないようにしておく。

ワイルドマッシュルームのフィリングの作り方：たまねぎをやわらかく透き通るまでオリーブオイルで炒め、つぶしたにんにくを加えてさらに少々炒める。リーキも入れて、しんなりしたところでマッシュルームを加え、さらに炒めてから、塩とこしょうで味をつける。そのまま冷めるまで置いておく。

シュトルーデルの作り方：パート・フィロもしくはパート・ブリックのシートをテーブルに敷き、溶き卵をはけで塗ってから、2枚目のシートを上にのせる。さらにその上に、マッシュルームのフィリングを幅2cm、長さ20cmでのせる。豆腐を2cm幅に切り、マッシュルームの上に敷く。溶き卵を全体に塗ってから、シートの端を折り、続いて筒状に巻く。この要領であと3本、シュトルーデルを作る。

たっぷりの揚げ油を電気フライヤーで160℃に熱しておく。シュトルーデルを一度に1本ずつ入れ、こんがりとしたきつね色になるまで揚げる。キッチンペーパー（ペーパータオル）の上に置いて油を切る。酢漬けのしょうがも揚げるので、揚げ油は160℃のままにしておく。

仕上げ：地中海風野菜のラグーを温め、4人分に分け、めいめいの皿の中央に盛る。1本につき3本の高さの違う筒が取れるようシュトルーデルを斜め切りし、地中海風野菜のラグーの脇に盛る。酢漬けのしょうがをさっと揚げる。

最後に、下ごしらえしたじゃがいも、バター、小口切りしたチャイブを合わせる。バジルオイルを地中海風野菜のラグーのまわりに少々ふりかけ、じゃがいもを野菜のまわりに並べ、揚げた酢漬けのしょうがを散らす。

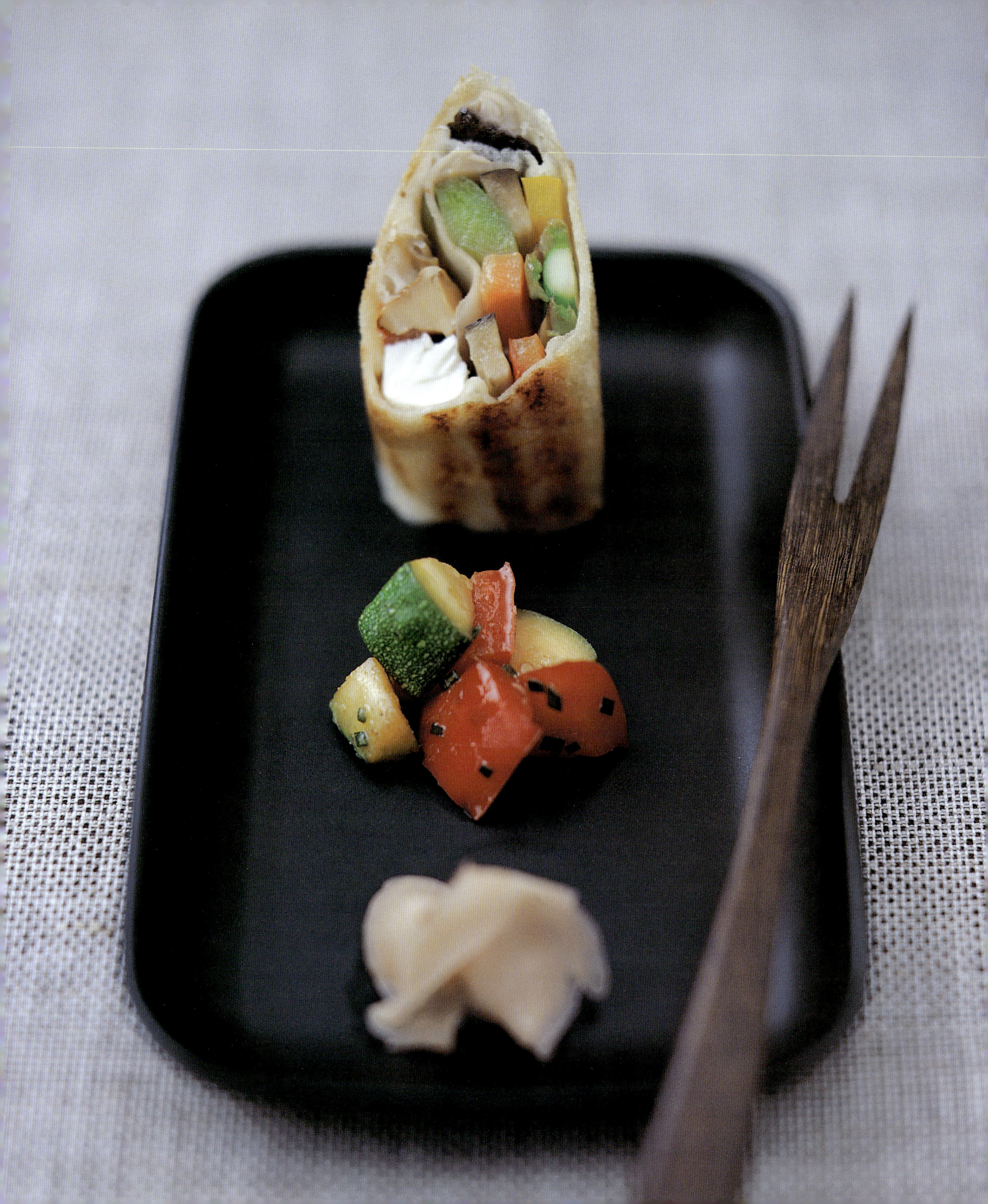

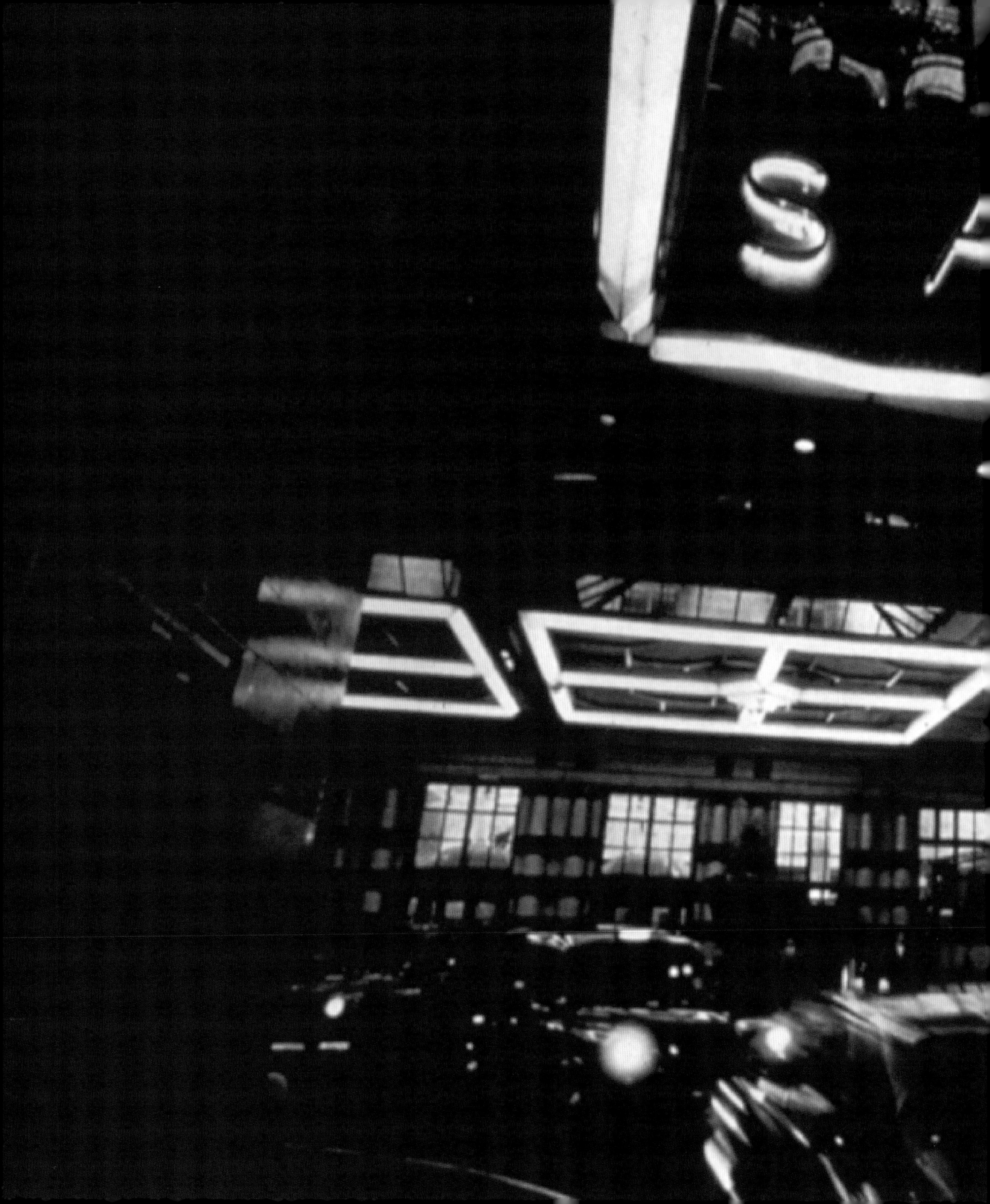

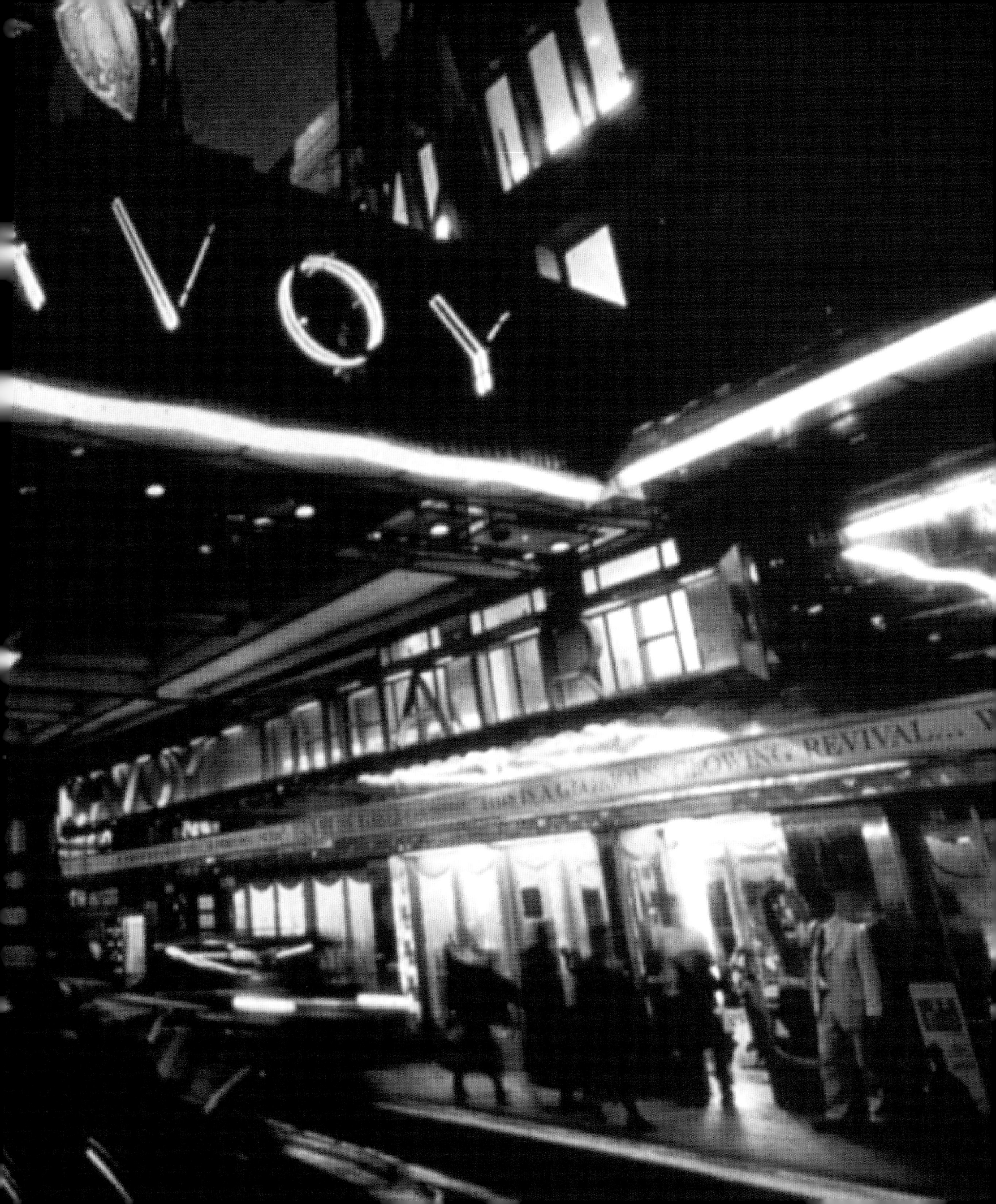
VOY
REVIVAL...

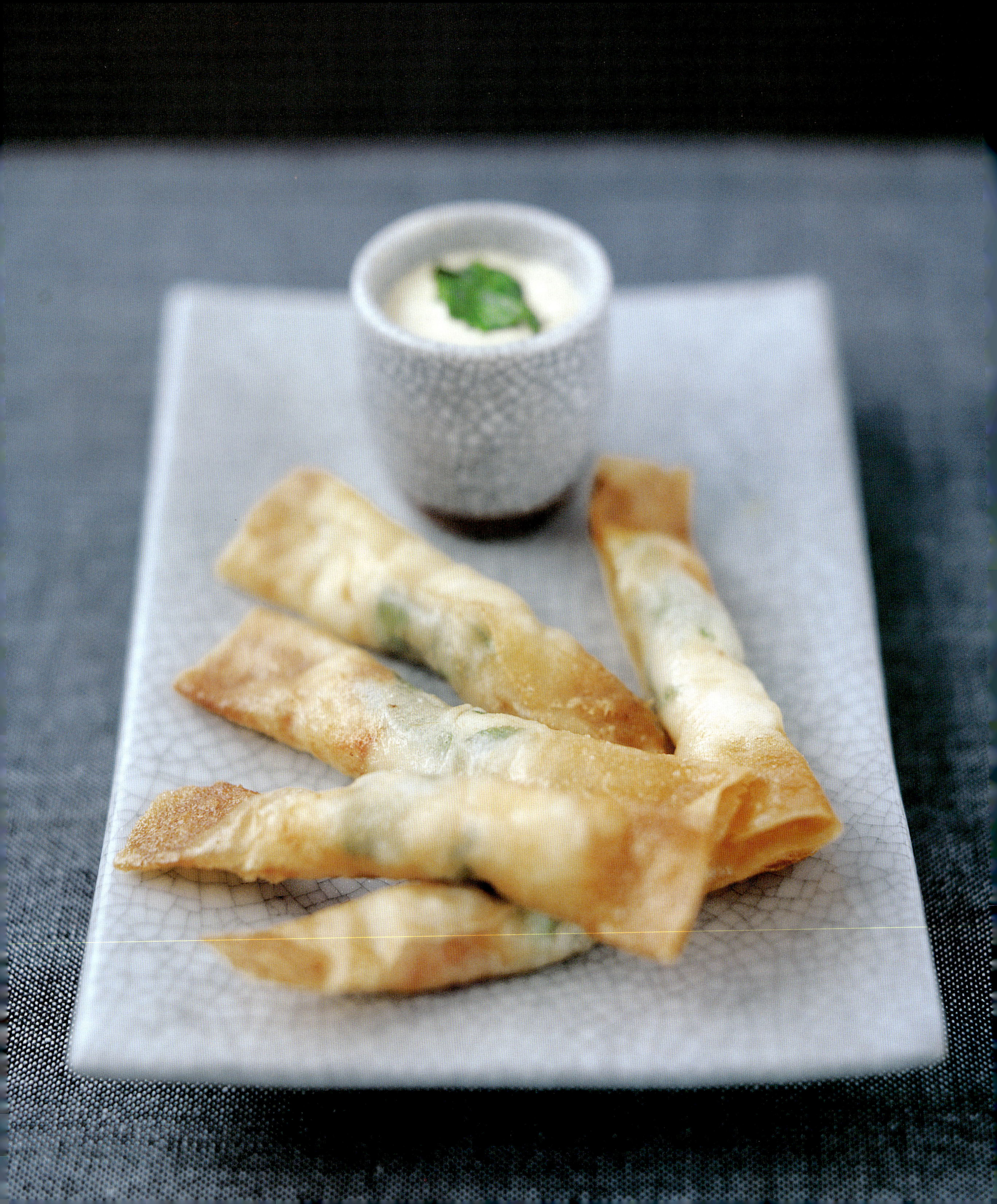

パジャマを着たラングスティーヌ
マンゴーソース添え

この一品が夜食のメニューにしばしば登場するので、私は、ラングスティーヌを包んでいるパート・フィロが、えびのパジャマなのかもしれないと想像してしまいました——どこかしら風変わりな名前が、とても楽しげだったからです。ペストリーのサクサク感が、甲殻類の繊細な舌ざわりと好対照です。ラングスティーヌの代わりに中型のえび（車えび、大正えび、ブラックタイガーなど）を使ってもよいでしょう。

4 人 分

生の殻つきラングスティーヌもしくは殻つきの中型のえび
　（車えび、大正えび、ブラックタイガーなど）　20尾
12cm四方のパート・フィロ　20枚
無塩バター　50g　溶かしておく
卵黄　1個　軽く溶きほぐしておく
サラダオイル　揚げ油として
シーソルト、挽きたてのこしょう

マンゴーソースの材料

完熟マンゴー　大きめのもの1個
固ゆでの卵黄　1個
マヨネーズ（183ページ参照）　大さじ4杯
千切りしたバジルの葉　小さじ2杯

まずマンゴーソースから作る。マンゴーの皮をむき、中心の平たい種（核）から果実を切り離す。果実は約100g必要。これをざく切りして、フードプロセッサーもしくはミキサーに入れ、固ゆでした卵の黄身とマヨネーズを加えて、なめらかになるまで回す。千切りしたバジルを入れて混ぜ、塩とこしょうを加えて味をみる。できあがったソースはそのままにしておく。

ラングスティーヌまたは中型のえび（車えび、大正えび、ブラックタイガーなど）の殻をむき、背中に細く切り込みを入れて、背わたを取り除く。えびを洗ってすすぎ、キッチンペーパー（ペーパータオル）で水気を拭いてから、シーソルトとこしょうで下味をつける。

ラングスティーヌへのパジャマの着せ方：パート・フィロを作業台（カウンター）に広げ、溶かしたバターをはけで塗る。中央にバジルの葉を1枚置き、その上にえびを1尾のせる。軽く溶いた卵黄をパート・フィロの縁に薄く塗る。えびと直角になるほうの二辺を折って、えびの上に重ねる。長い辺の一方を折りたたんでえびをおおい、残りの辺も一緒に押しつけて封をする。残りのえびも同じように包んで、封をする。

えびの調理法：電気フライヤーでサラダオイルを165〜175℃に熱する。油が熱くなったら、パジャマを着たラングスティーヌを一度に4尾ずつ入れる。3分間もしくはきつね色になってパリッとするまで揚げ、何度か裏返して均等に色づくようにする。揚げたあとは、キッチンペーパーで油を切る。

仕上げ：ラングスティーヌを皿の中央に盛り、揚げたバジルの葉を飾る。マンゴーソースは小さめのボウルに入れて、脇に添える。

自家製タリアテッレのフォアグラ添え

私見を述べさせていただくなら、このレシピは、たいていのパスタ料理に勝てるしろものです。パスタとフォアグラの風味が、それはそれは見事に溶け合っています。私は豆類を入れるのが好きですが、この料理にはほかの葉物の野菜でも合います。パリッとしたサラダは最高の相棒になるでしょう。

4人分

たまねぎ　½個　みじん切りにする
オリーブオイル　大さじ2杯
にんにく　2片　つぶしておく
砕いた黒粒こしょう　小さじ½杯
白ワインビネガー　50ml
辛口の白ワイン　100ml
ダブルクリーム　50ml
フォアグラの切れ端　40g
タリアテッレ（186ページのラビオリ生地の作り方を参照）　450g
1切れ50gのフォアグラの薄切り　4枚
若いエンドウ豆　80g
塩、シーソルト、挽きたての黒こしょう

ソースの作り方：やわらかく透き通るまでオリーブオイルでたまねぎを炒め、にんにくとつぶした粒こしょうを加えてさらに少々炒める。ワインビネガーを入れてから煮詰めて水分を飛ばし、さらに白ワインを加え、シロップ状になるまで煮詰める。クリームとフォアグラの切れ端を入れて、5分間そっと混ぜてから、目の細かい漉し器で漉し、塩とこしょうで味つけをする。

タリアテッレを手早く沸かした塩水でアルデンテになるまでゆで、冷たい水にさらしてから水気を切る。タリアテッレを鍋に入れ、先ほどのソースを加えて火を通し、調味料で味を調える。

フォアグラの薄切りにシーソルトとたっぷりの黒こしょうで下味をつける。テフロン加工のフライパン（スキレット）を熱し、フォアグラを入れてミディアムの状態になるまで焼き、両面に焦げ目をつける。フォアグラを鍋から取り出し、再び挽きたての黒こしょうで味をつける。

仕上げ：タリアテッレに豆を加え、調味料で味を調える。パスタを4枚の深皿に分けて盛り、上にフォアグラの薄切りをのせてできあがり。

アスパラガスと夏トリュフのサラダ マスカルポーネチーズ添え

ホワイト・アスパラガスとグリーン・アスパラガスの風味の違いと、舌触りの対照の妙を、私は気に入っています。イギリスでは伝統的にグリーン・アスパラガスが好まれますが、ホワイトのほうは現在簡単に手に入るにもかかわらず、あまり知られていません。みなさんの予想にまたも反して、夏トリュフは冬トリュフの間に合わせ品などではありません。夏トリュフと冬トリュフはまったくの別物で、繊細で上品な風味を持ち、野菜や魚と合わせるとすばらしい一品ができあがるのです。

4人分

ホワイト・アスパラガスの穂先　8本
砂糖　小さじ1杯
グリーン・アスパラガスの穂先　8本
チャイブ　4本　長めに切り、ゆがいておく
熟成した（舌にピリッとくるぐらいの）パルメザンチーズ　100g
オリーブオイル　小さじ4杯
マスカルポーネチーズ　50g
夏トリュフ　12g　薄切りにする
エンダイブ　1つかみ分　黄色い葉のみ使用し、形をそろえて洗い、水気を切っておく
ルッコラの葉　1つかみ分　洗って水気を切っておく
レモン・ドレッシング（182ページ参照）　大さじ3杯
バジルオイル（182ページ参照）　大さじ2½杯
濃厚な熟成バルサミコ酢　大さじ2杯
塩、挽きたてのこしょう

ホワイト・アスパラガスの外皮を、じゅうぶんに注意しながら穂先までむく。茎の部分の下から1〜2cmのところを折り、芯が棒のように固いかどうかを確かめる。固ければまた少し折って短くする。

ホワイト・アスパラガスをひとつに束ね、沸騰した塩水でゆで、砂糖を少々加えてしんなりさせる。氷水に放してから水気を切る。

グリーン・アスパラガスの外皮を茎の半分あたりまでむく。ひとつに束ね、沸騰した塩水でアルデンテの状態までゆでる。氷水に放してシャキッとさせてから、水気を切る。

両方のアスパラガスの筋を取る。白と緑のアスパラガスを合わせてから4本の束を作り、それぞれをゆがいたチャイブで縛る。ピーラーでパルメザンチーズを薄く削ったものを12〜14枚作り、残りはすりおろす。

オリーブオイルを底の広い鍋で熱する。アスパラガスの束を入れ、塩とこしょうで味を調えた後、すりおろしたパルメザンチーズを少量入れる。そっとかき混ぜ、粗熱が取れるまで冷ます。

アスパラガスの束を皿に盛る。ティースプーン2本でマスカルポーネチーズの小さなクネル（楕円形の団子）を作り、ひと皿に1個ずつのせる。夏トリュフの薄切りを3〜4枚、横に盛る。

サラダ用の葉をレモン・ドレッシング少量でトスし、アスパラガスのそばに盛る。その上にパルメザンチーズを削ったものをのせる。バジルオイルとバルサミコ酢を合わせ、アスパラガスの上からかける。

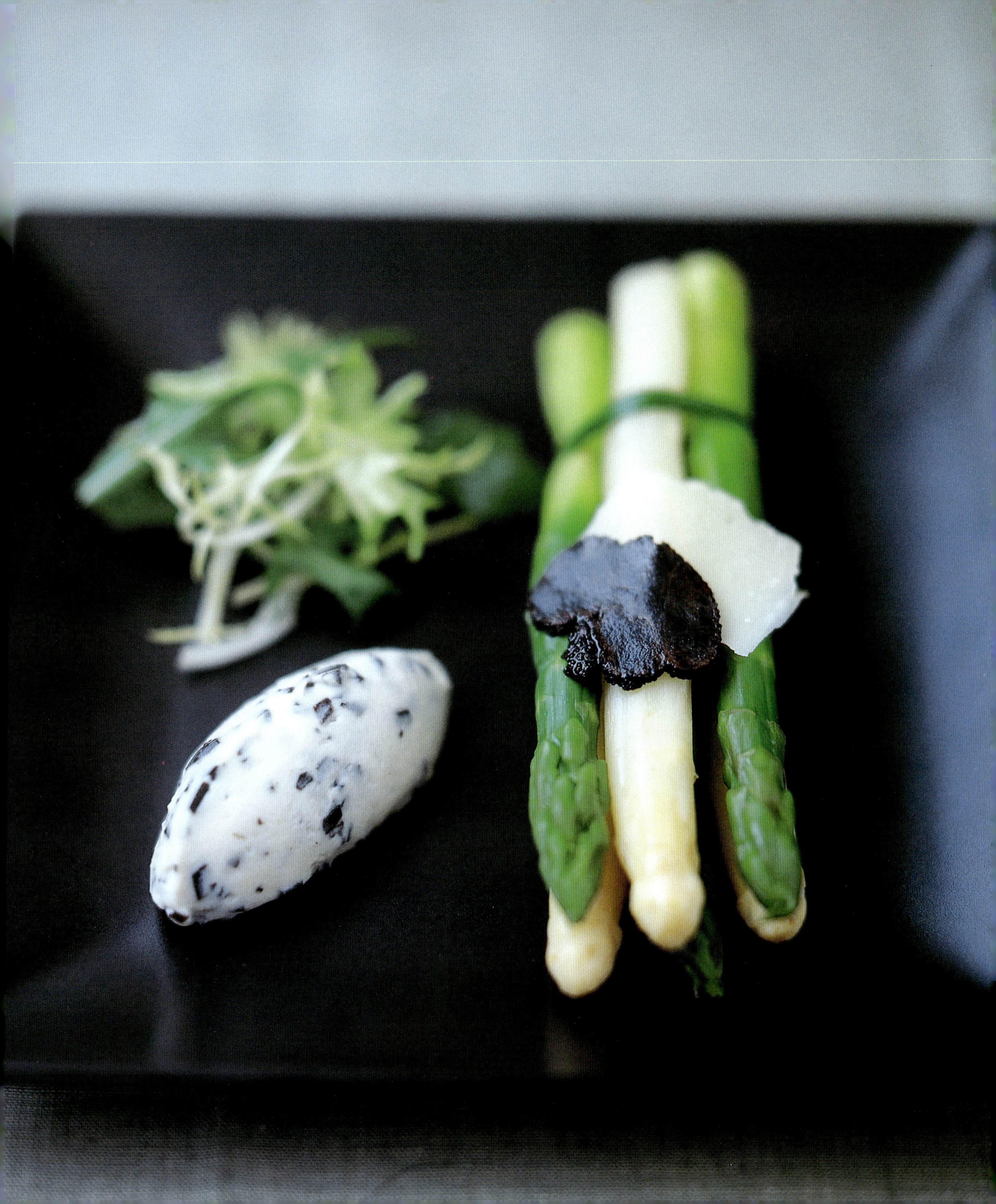

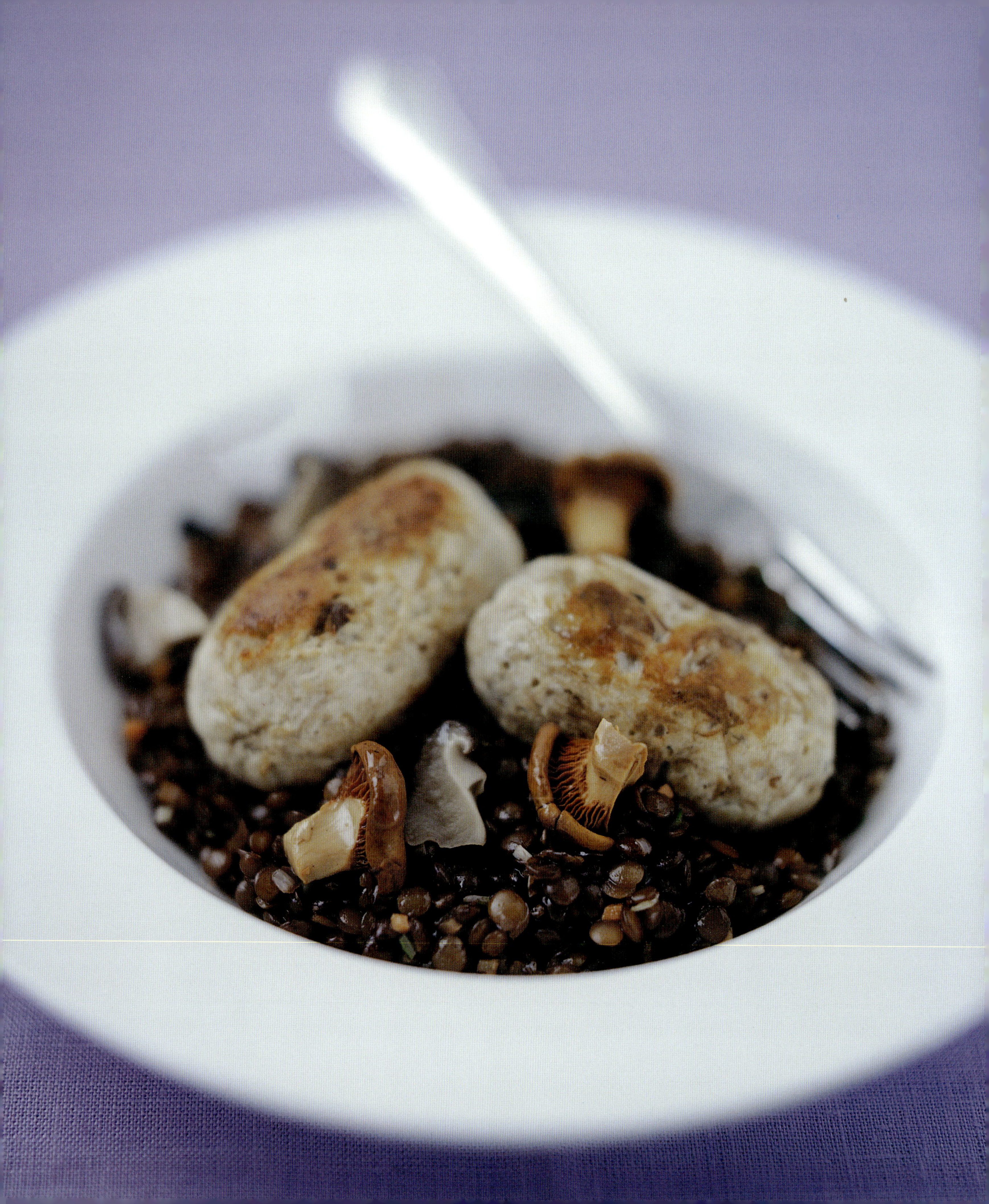

レンズ豆の煮込みにのせた
鴨とワイルドマッシュルーム入りハーブ・ソーセージ　ローズマリー・マッシュ添え

イギリス人にとってソーセージが大好物であるのは、間違いありません。ここザ・サヴォイでは、古くからの人気者であるソーセージをアレンジしたメニューをさまざまに考えてきた結果、今ではレシピの数が数え切れないほどです。

4人分

レンズ豆の煮込みの材料

レンティル・ド・ピュイ（ピュイ地方産レンズ豆）　200g
たまねぎ　小ぶりのもの1個　みじん切りにする
油　小さじ4杯
にんにく　2片　つぶしておく
にんじん　小ぶりのもの½本　小さくさいの目に切る
リーキ　¼本　白い部分のみ使用、洗って小さくさいの目に切る
トマトピュレ（ペースト）　大さじ1杯
シェリービネガー　50ml
ポートワイン　100ml
チキン・ブイヨン（180ページ参照）　400ml

ソーセージの材料

鴨のもも肉　4本　骨と皮を取り除いたもの
卵白　1個分
ダブルクリーム　300ml
鴨の脚のコンフィ（116ページ参照）　2本
　骨と皮を取り除いたものをさいの目に切る
塩、挽きたてのこしょう

つけ合わせの材料

油　大さじ2杯
無塩バター　50g
ワイルドマッシュルーム（シャントゥレル、ジロール、ブラック・トランペット、
　セップ、あるいはそれらを取り合わせたもの）　100g
　形を整え、洗ってからゆがいておく
イタリアンパセリ　大さじ2杯　洗って細切りにする
ローズマリー・マッシュ（右側のレシピを参照）　350g

レンズ豆は冷水に30分つけてからすすぎ、水を替えて再び浸しておく。

ソーセージの作り方：鴨のもも肉を、肉挽き機の極細挽プレートで挽く（すりつぶす）か、もしくはなめらかなペースト状になるまでフードプロセッサーにかけ、円筒型のシノワ（漉し器）で擦るように裏ごししながらボウルに移す。ボウルを氷につけ、卵白を加えながら混ぜる。クリームも少しずつ加え、鴨の脚のコンフィも入れて一緒にかき混ぜる。混ぜ合わせたものをソーセージ用ケーシング8本に押し込み、1本に結んで、沸騰した湯に入れ、15分煮る。湯からそっと取り出して、氷水に放す。ソーセージが冷めたら、皮をはぐ。

レンズ豆の煮込みの作り方：鍋に油をひき、みじん切りしたたまねぎをやわらかく透き通るまで炒める。にんにくを加えて、さらに少々炒める。この中から大さじ1杯分をすくい、取り分けておく。

さいの目に切ったにんじんとリーキを鍋に加え、トマトピュレ（ペースト）も入れて、かき混ぜながら3〜4分間煮てカラメル状にする。レンズ豆の水気を切って鍋に加え、ビネガーも入れ、煮つめながらアルコール分を飛ばす。ポートワインとチキン・ブイヨンも加えて、塩とこしょうで軽く味つけし、ごく弱火でレンズ豆がやわらかくなるまで煮込む。豆が乾かないように気をつけ、必要ならブイヨンを足す。レンズ豆が煮上がったら、調味料で味を調える。

仕上げ：ソーセージを油と少量のバターで、全体がきつね色になるまで炒める。ソーセージを炒め終わって取り出したら、残りのバターを鍋に入れ、ワイルドマッシュルームと、取っておいたたまねぎとにんにくを炒めたものを加える。全体に火を通し、塩とこしょうで味つけして、さらに細切りしたイタリアンパセリを加える。

レンズ豆をすくって皿に盛り、上にソーセージをのせて、ワイルドマッシュルームで飾る。脇にローズマリー・マッシュを添えて出す。

ローズマリー・マッシュ

約600g分

オリーブオイル　200ml
ローズマリー　25g
じゃがいも（マリス・パイパー種など）　600g
　皮をむき、同じ大きさになるように切る
にんにく　6片　皮をむいておく
温めた牛乳　大さじ2杯
ダブルクリーム　50ml
塩、挽きたてのこしょう

油とローズマリーを約30分ごく弱火で熱し、目の細かい漉し器で油を漉す。

鍋にじゃがいもを入れてひたひたになるまで水を加え、にんにくと塩を加えて、約20分間煮込んでじゃがいもをやわらかくする。

水気をよく切ってから、じゃがいもとにんにくを鍋に戻し、弱火で5分熱して水分を飛ばす。これを目の細かい漉し器もしくはポテトライサーにかけ、つぶしたものに先ほどのローズマリーと牛乳、クリームを徐々に加えていき、よく混ぜ合わせる。最後に塩とこしょうで味を調える。

オムレツ
アーノルド・ベネット仕立て

偉大なる作家アーノルド・ベネットは、1929年に数カ月間ザ・サヴォイに滞在し、ザ・サヴォイ・グループの舞台裏の仕事ぶりをリサーチしました。このときの調査をもとに書き上げたのが、1930年発表の小説『インペリアル・パレス』です。このオムレツは、ベネット氏のために作られました。あまりに喜んだ彼は、自分が旅行するさきざきで、シェフに必ずこの料理を作るよう命じたのです。おかげで今では世界的な人気メニューとなりました。ザ・サヴォイでは、いつもスコットランド産の上品なフィナン・ハドックを使ってこの料理を作りますが、手に入らなければ無着色のたらの燻製を使用してください。

オムレツ4個分

フィナン・ハドックの切り身　300g　皮は取り除いておく
牛乳　300ml
卵　12個
無塩バター　40g
ベシャメルソース（183ページ参照）　300ml
オランデーズソース（183ページ参照）　大さじ5杯
ダブルクリーム　大さじ3杯　軽く泡立てておく
おろしたパルメザン・チーズ　大さじ1½杯
塩、挽きたてのこしょう

グリル（ブロイラー）を高温に熱しておく。牛乳と同量の水を沸騰寸前まで沸かして、フィナン・ハドックを約3分ゆでる。鍋から魚を取り出し、水気を切って、フレークにする。

卵を軽く泡立て、フィナン・ハドックの半量を加えて、塩とこしょうで味を調える。

直径20cmのオムレツ用フライパンを熱し、無塩バターの4分の1の量を入れて、フライパンを回しバターが全体に行き渡るようにする。卵と魚を混ぜ合わせたものの¼を入れて、フォークもしくはへらでかき混ぜながら手早く加熱し、卵が少し固まる状態にする。フライパンから滑らせるようにして、オムレツを皿に移す。

ベシャメルソースとオランデーズソースを手早く混ぜ合わせる。残りのフィナン・ハドックのフレークを加えて、さらに泡立てたクリームをそっと切るように混ぜ合わせる。このソースの4分の1の量を、先ほどのオムレツを完全におおうようにかける。パルメザンチーズの4分の1を散らしてから、熱しておいたグリルの下に置いて、軽く焼き色がつくまで焼き、照りをつける。残り3個のオムレツも同様に作り、作りたてをお出しする。

ほたて貝とトマトとパセリのリングイネ

まさにイタリアの伝統的パスタ料理といえるこのメニューに、うんざりしたことは一度もありません。ほたてはわたも使い、唐辛子やイタリアンパセリと組み合わせるという調理法は、不思議な魅力を持つ、とても珍しいもので、すばらしい前菜にもなれば、パリッとしたサラダを添え、軽めのメインコースにすることもできます。高級デリカテッセンに行けば、おいしい生パスタが見つかるでしょう。

4人分

エシャロット　2本　みじん切りにする
オリーブオイル　200ml
にんにく　1片　みじん切りにする
生の唐辛子　½本　種を取り、刻んでおく
辛口の白ワイン　300ml
いか墨のリングイネ　600g
ほたて貝のわたの部分　2個　小さくさいの目に切る
プラムトマト　2個　皮をむき、種を取り、さいの目に切る
イタリアンパセリ　軽く1つかみ分　葉をむしり、洗ってから千切りにする
ほたて貝柱　2個　水平に半分に切る
塩、挽きたてのこしょう

エシャロットをオリーブオイル大さじ2杯で透き通るまで炒め、にんにくと唐辛子を加えて、さらに少々炒める。白ワインを入れて、分量が⅔になるまで煮詰める。

塩を入れた水を手早く鍋で沸かし、リングイネを入れてアルデンテになるまでゆで、水気を切って冷水にさらす。

残りのオリーブオイルのうち大さじ2杯を鍋で熱し、さいの目に切ったほたて貝のわたを入れて、30秒間炒める。そこにリングイネと炒めたエシャロット、プラムトマトを加えて、塩とこしょうで味つけする。千切りしたパセリと、残りのオリーブオイルのうち半量を入れてかき混ぜる。

半分に切った貝柱に、塩とこしょうで下味をつける。残りのオリーブオイルをテフロン加工のフライパンで熱し、貝柱を片側約15秒ずつ手早く焼く。温めておいたスープ皿4枚にリングイネを盛りつけ、上から貝柱をのせる。

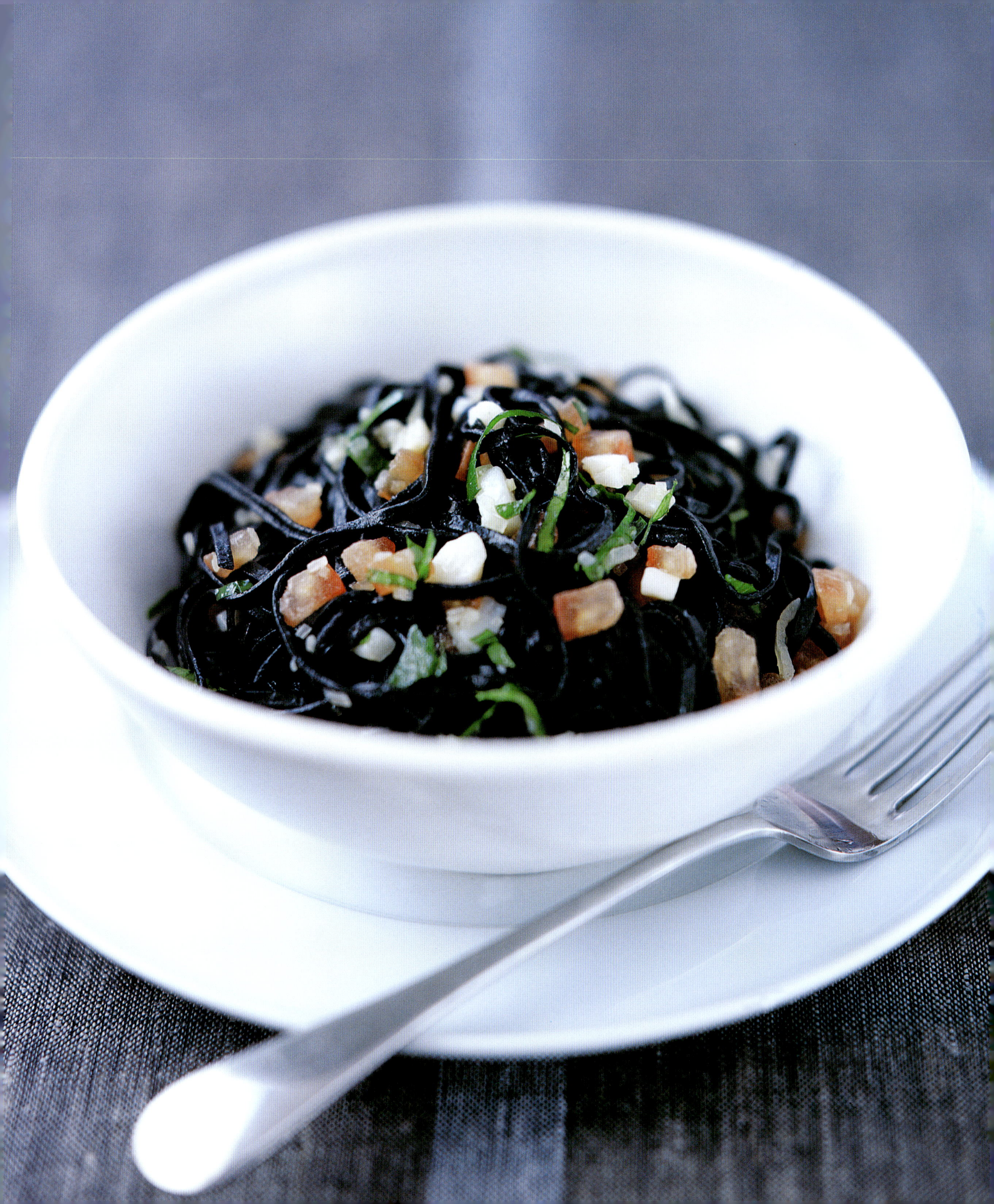

全粒粉ピタパンで作る
魔法のお手軽ピッツァ

この軽食は手早く作れて応用がききます。私の子どもたちが幼かったころ、このメニューは母親にとっても一番人気でした。ほとんど手間がかからなかったからです。ホテルのルームサービスのメニューにも取り上げられましたし、芝居がはねたあと、家路につく前にアップステアーズ・レストランで簡単に何かおなかに入れておきたいお客様にも人気があります。ソースベースはあらかじめ作っておいて、冷蔵庫で4〜5日保存することができます。

4 人 分

たまねぎ　1個　ざく切りにする
オリーブオイル　大さじ3杯
にんにく　2片　つぶしておく
トマトピュレ（ペースト）　大さじ½杯
缶詰のダイストマト　400g　水気を切っておく
チキン・ブイヨン（180ページ参照）　100ml
乾燥オレガノ　小さじ½杯
塩、挽きたてのこしょう

モッツァレッラチーズ　1個　水牛乳製のものが望ましい
チョリソーソーセージ　½本
トマト　大きめのもの1個
全粒粉のピタパン　4個
生バジルの葉　15g

ソースベースの作り方：たまねぎをオリーブオイルで透き通るまで炒め、にんにくを加えてさらに炒める。トマトピュレ（ペースト）も加えて2〜3分加熱し、カラメル状にする。さらにトマト、チキン・ブイヨン、オレガノも入れ、ペースト状になるまでことこと煮る。塩とこしょうで味を調えてから、使うときまでそのまま冷ます。

ピッツァの作り方：オーブンを200℃に温めておく。モッツァレッラチーズ、チョリソー、トマトを薄く切る。4枚のピタパンの上にソースベースをたっぷりかけて広げ、モッツァレッラチーズとチョリソー、薄切りしたトマトをのせる。ピッツァを天板にのせ、オーブンで15分焼く。焼きあがる2〜3分前にバジルの葉をピッツァに振りかけること。熱がバジルの風味と香りを引き出してくれる。

うなぎ稚魚のスモーク
ホースラディッシュクリーム風味の
ポテトサラダ　ビーツ添え

うなぎの稚魚はとても繊細な食材ですが、そのよさがわかり、珍味としてひと口味わってくださるのは、悲しいことにほんの一部の方々だけです。このサラダでは、ビーツとじゃがいも、ホースラディッシュの取り合わせが絶妙です。うなぎの稚魚の切り身が手に入らない場合には、同量の成魚のうなぎを切り身で、もしくはスモークドサーモンを代わりに使ってもよいでしょう。

4 人 分

生のビーツ　3〜4本
新じゃがいも　200g
オリーブオイル　大さじ1杯
挽いたクミン　小さじ1杯
マヨネーズ（183ページ参照）　大さじ2杯
生クリーム　大さじ4杯
小口切りしたチャイブ　大さじ3杯
おろしたてのホースラディッシュ　大さじ4杯
うなぎ稚魚のスモーク　4枚　切り身のもの
オシェトラ種キャビア　小さじ1杯　（お好みで）
レモン・ドレッシング（182ページ参照）　大さじ3杯
ビーツのシロップ（138ページ参照）　小さじ2杯
塩、挽きたてのこしょう

まずはじめに、ビーツとじゃがいもの下ごしらえをする。オーブンを200℃に温め、ビーツをアルミホイルで包んでオリーブオイルを数滴たらし、オーブンで50分、またはビーツがしんなりするまで焼く。

その間に、新じゃがいもがやわらかくなるまでクミンと一緒に塩ゆでする。水気を切り、熱いうちにじゃがいもの皮をむいて半分に切る。焼いたビーツをホイルから出し、皮をむき、じゃがいもとだいたい同じ大きさになるよう三角形に切る。そのまま冷ましておく。

ポテトサラダの作り方：さきほどのじゃがいもをマヨネーズと生クリームであえ、チャイブを加えて、塩とこしょうで味つけをする。最後にホースラディッシュを入れて混ぜる。

仕上げ：ポテトサラダを、めいめいの皿の中央にこんもりと盛る。うなぎの稚魚の切り身を20枚程度に切り分け、ポテトサラダの上に5枚づつのせる。お好みでその上にキャビア少々をのせても可。ビーツをレモン・ドレッシングであえ、皿の周囲に飾る。ビーツのシロップをふりかける。

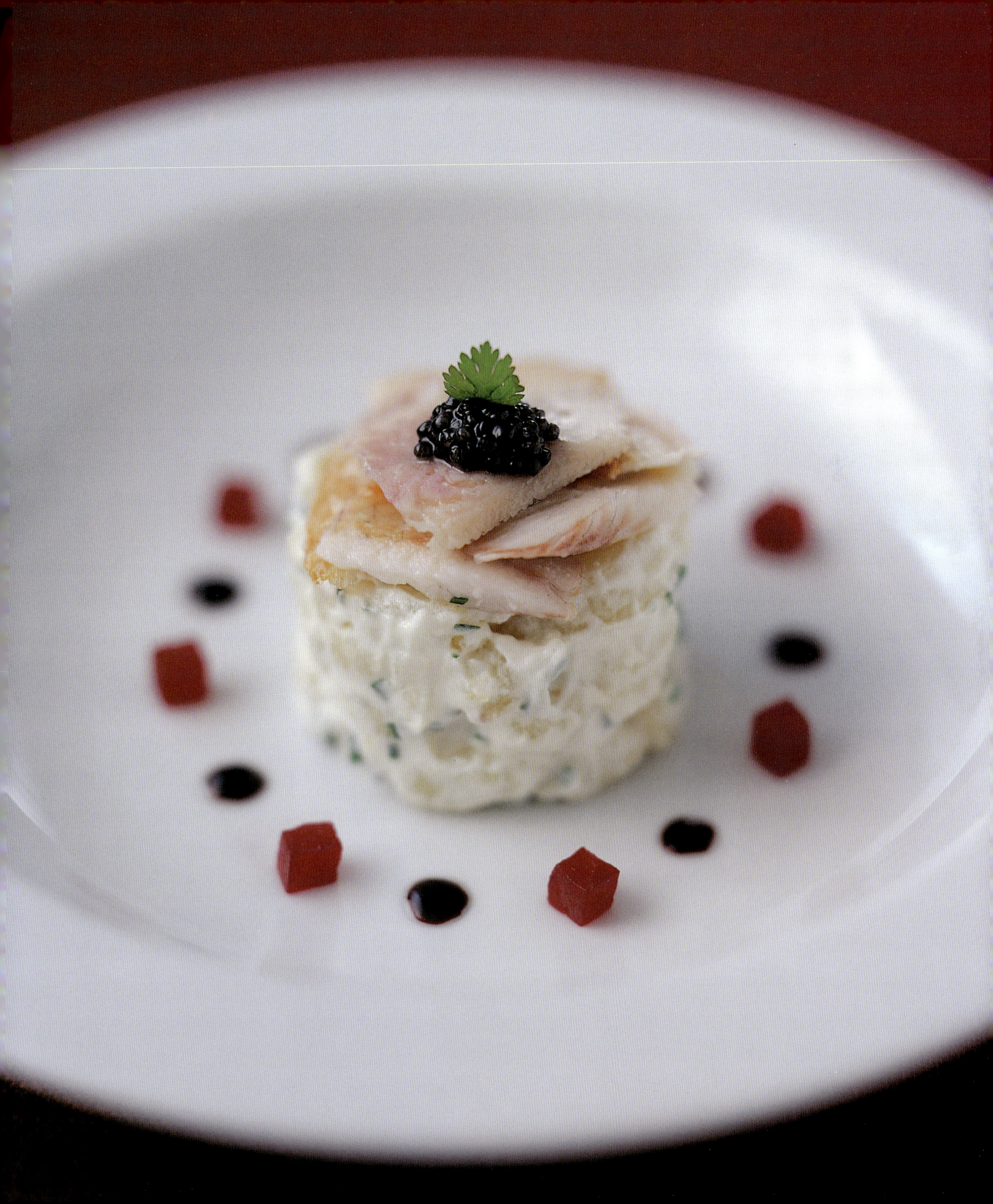

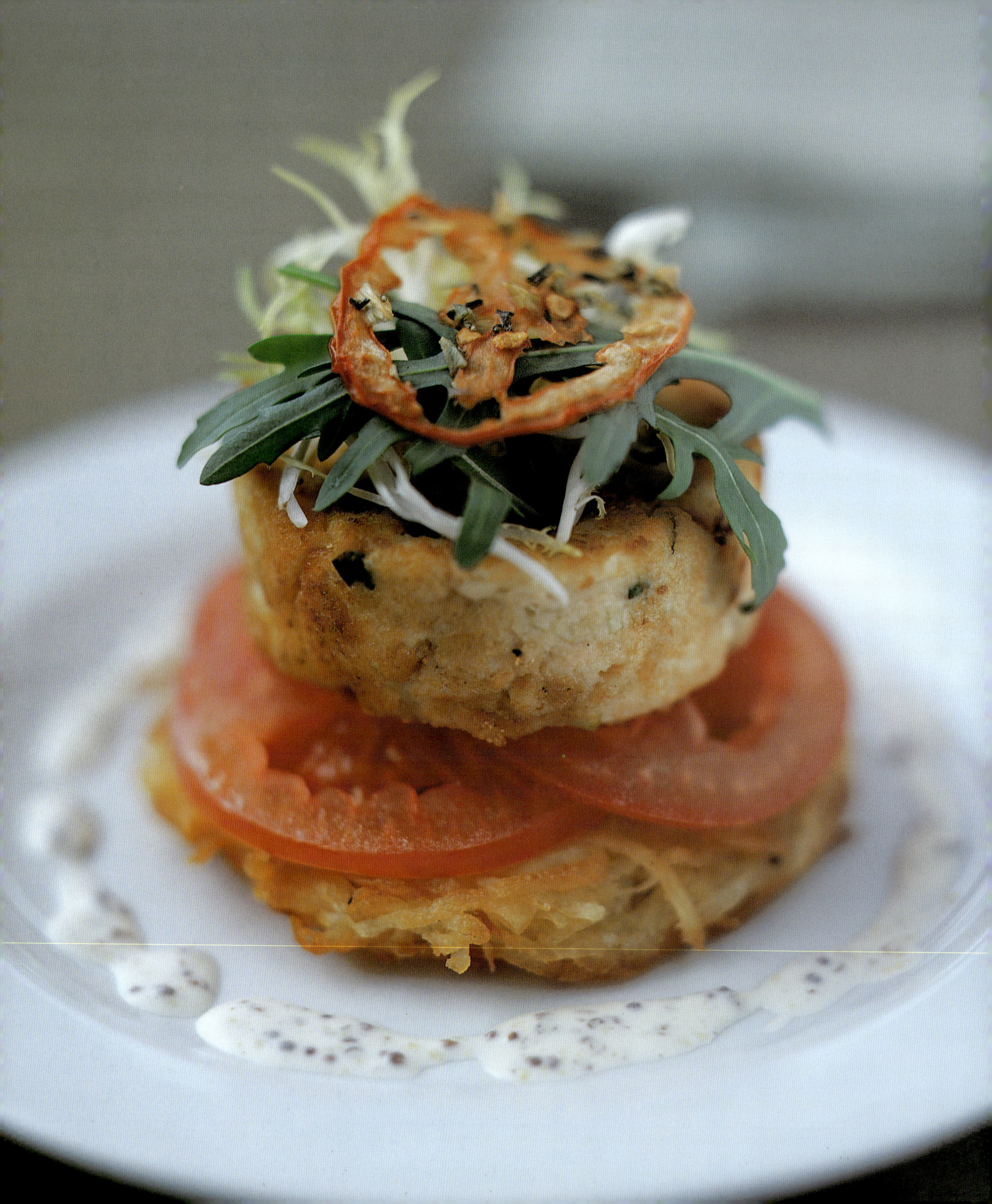

サヴォイ風フィッシュケーキ
トマトのロスティ添え

フィッシュケーキは、ほとんどの人たちのお気に入りのようです。これまで20年、私たちは実にさまざまなレシピやつけ合わせを生み出してきましたが、こうしたすばらしいフィッシュケーキには、これからもこだわりつづけていくつもりです。なにしろ、非の打ちどころのないライトミールになってくれるのですから。フィッシュケーキは、ほんの少量のマヨネーズとパン粉とがつなぎになっていて、とてもあっさりとして食べやすいひと品です。お客様に大変人気があるため、ホテルでは夜食と昼食の両方のメニューにのせているほどです。

4人分

さけの切り身　100g　皮を取り除いて、小骨ははずしておく
きすの切り身　100g　皮を取り除いて、小骨ははずしておく
たらの切り身　100g　皮を取り除いて、小骨ははずしておく
ガーキン（ピクルス用の小型のきゅうり）　25g　ざく切りにする
みじん切りしたスプリング・オニオン　25g
生の赤唐辛子　1/2本　種を取り、みじん切りにする
マヨネーズ（183ページ参照）　大さじ3杯
刻んだ生しょうが　小さじ1杯
生白パン粉　80g
塩、挽きたてのこしょう

トマトのロスティの材料

じゃがいも（マリス・パイパー種）　400g　皮つきのもの
枝つきのトマト　3個
油　大さじ2杯

つけ合わせの材料

ルッコラとエンダイブの葉　各1つかみ分
レモン・ドレッシング（182ページ参照）　大さじ2杯
ドライトマトの輪切り　4枚
白ワインソース（184ページ参照）　200ml
全粒マスタード　小さじ1/2杯
刻んだイタリアンパセリ　小さじ1杯

フィッシュケーキの作り方：蒸し器を用意し、魚をすべて入れて約3分蒸す。ラップで包んで、手早く冷ます。

魚をフレーク状にして、ガーキン、スプリング・オニオン、唐辛子、マヨネーズ、しょうが、分量の3分の1のパン粉と一緒に混ぜ合わせる。塩とこしょうで味を調える。残りのパン粉を皿に入れ、魚の混ぜ合わせたものをその中に置き、パレットナイフで、高さ4cm直径6cm程度（1個あたり100gほど）の筒状のものを4つ作る。筒の周りをパン粉でじゅうぶんおおわれるようにすること。冷蔵庫に30分入れて固める。

トマトのロスティの作り方：じゃがいもをよく洗って、半煮えになるまで約15分ふかす。皮をむき、冷ましてからつぶす。塩・こしょうを加えてよく混ぜ合わせる。

枝つきのトマトを薄切りする。10cmのロスティ用浅鍋（フライパン）4つに薄く油をひき、薄切りしたトマトの端の部分を分けて入れる。あるいは、薄く油を入れた大きめのフライパン（スキレット）に10cm幅のペストリー（クッキー）の抜き型を4つ並べる。つぶしたじゃがいもを詰め、カリカリになるまで高温で揚げ、さらに裏返して反対側も揚げる。

フィッシュケーキの作り方：オーブンを220℃に熱しておく。少量の油をテフロン加工のフライパンで熱し、固めておいたフィッシュケーキの両面をきつね色になるまで焼く。フライパンをオーブンに移して約6分間焼き、フィッシュケーキの中まで火を通す。

仕上げ：薄切りした枝つきのトマトを1枚ずつ皿にのせ、上にロスティを置き、さらにその上にフィッシュケーキをのせる。ルッコラをレモン・ドレッシングであえてから、フィッシュケーキの上に置き、乾燥トマトの輪切りをその上に飾る。

白ワインソースを温め、マスタードと細切りしたパセリを加えて、できあがったものをフィッシュケーキの周りにかけて飾る。

サヴォイ風ハンバーガー
目玉焼きとトマト・レリッシュ添え

大人気の夜食メニューです。目玉焼きを添えても、目玉焼きなしでもおいしく召し上がれます。

4人分

ハンバーガーの材料

みじん切りしたたまねぎ　100g
オリーブオイル　大さじ4杯
にんにく　4片　つぶしておく
小さなロールパン　2個　薄くスライスして牛乳にひたしておく。
牛ランプ肉　400g　脂肪を取り除き、角切りにしておく
豚肩肉　200g　角切りにしておく
有機卵　7個
塩、挽きたてのこしょう

オニオンリングのフライの材料

薄力粉　80g
パプリカ　大さじ3杯
たまねぎ　1個　厚さ3mmの輪切りにする
牛乳　100ml
揚げ油

トマト・レリッシュの材料

赤たまねぎ　1個　みじん切りにしておく
生唐辛子　1/2本　種を取り、小さなさいの目に切っておく
トマト　3個　皮をむき、種を取り、さいの目に切っておく
イタリアンパセリの葉　大さじ3杯　洗って細切りにしておく
挽いたクミン　1つまみ
白ワインビネガー　小さじ1杯

ハンバーガーの作り方：やわらかくなるまでオリーブオイルでたまねぎを炒め、にんにくを加えてさらに少々炒める。大きなボウルに移して冷ます。牛乳にひたしておいた丸パンをよく絞る。牛肉と豚肉を挽き（すりつぶし）、炒めたたまねぎとロールパンと一緒に混ぜ合わせる。卵3個を割り入れてよく混ぜ合わせ、塩とこしょうで味つけする。ハンバーガーを4つ作り、冷蔵庫に入れ、寝かせて形を整える。

オニオンリングのフライの作り方：小麦粉とパプリカを混ぜ合わせる。輪切りにしたたまねぎを牛乳につけ、続いて小麦粉に入れて全体にまぶし、余分な粉は払い落とす。油を160℃に熱して、たまねぎがきつね色になるまで揚げる。

トマト・レリッシュの作り方：材料をすべて混ぜ合わせる。

仕上げ：寝かしておいたハンバーガーを、好みの焼き加減になるまでグリルするかフライパンで焼く。残りの卵4個をオリーブオイルで目玉焼きにして、ハンバーガーの上にのせ、オニオンリングとトマト・レリッシュを添えて出す。

野菜のリゾット
ルッコラとおろしたパルメザンチーズのせ

ルッコラをリゾットの上にのせると、対照的なサクサク感が味わえ、レモン・ドレッシングがほのかな酸味をかもし出して、とてもいい感じになります。

4人分

野菜のブイヨン（182ページ参照）
　もしくはチキン・ブイヨン（180ページ参照）　600ml
たまねぎ　1個　みじん切りにする
オリーブオイル　50ml
にんじん　100g　皮をむき、小さなさいの目に切る
フェンネルの球茎　100g　皮をむき、小さなさいの目に切る
ズッキーニ　100g　小さなさいの目に切る
　（緑の皮の側だけを使い、中の柔らかな白い部分は使わない）
リゾット用のイタリア産の米　120g
辛口の白ワイン　100ml
チェリートマト　12個
バジルの葉　15g
おろしたてのパルメザンチーズ　40g
無塩バター　50g
塩、挽きたてのこしょう

つけ合わせの材料

ルッコラ　2つかみ分　お好みで
レモン・ドレッシング（182ページ参照）　大さじ2杯　お好みで
おろしたパルメザンチーズ

野菜もしくはチキン・ブイヨンを沸騰直前まで熱する。

別の鍋にオリーブオイルを入れ、たまねぎをやわらかく透き通るまで炒める。さいの目に切った野菜を加え、さらに1分間炒める。

米を加え、米にじゅうぶん油がまわるまでかき混ぜる。ワインの半量を入れて、アルコール分がほとんどなくなるまで熱する。

米が完全に隠れるまで温めておいたブイヨンを加え、ごく弱火で煮込む。米がブイヨンを吸収したら、また少しずつブイヨンを加えて、米がちょうど浸る状態を続ける。この状態で15〜20分加熱し続け、こまめにかき混ぜながらブイヨンを少しずつ加えていく。

その間にグリル（天火）を熱しておく。チェリートマトを半分に切り、バジルの葉を細切りにする。バジルをトマトの上に振りかけ、さらにおろしたパルメザンチーズを少量振りかける。温めたグリルで、トマトがやわらかくなるまで焼く。

米がほとんど炊き上がったら、パルメザンチーズとワインの残りを入れて、塩、こしょうで味を調える。バターも入れて混ぜる。

スープ皿にリゾットを入れ、チェリートマトを上に飾りつける。ルッコラをレモン・ドレッシングであえ、少量をリゾットの上にのせる。パルメザンチーズも上から振りかけて、できあがり。

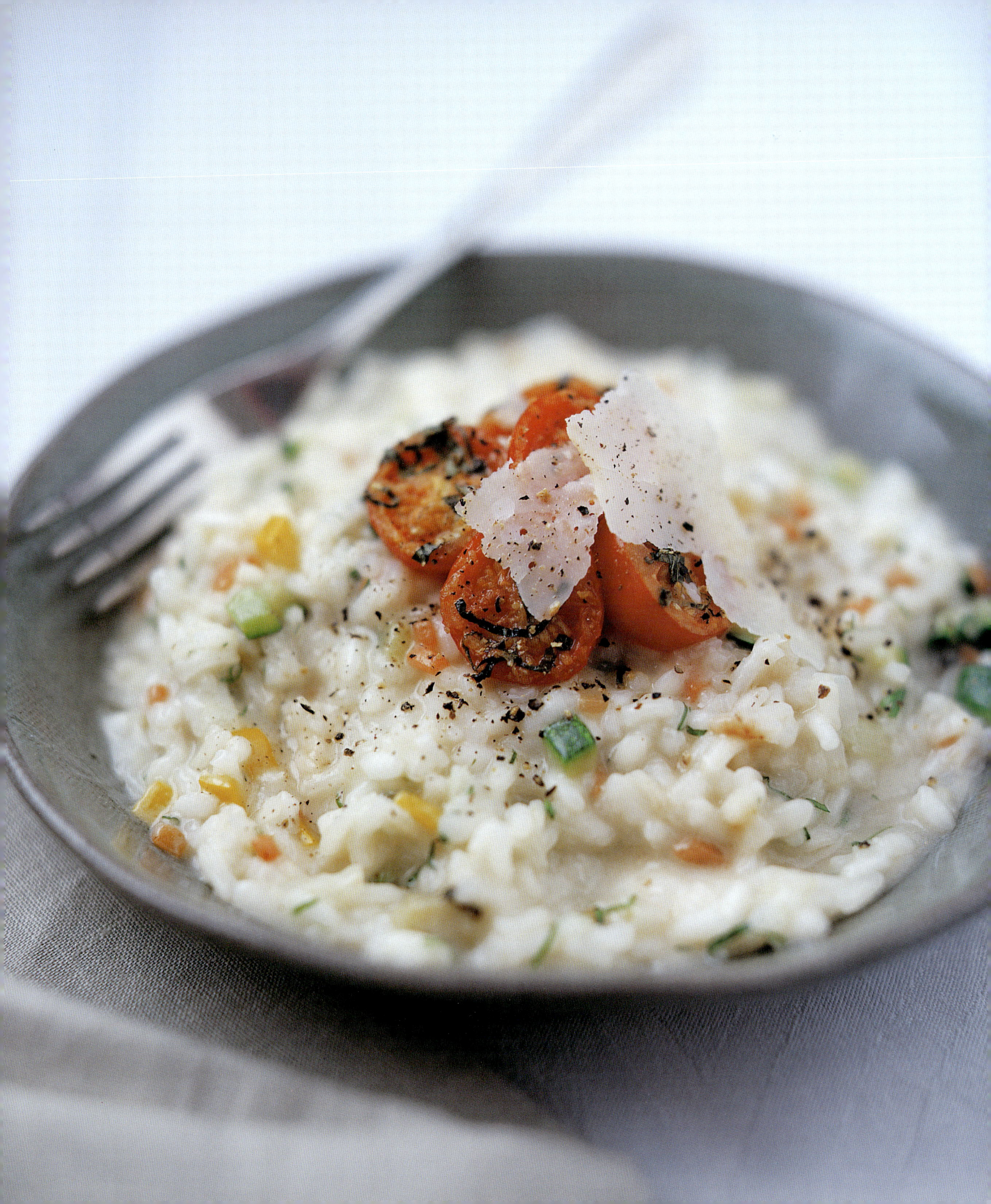

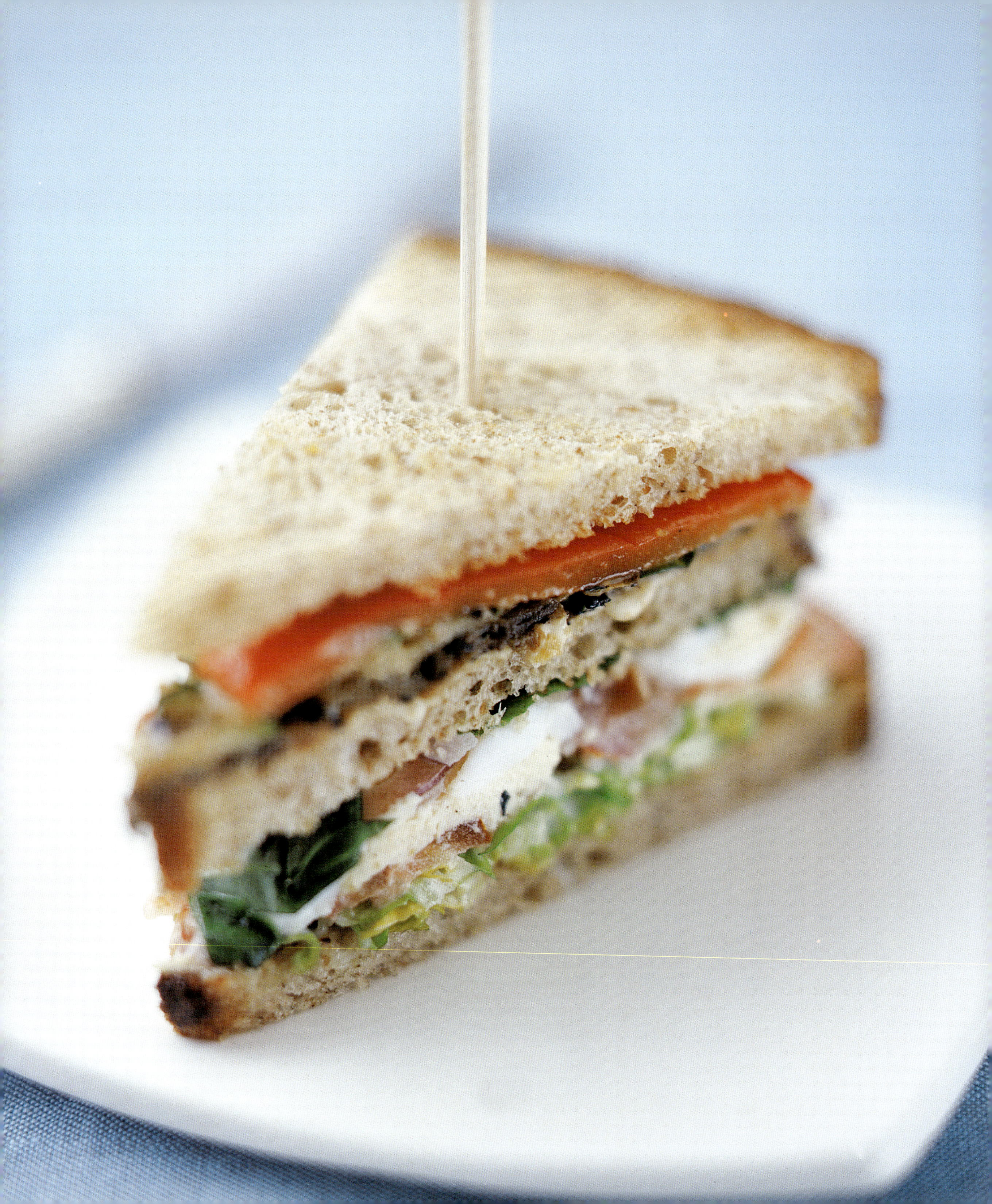

ベジタリアン・クラブサンドウィッチ

ベジタリアンの数は増え続けており、ベジタリアンではない私でさえも、肉を食べない日をつくろうと努力しています。おかげでいつも調子がよく、ザ・サヴォイのお客様も、同じように感じておられることでしょう。このベジタリアン・クラブサンドウィッチは、まちがいなく絶大な人気を博しているメニューです。

4 人 分

にんにく　8片
オリーブオイル　100ml
ズッキーニ　1本　紙のように薄く切る
なす　1本　紙のように薄く切る
赤パプリカ　½個　種を取り、1cm幅に切る
フェンネルの球茎　1個　紙のように薄く切る
リトルジェム（ビッブ）種レタス　2個
マヨネーズ（183ページ参照）　大さじ3杯
サワードー・ブレッド　厚さ5mmにスライスしたもの　4枚
固ゆで卵　2個　皮をむいて薄切りにする
枝つきトマト　2個　薄切りにする
バジルの葉　8枚　洗って刻んでおく
赤たまねぎ　½個　薄切りにする
フムス（註・ヒヨコ豆の水煮をペースト状にしたものを、ゴマ油、ヨーグルトなどで調味したもの）　100g
ミックスオリーブ　40g　つけ合わせとして

まず初めににんにくをローストする：オーブンを200℃に温める。にんにくを8片に分けて、1枚のアルミホイルにのせる。オリーブオイルを少々振りかけてからホイルで包み、オーブンに入れてやわらかくなるまで45分焼く。焼き上がったうち4かけをむき、つぶしておく。残りのにんにくは取り分けておく。

グリドルパン（鉄板）かグリル（ブロイラー）を高温に熱する。少量の油を入れて、薄切りしたズッキーニ、なす、赤パプリカ、フェンネルをのせ、両面に焦げ目がつくように焼く。残りの油を鍋に入れ、野菜がしんなりするまで煮て、鍋から取り出して油をよく切る。

レタスを半分に切り、続いて薄切りにする。洗ったあとよく水気を切って、先ほどのつぶしたにんにくとマヨネーズと一緒に混ぜ合わせる。

サワードー・ブレッドを軽く焼く。パン1枚につき、レタスなどを混ぜ合わせた具をスプーン1杯分のせ、続いてゆで卵の薄切り、トマトとバジル、赤たまねぎを適量のせていく。その上にもう1枚パンを重ね、その上にフムスを広げて塗る。焼いた野菜をさらに層にして重ね、一番上にまたパンを重ねる。これと同じ作業で、サンドイッチをあと3つ作る。それぞれを三角形に切り分け、別に取っておいたにんにくとオリーブを添えて出す。

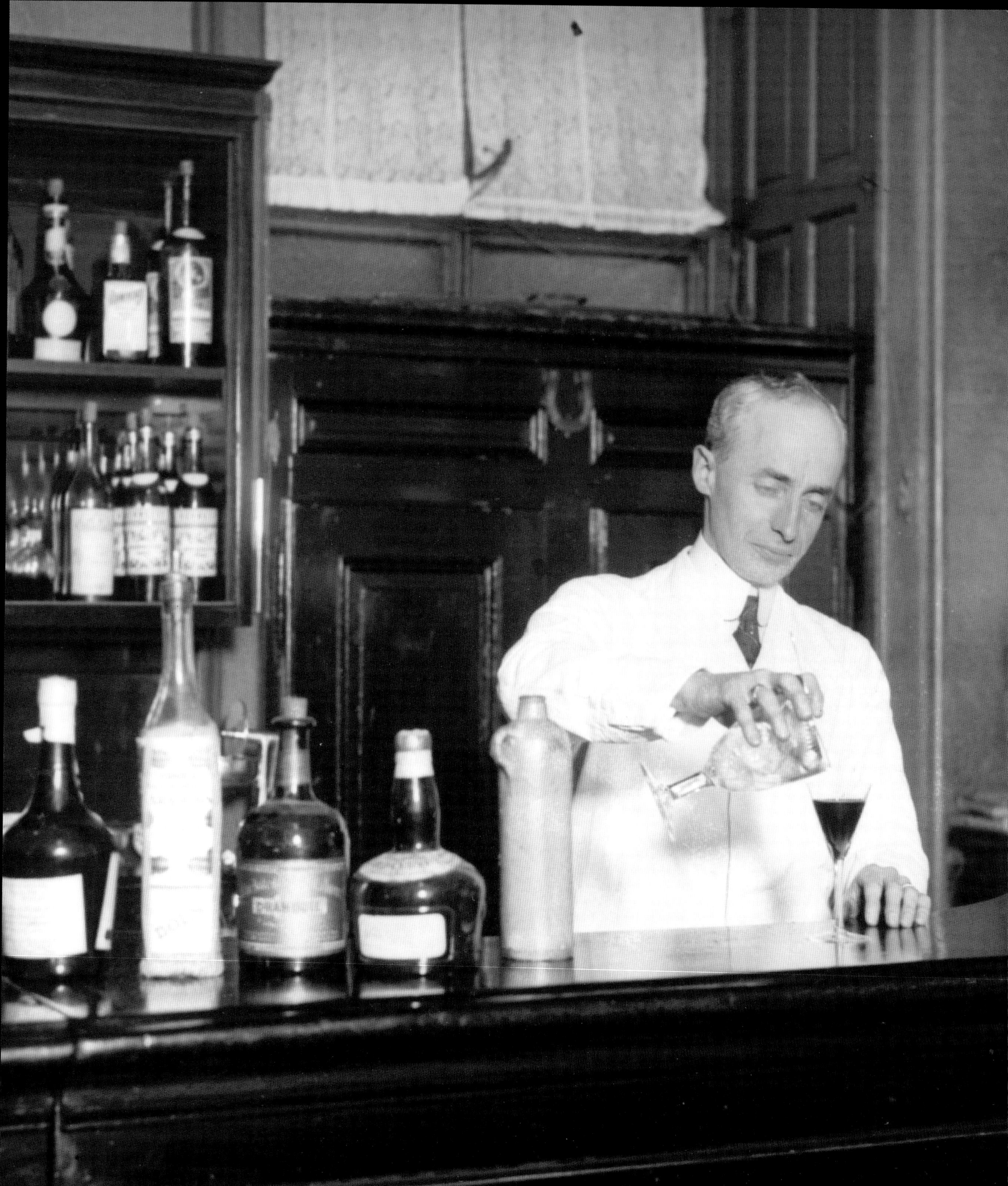

アメリカン・バー

ザ・サヴォイの伝説的存在であるアメリカン・バーは、1930年代の大洋航路船華やかなりし頃のサロンがかもし出していた、上品な雰囲気を今に残しています。鏡張りの壁、円柱、それに舷窓を思わせる灯りは、あなたを舳先へといざないます。そこでは「船長」（バーテンダー）がシェイカーを振り、このバーの名声のもととなったカクテルを、作っているのです。

　柱の陰の奥まった場所は、「ロイヤルボックス」。数名での語らいのために用意された居心地のいい空間です。ここからはテムズ川をボートが通り過ぎていく景色が見え、海の上にいるような印象を盛り上げてくれます。

　アメリカン・バーは、この種のバーとしてはロンドンで最初にできたものではありません。けれども現存する中では、おそらく最も古いものでしょう。その名前は、大西洋を渡って来たお客様の社交場として人気があることとは、何の関係もありません。「アメリカン」は、カクテルを専門とするバーの総称にあたります。ここはカクテルを冷やしたり「オン・ザ・ロック」にしたり、アメリカではしごく当たり前なのにヨーロッパではけしからんとまで言われていたたぐいの飲み物をお出しする、初めてのバーだったのです。

　オリジナルのアメリカン・バーが1898年にオープンするまで、ザ・サヴォイには男女が連れ立って飲みに行ける場所がありませんでした。「育ちのよい」女性が人前で酒を飲むことは、社会的に受け入れられていなかったのです。とはいえ、ザ・サヴォイのバーテンダー列伝の筆頭に名前を残しているのは、（「コーリー」の愛称で親しまれている）女性バーテンダーのエイダ・コールマンなのです。彼女は1903年から1924年までの21年間、アメリカン・バーのカウンターに立ち続けました。一番知られている創作カクテルは『ハンキー・パンキー』。これはサー・チャールズ・ホウトリーにささげられたものです、ほかにも、ペルノーをかなりきかせる、その名も『ミッドナイト・カクテル』という激しいものが知られています。このカクテルは、ザ・サヴォイに踊りに来られるお客様に大変な人気でしたが、ダンスはともかくとして、その後みなさんがどうやって立っていられたのかは、いまだに謎です。

　1920年までに、アメリカン・バーはロビーの裏側という現在の位置に移動し、かの名バーテンダー、ハリー・クラドック（写真は前ページ）がニューヨークからやって来ました。彼に続けとばかり、禁酒法から逃れるために酒好きのアメリカ人の一団が必死でロンドンに渡ってきました。実はひと口も酒を飲まないクラドックは、自分が創作したカクテルは必ずテイスティングしたものの、けっして飲んでしまうことはありませんでした。彼の手にかかれば、どんなことでも記念のカクテルができましたし、実際に誕生したものもあります。ゼネスト終結記念カクテル『ストライクズ・オフ』や、はたまた地震を記念したカクテル『アースクエイク』など（「飲んでいるときに地震が起こっても気づかない、というだけで、たいしたことではない」とのこと）。1930年には彼の決定版とも言うべき『ザ・サヴォイ・カクテル・ブック』が出版され、当時のレパートリーだったカクテルがすべて掲載されました。クラドックのオリジナル・カクテル中で最も有名な『ホワイト・レディ』も含まれています。

　クラドックの後継者エディ・クラークが、飲みすぎたあとに効果のあるカクテルを作ったのも、そう不思議なことではありません。彼の自信作『プレーリー・オイスター』を飲ませると、たいていの二日酔いはたちどころに治ってしまうのです。そのうち、ふたりくらいは、自分に一日中つきまとっていたピンクの象は本来隣の席にいた客のものだったのにと言う、というのがクラークの自慢でした。

　現在のヘッド・バーテンダーであるピーター・ドレーリは、特別な出来事を記念してカクテルを作るという伝統を受け継ぎ、『ムーンウォーク』や、1989年にザ・サヴォイ創立百周年を記念して作った『1889年を生きた人』など、アメリカン・バーのいならぶ傑作カクテルにふさわしい名作を生み出しました。

マリブのムース
エキゾチック・フルーツ添え

派手さには欠けるかもしれませんが、「お色気」としゃれっ気たっぷりのデザートです。ザ・サヴォイでは、祝賀行事やデザートの前の一品として出されることが多いのですが、それはブラックカラントとパッションフルーツの組み合わせが口の中をすっきりさせてくれて、さらにほのかなマリブの香りが元気にさせてくれるからです。

ブラックカラントのピュレ　100ml
板ゼラチン　1枚
以下のものを大さじ1杯ずつ：
マンゴー　皮をむいて種を取り除き、さいの目に切ったもの
キウィフルーツ　皮をむいて、さいの目に切ったもの
パパイヤ　皮をむいて種を取り、さいの目に切ったもの
ドラゴンフルーツ　皮をむいて、さいの目に切ったもの

パッションフルーツのソルベ（シャーベット）の材料

パッションフルーツのピュレ　150ml
砂糖　15g
水　150ml
水あめ　大さじ1杯
ライムの皮をすりおろしたもの　1/2個分

マリブのムースの材料

牛乳　150ml
砂糖　25g
マリブ・リキュール　小さじ4杯

パッションフルーツのソルベの作り方：パッションフルーツのピュレと砂糖、水、水あめ、ライムの皮を混ぜ合わせて、固まるまでアイスクリームメーカーで攪拌する。

ブラックカラントのピュレを熱する。板ゼラチンを水でふやかしたあと水気を切り、温めたブラックカラントのピュレの中に入れて混ぜ合わせる。これを小さなエスプレッソ用カップ4個に分けて注ぎ、固まるまで1時間冷蔵庫に入れる。

仕上げ：さいの目に切った果物を取り混ぜてから、ブラックカラントの入ったカップに等分に入れる。牛乳と砂糖、マリブを合わせて70℃まで熱し、マリブのムースのベースを作る。パッションフルーツのソルベをひとさじずつ果物の上にのせる。先ほど合わせておいた牛乳をハンドミキサーで泡立て、この泡をすくって、ソルベが完全に隠れるよう上からかける。

プティ・パフェ・グラッセ・パキータ

これは、ザ・サヴォイに伝わる大変古い料理を私がリバイバルさせたものです。ザ・サヴォイのアール・デコ調のスタイルと絶妙に調和が取れ、結果には大満足です。

4人分

卵黄　3個
アニゼット　大さじ3杯
グラニュー糖　250g
ダブルクリーム　200ml
ヘーゼルナッツ　25g　ローストしたものの皮をむいて、みじん切りにする
スポンジケーキ（作り方は右記参照）　20g
キルシュ　大さじ1½杯
卵白　4個分
オレンジの実　50g
パパイヤ　50g　ひし形に切ったもの
キウィフルーツ　50g　ひし形に切ったもの

ラズベリーソースの材料

ラズベリー　300g
レモンジュース　小さじ2杯
粉糖　40g

ラズベリーソースの作り方：ラズベリーをミキサーにかけ、レモンジュースと粉砂糖を加える。混ぜ合わせたものを、目の細かい漉し器もしくは綿の布（チーズクロス）で漉す。

パフェの作り方：卵黄とアニゼット、グラニュー糖40gを耐熱性のボウルに入れ、湯せんしながら泡立て、軽くてふわふわしたサバイヨンを作る。湯せんから取り出し、冷えるまでさらに泡立てる。

ダブルクリームを軽く泡立て、ヘーゼルナッツと先ほどのサバイヨンを加えて、さっくり混ぜ合わせる。これをスプーンですくって、ダリオール用の金型（直径5cm、高さ7.5cmほどの丸型）4個に入れ分ける。ラップでふたをして、固まるまで冷凍する。

スポンジケーキから直径5cmの円を4つ抜き出し、キルシュで湿らせる。ダリオールの型を湯につけて、中のパフェを型から抜き、スポンジの上に置く。これを冷凍可能な耐熱性の皿に置き、皿ごと冷凍庫に入れる。グリル（ブロイラー）を高温に熱しておく。

メレンゲの作り方：卵白を角が立つまで泡立て、続いて残りのグラニュー糖を一度にスプーン1杯ずつ入れながら、しっかりとして光沢が出るまでさらに泡立てる。しぼり袋に小ぶりの星型の口金を取り付け、メレンゲを袋に詰めて、冷凍庫から出したパフェが完全に隠れるようしぼり出す。グリルで淡いきつね色になるまで焼き、照りを出す。

供し方：切った果物を皿に飾り、ラズベリーソースは別に添えて出す。

スポンジケーキ

約700g分

バター　天板に塗る分量
卵　大きめ（特大）のもの　10個　溶きほぐしておく
卵黄　大きめ（特大）のもの　2個
グラニュー糖　400g
薄力粉　250g　ふるっておく

オーブンを230℃に温めておく。大きめの天板2枚にバターを塗り、耐脂紙（パラフィン紙）を敷く。溶いた卵と卵黄をグラニュー糖とともに電気ミキサーにかけ、高速で7分、低速で3分回して泡立てる。さらに小麦粉を入れてさっくりと混ぜる。これを、準備しておいた天板の上に薄く広げ、温めておいたオーブンで手早く約5分焼く。スポンジは天板の上にのせたままにして冷まし、そのあとで下に敷いていた紙をそっとはがす。

ピーチ・ネリー・メルバ

エスコフィエは、オーストラリア出身の偉大なオペラ歌手デイム・ネリー・メルバのため、19世紀末に『ピーチ・メルバ』を生み出しました。エスコフィエは、オペラ『ローエングリン』でのメルバの歌声にヒントを得て、このデザートを氷の白鳥の彫刻の中に入れてお出ししたということです。1989年、ザ・サヴォイ百周年を祝い、エリザベス皇太后がレストランで昼食会を催されたとき、われわれはこのメニューのオリジナルを再現して供しました。昼食会のあと、皇太后はキッチンのリニューアル・オープンを宣言なさいました。おことばに感銘を受けた私は、エスコフィエのピーチ・メルバのリニューアルを考えたのです。このレシピは伝統あるエスコフィエの名作を、私なりにいささか華やかさを抑え気味にした（けれどもおいしさはひけを取らない）、一品です。

4人分

桃　大きめのもの2個
ラズベリーソース（185ページを参照）　300ml
チュイル・バスケット（作り方は右記参照）　4個
バニラ・アイスクリーム（188ページを参照）　400ml

シュガー・シロップの材料

グラニュー糖　500g
水　1リットル
レモンジュース　50ml

カラメルのバスケットの材料

グラニュー糖　250g
水　100ml
水あめ　10g

はじめにシュガー・シロップを作る。中火にかけた水で、砂糖を溶かす。レモンジュースを加えて沸騰させたら、火を止めてそのまま冷まし、使う前に漉す。

桃の下ごしらえ：桃をシュガー・シロップに入れ、皮が簡単にむけるぐらいまで1分間ゆでる。皮をむき、そのまま冷ましてから、半分に切って中の種を取り除く。

カラメルのバスケットの作り方：砂糖、水、水あめを小ぶりの鍋に入れて混ぜ合わせ、強火にかける。結晶ができないように、少量の水をこまめに鍋肌にかける。冷水にさらすと固くてもろい糸状になる状態まで砂糖を熱したら（温度にして168℃程度）、火を止め、シロップが固まるまで冷ます。直径10cmのレードルの外側に油を塗る。デザート用フォークをシュガー・シロップにつけて、ひっくり返したレードルの上に極細の糸を落としていく。糸の方向を変えて、格子模様を作る。レードルを元の向きに戻し、縁をシュガー・シロップの極細の線でなぞり、籠の底の部分を作って仕上げる。シロップが冷えたら、すぐにレードルからそっと外し、乾燥した涼しいところに置いておく。同じやり方であと3個、バスケットを作る。

仕上げ：ラズベリーソースを少量、4枚の皿に流しかける。チュイルのバスケットを皿の中央に置く。バニラ・アイスクリームの分量の4分の1をすくってチュイルの中に入れ、桃を1切れ上にのせ、ラズベリーソース少々を上にかける。カラメルのバスケットを、チュイルの上に注意深くかぶせる。

チュイルのバスケット

薄力粉　100g
粉糖　100g
無塩バター　100g　溶かしておく
卵白　2個分
フレーク状の（スライスした）アーモンド　飾り用

小麦粉と粉砂糖をふるって、ボウルに入れる。溶かしたバターと卵白を入れて手早くかき混ぜ、なめらかなペーストを作る。冷蔵庫で30分間冷やす。

オーブンを190℃に温めておく。バターを塗り打ち粉をした天板に、直径12.5cmの星型のプラスチック製ステンシルを置く。冷蔵庫で冷やしておいたチュイルを少量、型紙の中央に広げ、パレットナイフで表面を均一におおうようにのばす。ステンシルをはずし、同じ方法であと3枚星型を作る。フレーク状のアーモンドを星の中央に散らす。オーブンに入れて、うっすらときつね色になるまで4～5分焼く。

チュイルが熱いうちに小さめのガラスボウルに入れ、バスケットの形を作る。冷めてパリパリになるまで、ボウルの中に入れたままにしておく。

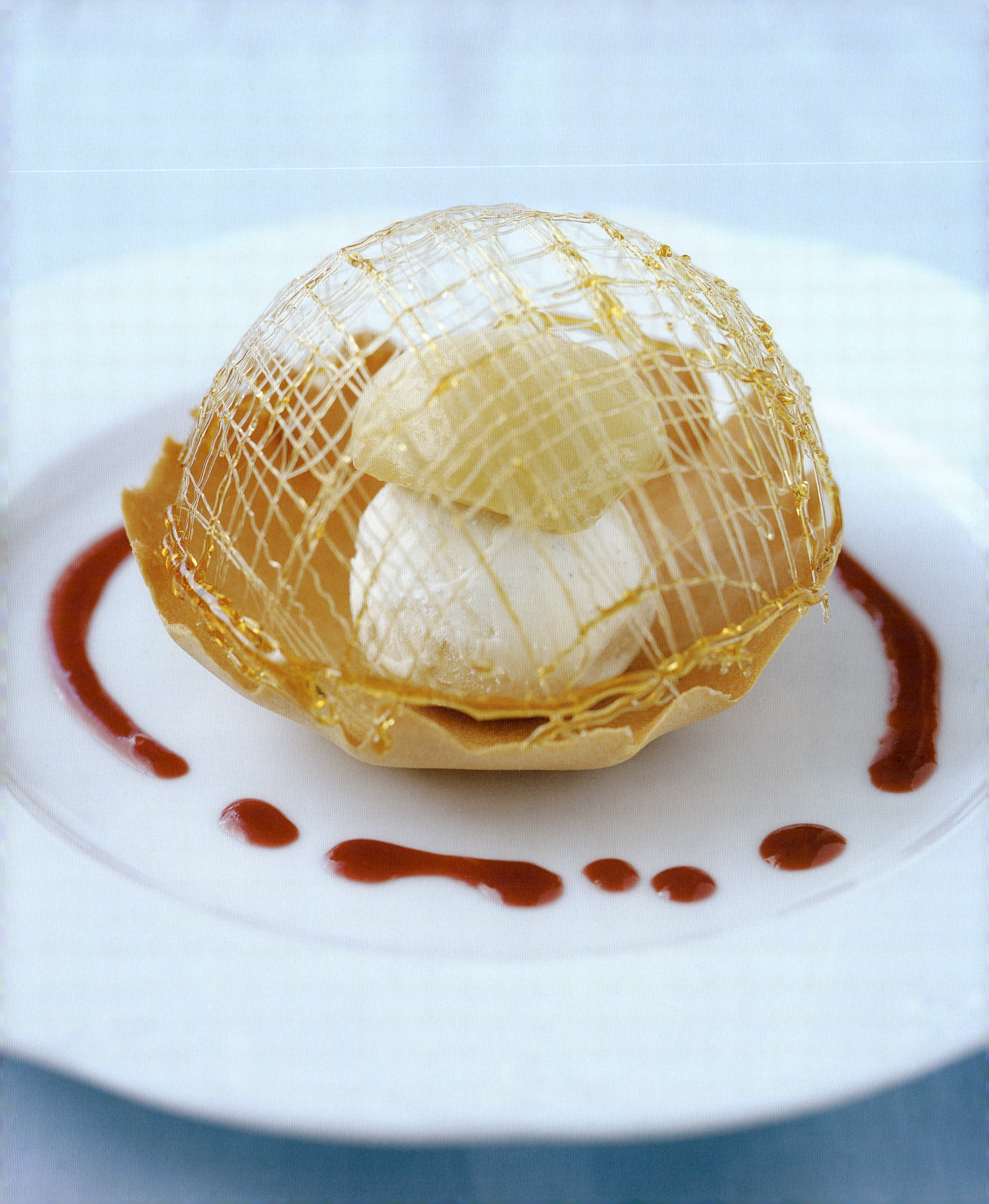

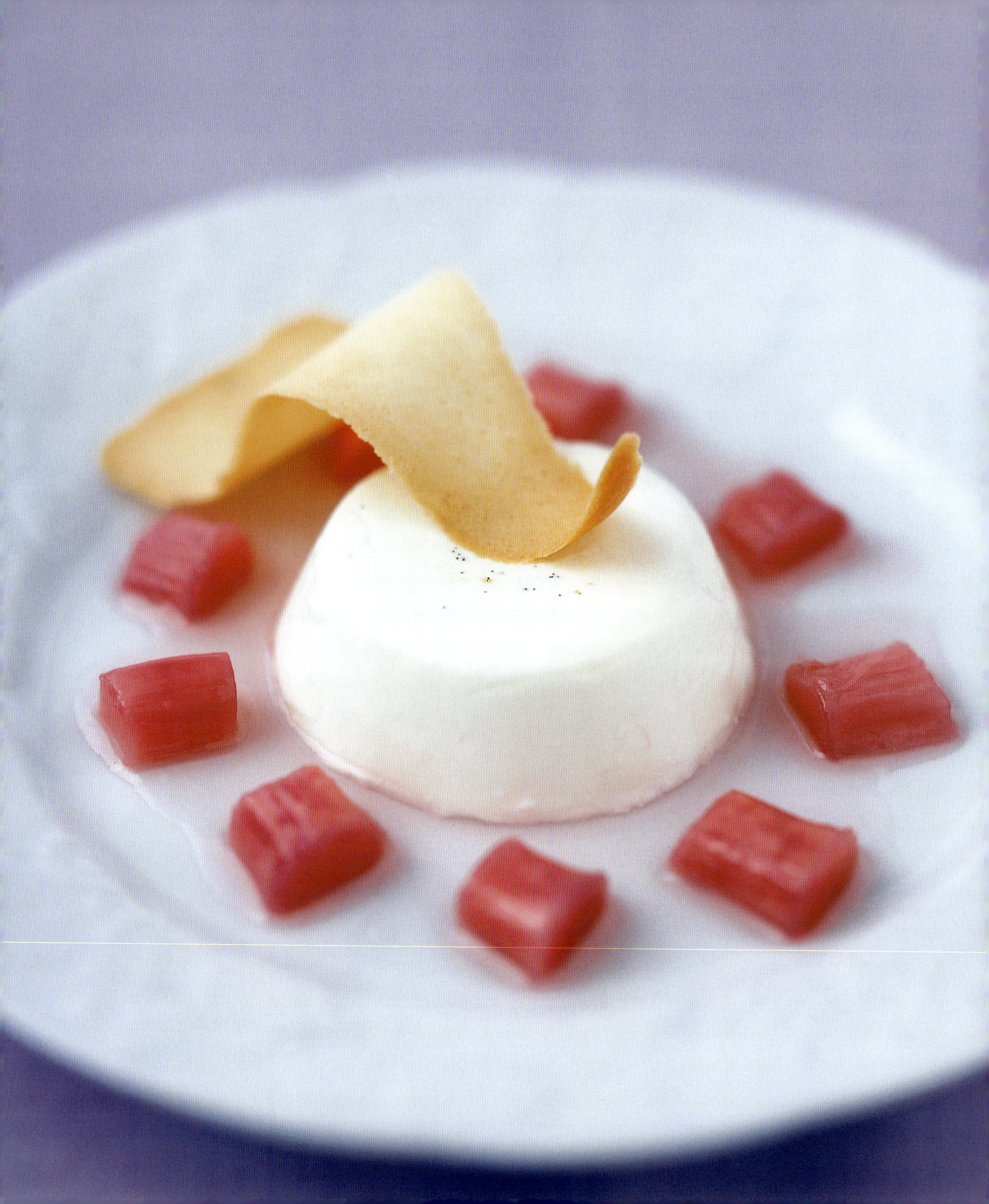

ラベンダー入りパンナコッタと
ルバーブのコンポート

あらゆるシェフが、手を変え品を変え、いろいろなパンナコッタを登場させようとしているようです。これは私のオリジナル・レシピで、予想外のひねりをきかせてあります。極端なほどふんわりとしているため、少なくとも12時間前には作っておかなくてはなりません。流し型から抜き出すときに細心の注意を払う必要がありますが、その繊細な風味は、労力を費やしただけの価値があります。

4人分

板ゼラチン　3枚
ダブルクリーム　300ml
ラベンダーのドライフラワー（食用）　大さじ2杯　刻んでおく
バニラビーンズ　2さや分　縦に切り開き、そいでおく
コンデンスミルク　100ml
バターミルク　350ml　室温にしておく
グラニュー糖　100g
チュイル（67ページを参照）　飾り用

ルバーブのコンポートの材料

ルバーブ　400g　皮をむいて、2cmの長さに切ったもの
レモンのしぼり汁　1/2個分
シナモンスティック　1本
クローブ　1個
シロップ（185ページを参照）　50ml

パンナコッタの作り方：板ゼラチンを少量の冷水に約4分浸し、その後しぼって水気を切る。クリーム、ラベンダー、バニラビーンズを一緒に熱する。沸騰したら火を消し、コンデンスミルクとゼラチンを入れてかき混ぜる。人肌程度になるまで冷まし、バターミルクを入れて混ぜたら、目の細かい裏ごし器で漉して、8cmのラムカン皿4枚に入れる。煮出したバニラビーンズは、ルバーブのコンポート用にとっておく。パンナコッタを少なくとも6時間、できればひと晩冷蔵庫で冷やす（ひと晩置くと、きめが細かくなる）。

ルバーブのコンポートの作り方：ルバーブとレモンのしぼり汁、シナモンスティック、クローブ、バニラシロップを一緒に鍋に入れ、取り分けておいたバニラビーンズから種をしぼり出して入れる。ルバーブがくたくたに柔らかくなるまで煮る。冷ましてから、シナモンとバニラ、それにクローブを取り除き、ルバーブを縦長に薄く切る。

仕上げ：ラムカン皿を湯につけて、パンナコッタを抜き出し、皿に盛る。ルバーブのコンポートを周囲に散らし、チュイルを飾る。

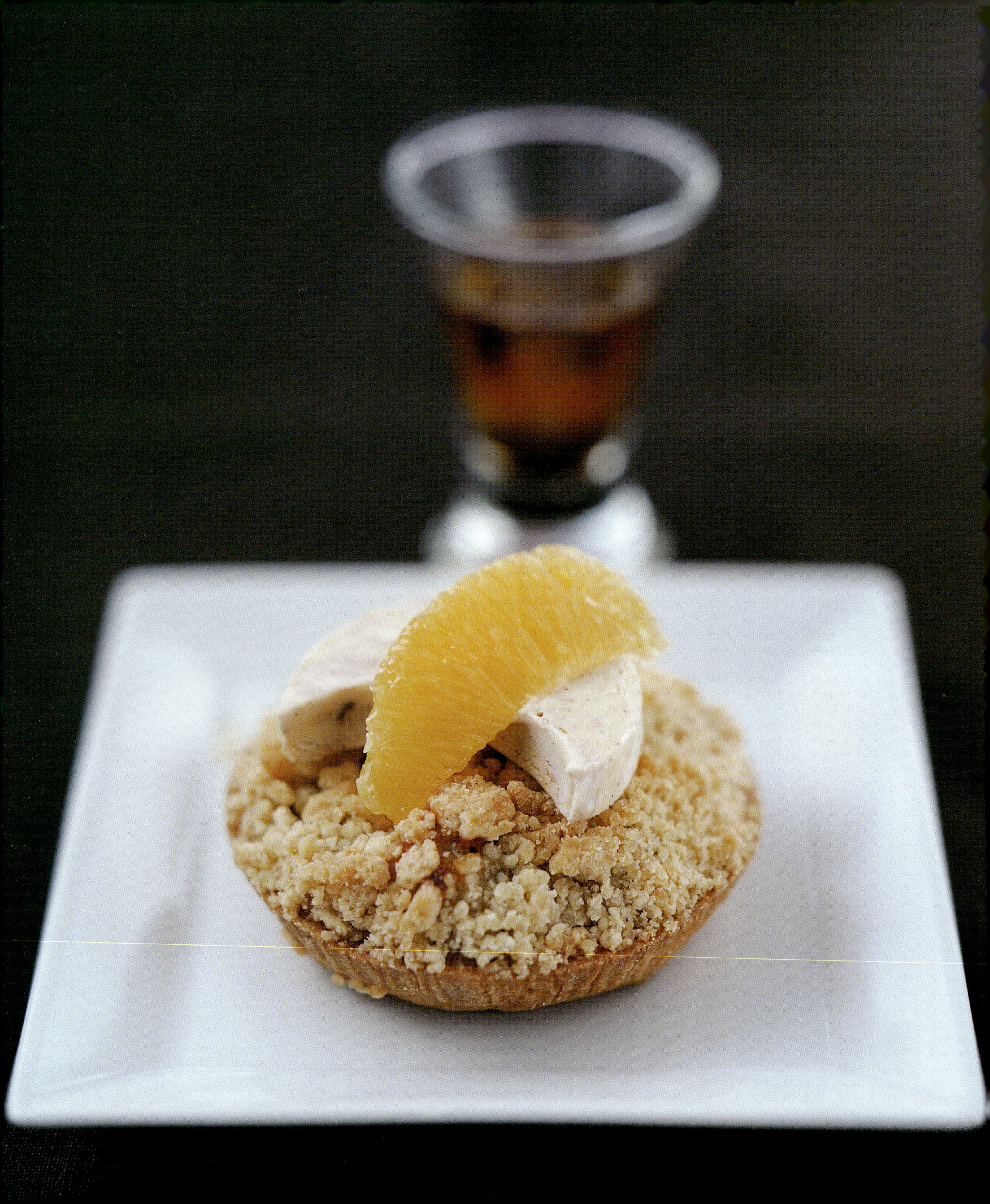

グーズベリーのクランブル チョコレートとオレンジの マーブルアイスクリームのせ

悲しいことに、グーズベリーは最近は影が薄くなりがちで、私は残念でなりません。ほどよい時期に摘めば、香りと個性が実に豊かで、独特の味がします。けれども、イギリスの夏のひどい天候では甘味を増すこともできず、そんなときこそクランブルが役に立ちます。チョコレートとオレンジのマーブルアイスクリームは絶対に必要というわけではありませんが、個性たっぷりなアクセントを添えてくれます。

4人分

グーズベリー　200g
シロップ（185ページを参照）　100ml
バニラビーンズ　1さや分　縦に割いておく
生の青唐辛子　¼本
五香粉　小さじ¼杯
タルトレット・ケース（シェル型）　10cmのもの4個
オレンジ　4ふさ　筋や皮は取り除いておく

クランブルの材料

薄力粉　170g
ブラウンシュガー　50g
グラニュー糖　50g
無塩バター　80g
すりつぶしたアーモンド　20g

チョコレートとオレンジのマーブルアイスクリームの材料

オレンジジュース　200ml
ブラウンシュガー　40g
ハチミツ　大さじ1杯
バニラビーンズ　½さや分　縦に割いておく
バニラ・アイスクリーム（188ページを参照）　200g
製菓用（セミスイート）チョコレートかクーベルチュール　150g
　溶かしておく

チョコレートとオレンジのマーブルアイスクリームを作るところから始める。オレンジジュースとブラウンシュガー、ハチミツ、バニラビーンズを鍋に入れ、もとの量の3分の1より少なくなり、少しとろみが出るまで煮詰める。煮詰まったら火からおろしてそのまま冷ます。

アイスクリームを2つのボウルに分けて入れる。溶かしたチョコレートを片一方のボウルに入れて混ぜ合わせ、オレンジジュースを煮詰めたものをもう一方のボウルに入れる。この2つを1つのボウルにまとめてざっと混ぜ、6cmの三角形の型に移して、固まるまで2時間冷凍する。

グーズベリーのクランブルの作り方：オーブンを200℃に温めておく。グーズベリーをバニラビーンズ、生の青唐辛子、五香粉とともにバニラで香りをつけたシロップの中に入れ、柔らかくなるまで煮込み（約5分）、シロップの中につけたままで冷ます。グーズベリーの水気を切り、キッチンペーパー（ペーパータオル）にのせて水気を取ってから、タルトモールド（シェル型）に分けて入れる。

クランブルの作り方：小麦粉とブラウンシュガー、グラニュー糖、バター、すりつぶしたアーモンドを混ぜ合わせる。細かいパン粉状になるまで混ぜてから、先ほどのグーズベリーの上におおうように広げてのせる。タルトモールドごとオーブンに入れて、クランブルがこんがりとした色になるまで約20分焼く。

仕上げ：タルトをモールドからはずし、温めておいた皿に置く。チョコレートとオレンジのマーブルアイスクリームも型からはずし、厚さ1.5cmのスライスか、あるいは三日月型に4つに切り分ける。これをタルトの上にのせ、オレンジを飾りつけて、できあがり。

パイナップル・ポプリ

パイナップルは、かつては異国情緒のある高級品だったのですが、現在では非常に安価で簡単に手に入る果物になっています。なのにお菓子に使われているのを見たことがめったにないのです。見過ごされているのはなんともやりきれません。完熟したパイナップルは、何ものにも劣らない風味を持っているのですから。このレシピは、ウィンストン・チャーチルが第一次大戦中に始めた食事会《ジ・アザー・クラブ》のために作られたものです。前首相や政界の長老が会員に名をつらねる同クラブでは、月に一度、国内のオピニオン・リーダーを招いて夕食会が開かれます。

4人分

熟したパイナップル　1個　皮をむいておく
スパイシー・シロップ（作り方は右記を参照）　大さじ2杯

パフェの材料

卵黄　8個
砂糖　250g
ダブルクリーム　300ml　柔らかい角が立つ程度まで泡立てる
ミントの小枝　小ぶりのもの4本　飾り用

パイナップルリングの作り方：オーブンを190℃に温めておく。パイナップルから厚さ1cmのスライスを4枚切り取り、固い芯は芯抜き器か抜き型を使って取り除く。9cmの抜き型を使い、スライスしたものの大きさをそろえる。これを耐熱性の浅い皿に並べ、スパイシー・シロップの半量を上から注ぎ、オーブンで20分焼く。

パイナップル・ウエハースの作り方：オーブンの温度を100℃または最低の温度設定に下げる。残ったパイナップルからごく薄いスライスを4枚切り、芯を取って、先ほどと同じように9cmに直径をそろえた輪切りを作る。この輪切りを残りのスパイシー・シロップにつけ、硫酸紙もしくは耐脂紙（パラフィン紙）1枚の上に並べる。オーブンに入れ、扉を開け放ったままにして、パイナップルが乾燥して黄金色になるまで（約2時間）、そのまま置いておく。

砕けやすい状態になるまで冷ます。

パイナップル・ピュレの作り方：残ったパイナップルから50g分を切り取って、小さなさいの目に切り、ミキサーにかけてピュレにする。

卵黄を電気ミキサーにかけ、分量が2倍になるまで泡立てる。

その間に砂糖に少量の水を混ぜ、完全に溶けてシロップ状になるまで沸騰させる。ミキサーを回したまま、砂糖のシロップを卵黄に加え、冷めるまで泡立てる。これをボウルに移し、クリームとパイナップルのピュレをさっくりと混ぜ合わせる。幅8cm、深さ4cmのラムカン皿もしくはモールドにしぼり出し、冷凍する。

仕上げ：焼いたパイナップルの輪切りを皿に盛る。凍らせておいたパフェを取り出し、パイナップルの上にのせる。乾燥させたパイナップル・ウエハースをその上にのせ、ミントの小枝を飾る。

スパイシー・シロップ

500ml分

バニラビーンズ　2さや分
グラニュー糖　300g
バナナ　2本　ピュレにする
生唐辛子　1本　種を取って刻んでおく
生しょうが　20g　皮をむいて刻んでおく
ダーク・ラム　50ml
水　250ml

バニラビーンズを縦割りにして、種をこそぎ落とす。材料をすべて一緒に鍋に入れる。沸騰させて、分量が半分になるまで煮詰める。使うまでそのまま冷ましておく。

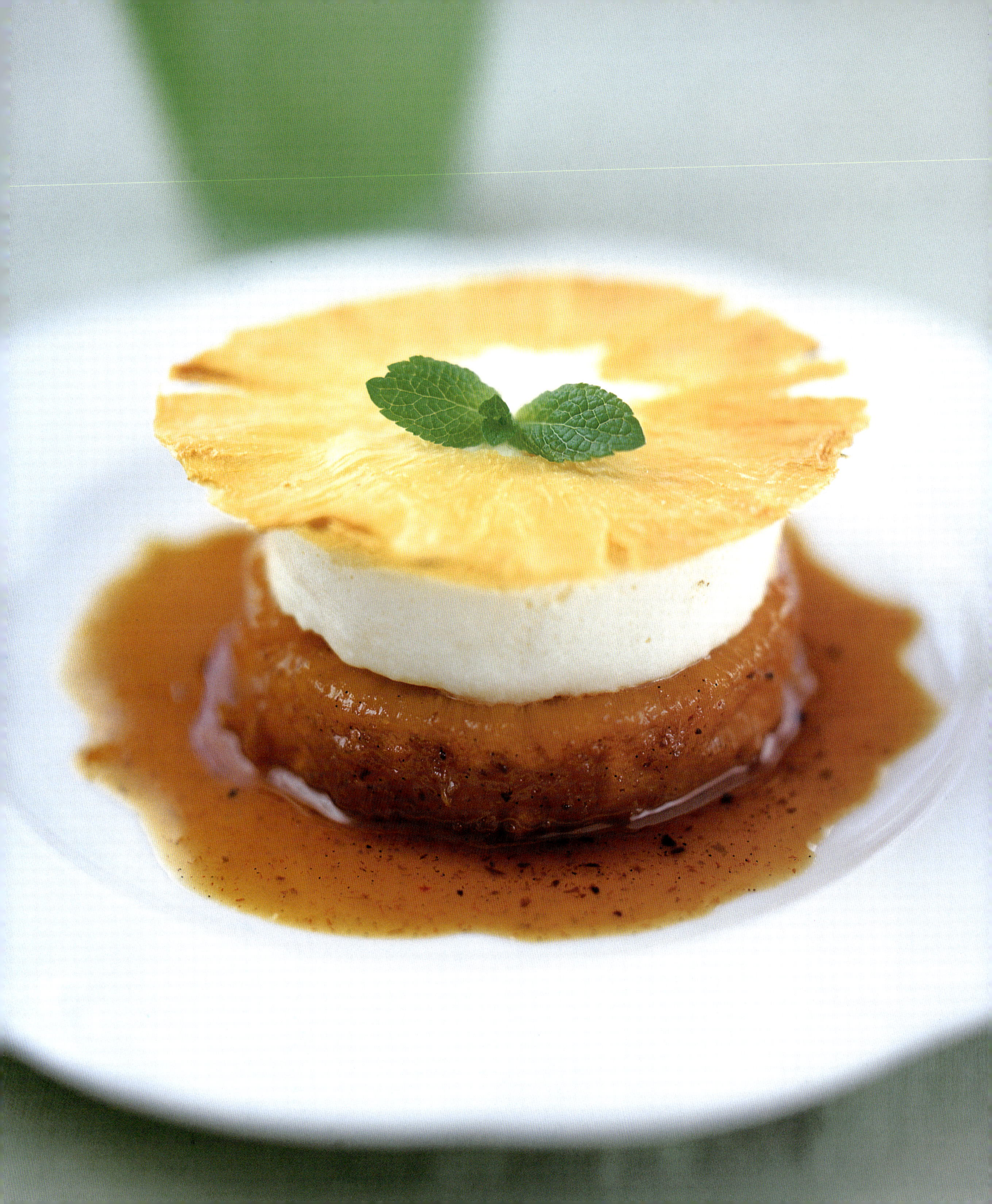

ウェルシュ・レアビット ひらたけ添え

ウェルシュ・レアビットが元来、ウェールズのチーズをまったく使っていないことに気づいたときは驚きました。そこで私は、この料理に手を加え、ウェールズのチーズを入れることにしてみました。おなじみの風味とは違い、少し刺激が強くなって、よくなったのではないかと思っています。もっとおもしろい食感もあったほうがいいだろうと、きのこも加えてみました。

4人分

バター　20g
薄力粉　50g
牛乳　150ml
おろしたチェダーチーズ　150g
おろしたエメンタールチーズ　150g
おろしたペンカレグ産のブルーチーズ、
　もしくはそれに似たウェールズ産のブルーチーズ　150g
平飼い卵（産地直送）　1個
平飼い卵（産地直送）の卵黄　2個
イングリッシュ・（ホット）・マスタード　大さじ1½杯
ウスターソース　小さじ½杯
ひらたけ（ポルタベロ）　大きめのもの8本
サワードー・ブレッド　4枚
塩、カイエンヌ・ペッパー

最初にルーを作る。バターを鍋に溶かし、小麦粉を加え、色がつかないように中火で3〜4分熱する。牛乳を少々加えてかき混ぜ、とろりとして滑らかなペーストを作る。さらに牛乳を少しずつ加えていき、牛乳の水分がなくなり、ルーが滑らかになるまで続ける。少しでもダマができた場合は、目の細かい漉し器で漉し、鍋に戻す。こまめにかき混ぜながらルーを5分間煮て、おろしたチーズを加え、完全に溶けるまでかき混ぜる。鍋を火から下ろす。

卵と卵黄を泡立て、チーズのルーに入れてかき混ぜる。マスタード、ウスターソース、塩、カイエンヌ・ペッパーも加えて、味をみる。

ひらたけの下ごしらえ：グリル（ブロイラー）を高温に熱する。鍋に塩水を入れて沸かす。ひらたけの皮をはぎ、軸の部分を切り取る。塩水で30秒湯がき、水気を切ってから冷水にさらし、塩・こしょうで味を調える。グリルで5分間焼く。

サワードー・ブレッドを焼き、その上にひらたけをのせ、たっぷりスプーンですくったチーズを、パンが完全に隠れるように上からかける。薄いきつね色になるまでグリルで焼く。

デヴィルド・キドニーの オープン・トースト・サンド

どちらかというと流行遅れで、とても粗野なメニューなので、だれにでも受けるものではないようです。とはいえ、個人的にはもっとひんぱんに食べたいと思っている料理です。伝統的に食事のあとの口直しとして出されるものですが、すてきな軽食にもなります。子牛のレバーやキドニーを使ってもよいでしょう。

8人分

枝つきチェリートマト　8個　半分に切ったもの
イタリアンパセリ　大さじ1杯　細切りにしておく
おろしたてのパルメザンチーズ　50g
エシャロット　2本　みじん切りにする
オリーブオイル　大さじ4杯
にんにく　1片　砕いておく
生パン粉　大さじ6杯
子羊のキドニー　8個　半分に切り、脂肪は取り除いておく
オリーブ・ブレッド　8枚
イングリッシュ・（ホット）・マスタード　大さじ1杯
生クリーム　小さじ4杯　お好みで
塩、挽きたてのこしょう

グリル（ブロイラー）を熱しておく。耐熱性の皿にチェリートマトを入れ、挽きたてのこしょうを振り、みじん切りにしたパセリの分量の3分の1と、おろしたパルメザン・チーズを振りかける。トマトが薄いきつね色になるまでグリルで焼く。後でキドニーを焼くために、グリルのスイッチは入れたままにしておく。

半量のオリーブオイルで、エシャロットが透明になるまで炒める。にんにくを加えて、さらに少々炒める。パン粉と分量の3分の1のパセリも加え、塩とこしょうで味を調える。キドニーに下味をつけ、好みの火の通り加減になるまでグリルで焼く。

オリーブ・ブレッドを焼き、その間にキドニーをグリルから出して、マスタードをうっすらと塗り、先ほどのエシャロットとパン粉を混ぜ合わせたものを上に散らす。

仕上げ：焼いたパンの上に半分に切ったキドニーを2個ずつ、半分に切ったチェリートマトも2個ずつのせ、その上にお好みで生クリームを小さじ1杯分のせ、最後に残ったパセリを散らす。

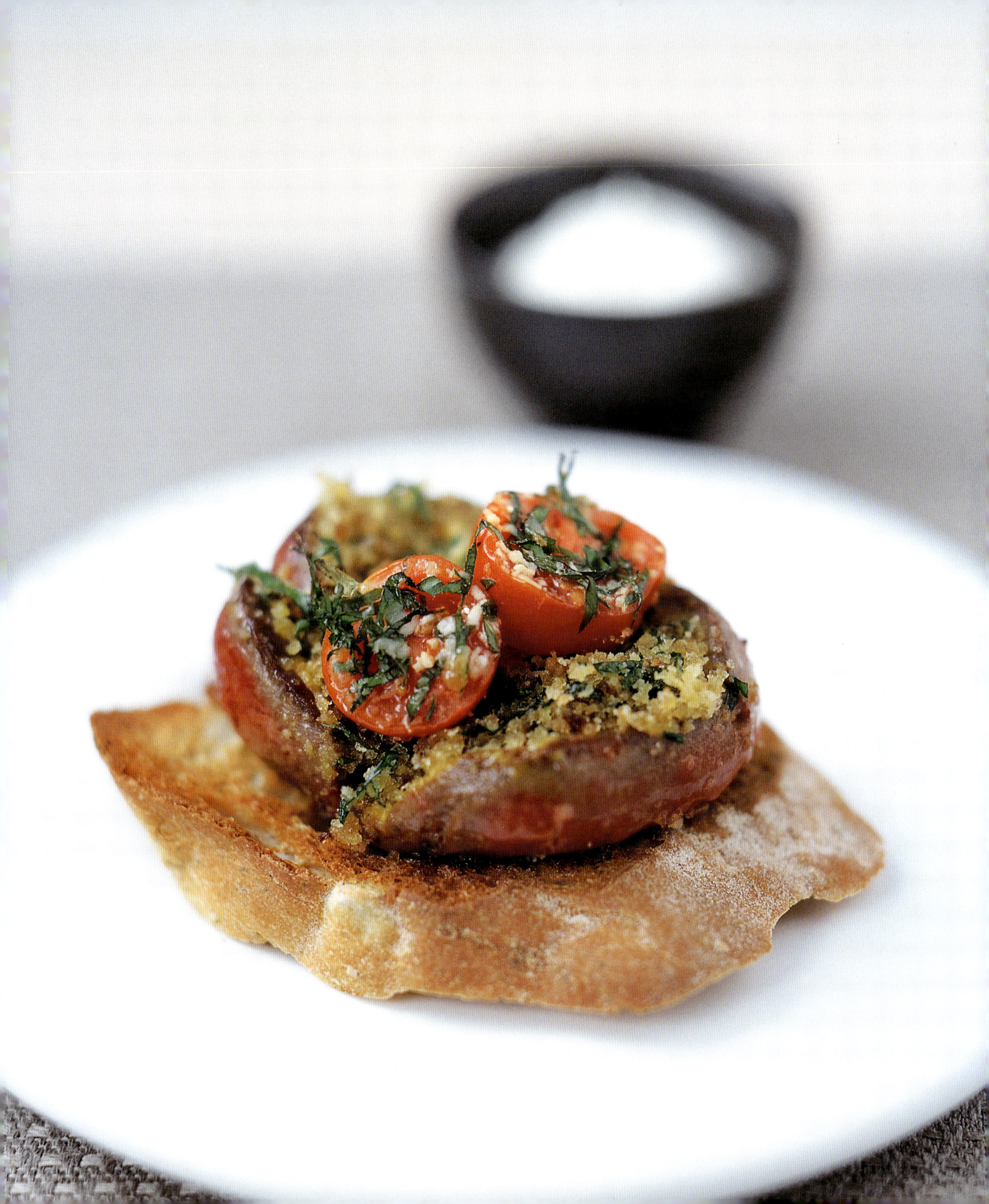

基本のレシピとつけ合わせ料理

ブイヨン類

チキン・ブイヨン（チキン・ストック）

約2.5リットル分

鶏　1.2kgのもの2羽
たまねぎ　2個　ざく切りにする
ニンジン　2本　ざく切りにする
セロリの茎　2本　ざく切りにする
ローリエ　1枚
タイム　2本
パセリの茎　2〜3本
黒粒こしょう　小さじ1杯　粗くつぶす
塩

鶏の胸肉は切り離し、他の料理用にとっておく。鶏皮はできるかぎり取り除いて捨てる。胴、手羽、脚の部分をぶつ切りにして、スープ鍋もしくは大きめの鍋に入れる。水3.75リットルを加え、表面に浮いた泡をこまめにすくいながら、ゆっくりととろ火で沸騰直前まで煮る。そのまま10分間コトコトと煮込んでから、野菜、ハーブ、こしょうと塩少々を加え、さらにごく弱火で1時間煮込む。

火力をやや強くして、スープの温度を少し上げるが、けっして沸騰させないこと。さらにもう1時間とろ火で煮込む。スープを漉し、そのまま完全に冷ます。表面に浮かんだ脂は、使う前にすべて取り除く。

フュメ・ド・ポワソン（魚のストック）

約2リットル分

舌びらめもしくはカレイの骨　1kg
刻んだエシャロット　40g
無塩バター　20g
辛口の白ワイン　200ml
水　1リットル
リーキ　50g　薄切りにする
セロリ　50g　薄切りにする
白の粒こしょう　12粒
ローリエ　1枚
パセリの茎　10g
石づきを取ったマッシュルーム　20g
塩、こしょう

魚の骨をぶつ切りにして、冷水でよく洗う。エシャロットをバターで炒め、魚の骨を入れて、ふたをして約3分加熱する。さらに白ワインと水、その他残りの材料を加える。沸騰させてから15分ほどとろ火で煮込み、アクをこまめにすくい取る。目の細かい綿の布（チーズクロス）で漉し、残っている脂をすくい取る。

ビーフ・ブイヨン（ビーフ・ストック）

約2リットル分

牛骨　1.4kg　ぶつ切りにする
たまねぎ　675g　刻んでおく
ニンジン　400g　刻んでおく
にんにく　½個　刻んでおく
セージとタイムのブーケ　80g
ローリエ　3枚
粒こしょう　10粒　砕いておく
トマトピュレ（ペースト）　40g
赤ワイン　1.5リットル

オーブンを200℃に温めておく。牛骨をロースト用鍋に入れ、濃い黄金色になるまであぶる。骨を焦がしてしまうと苦くなるので注意する。あぶった骨をスープ鍋に移し、脂は捨てる。

刻んでおいたたまねぎ、ニンジン、にんにくと、ハーブ、粒こしょうをロースト用鍋に入れ、黄金色になるまで炒める。

トマトピュレ（ペースト）を加えて、さらに2〜3分炒める。

赤ワインの半量を入れて、照りが出るまで煮つめる。それから残り半量を加え、とろみが出るまでふたたび煮つめる。

ロースト用鍋の中味を骨の入ったスープ鍋にあけ、かぶる程度に水を入れて煮立てる。2時間とろ火で煮込み、アクをこまめにすくう。漉し器で漉したら鍋に入れ、3分の1になるまで煮つめる。

フォン・ド・ボー（仔牛のストック）

約2リットル分

仔牛の骨　5本
ニンジン　200g　ざく切りにする
たまねぎ　200g　ざく切りにする
リーキ　200g　ざく切りにする
セロリ　200g　ざく切りにする
仔牛のすね肉　1本
にんにく　1片　刻んでおく
トマトピュレ（ペースト）　100g
白ワイン　300ml
粒こしょう　小さじ2杯　砕いておく
タイム　2〜3本
ローリエ　2枚
飾り用トマト　100g
塩、挽きたてのこしょう

仔牛の骨を水を張った大きめの鍋に入れ、煮立てる。骨の水気を切り、流水でよくすすぐ。骨を再び鍋に戻し、野菜の半量を加えて、材料がかぶる程度まで水を入れる。約4時間とろ火で煮てから漉し、骨は捨てる。

オーブンを220℃に温めておく。仔牛のすね肉をぶつ切りして、ロースト用鍋に入れ、オーブンで淡い黄金色になるまで焼く。残りの野菜とにんにく、トマトピュレ（ペースト）を加え、ときどきかき混ぜながら15〜20分焼く。さらに白ワイン、漉しておいたブイヨン、粒こしょう、ハーブ、へたを取ったトマトを加える。アクをこまめにすくいながら、ごく弱火で煮る。量が半分になるまで煮つめたら、目の細かい漉し器もしくは綿の布（チーズクロス）で漉す。塩とこしょうで味を調える。

"肉のグレーズ"の作り方：フォン・ド・ボーを沸騰させて、粘り気のある、濃いシロップ状のグレーズになるまで煮つめる。

海の幸のブイヨン（シーフードスープ）

約2リットル分

サフラン　小さじ2杯
チキン・ブイヨン（180ページ参照）、もしくは水　200ml
にんにく　8片　皮がついたままのもの
オリーブオイル　100ml
赤唐辛子　1/2本　種を取って細かいみじん切りにする
卵黄　2個
生のムール貝　675g
リーキ　400g　洗って外側の葉を取り除き、角切りにしておく
刻んだたまねぎ　100g
辛口の白ワイン　200ml
ダブルクリーム　200ml
サケの切り身　50g
ほたて貝　2個　半分に切る
オヒョウ　50g
車えび　4尾　殻つきのものを5mm角のさいの目に切る
カイエンヌ・ペッパー
塩、挽きたてのこしょう

オーブンを200℃に温めておく。サフラン半量に、チキン・ブイヨンもしくは水を50ml加えて、小さめの鍋に入れ、半量になるまで2分間煮込む。目の細かい漉し器で漉し、そのまま冷ます。

にんにく4片にオリーブオイルを少量加えて、アルミホイルで包んでオーブンに入れ、柔らかくなるまで約45分焼く。ホイルから取り出し、にんにくの中身を皮から押しつぶすようにして出す。そのにんにくと赤唐辛子、先ほどのサフランを卵黄に加え、残りのオリーブオイルを入れてよく混ぜてから、味つけをする。

ムール貝を流水で丁寧にこすり洗いする。貝の口がどれもしっかりと閉じていることを確認し、口の開いたものは取り除く。洗ったムール貝と残りのにんにく4片、リーキ100g、たまねぎ、白ワイン、残りのチキン・ブイヨンもしくは水を大きめの鍋に入れ、しっかりとふたをして、ムール貝の口が開くまで、ときどきかき混ぜながら2〜3分強火で加熱し、貝の口を全部開かせる。それでも口が閉じているものは取り除く。

このスープを漉し器で漉し、深めの容器に入れる。ムール貝に布をかけて、乾かないようにしておく。

スープが入った容器をやや傾けて、砂やごみを底に溜める。上澄みのスープを注意深くレードルですくって、鍋に移しかえる。

ムール貝の身を殻からはずし、ひげと殻は捨てる。残りのサフランを鍋に入ったスープに加え、ダブルクリームをさらに加えて、沸騰しないようにとろ火で煮る。魚と貝に下味をつけ、スープに入れ、沸騰させないように2分間煮込む。カイエンヌ・ペッパーを入れて、味加減をみる。

にんにく、赤唐辛子、サフランと卵黄を混ぜておいたものを、ブイヨンの上にかけたらできあがり。

野菜のブイヨン（ベジタブル・ストック）

約1リットル分

たまねぎ　2個　みじん切りにする
油　大さじ2杯
フェンネルの球茎　小ぶりのもの1個　みじん切りにする
セロリの茎　2本　みじん切りにする
ニンジン　200g　みじん切りにする
セルリアック（根セロリ）　225g　みじん切りにする
リーキ　白および薄緑色の部分のみ　2本　ごく薄切りにする
にんにく　大きめのもの1片　薄切りにする
スターアニス　2個
黒粒こしょう　小さじ¼
コリアンダーシード　小さじ½
ローリエ　小さめのもの1枚
ライムの絞り汁　½個分
辛口の白ワイン　200ml
塩

たまねぎを大きめの鍋に入れて、よく混ぜながら、柔らかく透き通るまで油でていねいに炒める。残りの野菜を入れ、水150mlを加える。よく混ぜてからふたをして、約30分弱火で加熱し、ときどきかき混ぜる。野菜が鍋に焦げつかないように、必要に応じて水を少量足す。

スターアニスと粒こしょう、コリアンダーシードを粗くつぶす。つぶしたスパイスを野菜の鍋に入れ、ローリエと塩少々も加える。さらに水1.5リットルを足し、沸騰させたあと、約20分間とろ火で煮込む。

ライムの絞り汁と白ワインを加えて混ぜる。鍋を火からおろし、ふたをして涼しい場所に12時間置き、浸透させる（浸す）。目の細かい漉し器でストックを漉す。冷蔵で1日は保存可能。もしくは冷凍すること。

ドレッシングとチャツネ

レモン・ドレッシング

このドレッシングは手早く簡単に作れるので、私のお気に入りです。サラダの葉もの（青野菜）の風味をレモンが引き立ててくれます。

200ml分

エクストラ・バージン・オリーブオイル　150ml
レモンの絞り汁　50ml
塩、挽きたてのこしょう

大きめのボウルに材料を合わせて、泡立て器でよく混ぜる。

バジルオイル

500ml分

生バジル　500g
オリーブオイル　500ml

バジルの葉をちぎって、熱湯で3秒間ゆがく。氷水に放って冷まし、よく絞って水気を切る。バジルとオリーブオイルを5分間フードプロセッサーにかけ、それから漉し器（ブイヨンストレーナー）で漉して、最後の一滴まですっかり絞り出す。さらに、2枚重ねのコーヒー用ペーパーフィルターで漉し、ガラスなどの密閉瓶に入れて保存する。できあがったオイルは6週間で使い切る。

プラム・チャツネ

約1.5リットル分

プラム　1kg　種を抜いておく
ブラウンシュガー　250g
モルトビネガー　500ml
にんにく　25g　刻んでおく
おろしショウガ　大さじ2杯
塩　大さじ1杯
挽きたての黒こしょう　小さじ2杯
サルタナ（ゴールデン・レーズン）　350g

プラム、ブラウンシュガー、ビネガーを大きめの鍋に入れ、プラムが柔らかくなるまで約30分、弱火で加熱する。

残りの材料を加え、ときどきかき混ぜながら約1時間、あるいは材料にとろみがつくまで弱火で煮る。温めておいた清潔な瓶に移し、冷ましてから密閉する。

ソース類

マヨネーズ

約1リットル分

卵黄　4個
ディジョンマスタード　小さじ4杯
白ワインビネガー　50ml
ウスターソース
サラダオイル　1リットル
塩、挽きたてのこしょう

卵黄、マスタード、ワインビネガー、ウスターソース少々、塩、こしょう少々をフードプロセッサーに入れ、よく混ぜ合わせる。プロセッサーにかけながら、サラダオイルを少しずつ足していくと、油を入れ終わったところで濃厚かつ艶のあるマヨネーズができる。仕上げに味を調える。

オランデーズソース

約500ml分

辛口の白ワイン　100ml
白ワインビネガー　50ml
水　100ml
白粒こしょう　12粒　砕いておく
刻んだエシャロット　小さじ2杯
チャービル、パセリ、タラゴンの茎
卵黄　5個
無塩バター　600g
レモンの絞り汁　1/2個分
塩、挽きたてのこしょう

白ワインとワインビネガー、水、粒こしょう、刻んだエシャロットとハーブの束を鍋に入れ、中火にかける。分量が2/3になったら火からおろし、そのまま冷ます。耐熱ボウルに卵黄を入れ、冷ました鍋の中身を上からかける。

湯せん鍋にかけるか、あるいはボウルを湯につけながら泡立て器で泡立て、スプーンの裏につくほど粘り気が出るまで混ぜる。バターをゆっくり溶かし、溶けた上澄みの白い部分をすくい取って、人肌程度まで冷ます。冷ましたバターを、ゆっくりと卵のボウルに入れて混ぜる。レモンの絞り汁と塩、こしょうで味を調える。

ベシャメルソース

約600ml分

無塩バター　40g
薄力粉　50g
牛乳　600ml
たまねぎ　小ぶりのもの1個
　皮をむき、ローリエ1枚とクローブ2個を刺しこむ
塩、挽きたてのこしょう

バターを鍋に入れて溶かし、小麦粉を加えて混ぜ、ルーを作る。かき混ぜながら、色がつかないように弱火で5～6分加熱し、そのまま冷ます。

牛乳とたまねぎを別の鍋に入れ、沸騰直前まで沸かす。たまねぎを取り除いてから、牛乳をルーに少しずつ注ぎ、たえずかき混ぜてだまを作らないようにする。弱火でじっくりと約30分間加熱する。ベシャメルを目の細かい漉し器で漉し、味を調える。

ミントペースト

約300g分

殻つきピスタチオ　15g　殻をむく
おろしたてのパルメザンチーズ　50g
ミントの葉　50g
パセリの茎　25g
にんにく　25g　刻んでおく
松の実　25g
くるみ　15g
オリーブオイル　250ml
塩、挽きたてのこしょう

オリーブオイル以外の材料をすべて、フードプロセッサーに入れる。オリーブオイルの半量を加え、材料がみじん切り状態になるまでプロセッサーにかける。プロセッサーにかけながら、残りのオリーブオイルをフィーダーチューブを通して少しずつ加える。全部混ぜ合わさったら、塩とこしょうで味を調える。

再度軽くプロセッサーを回して、できあがり。

サルサヴェルデ（グリーンソース）

400ml分

イタリアンパセリ　25g
バジル　25g
ミント　50g
にんにく　1片　皮をむいておく
ケーパー　小さじ1杯
アンチョビー　1枚
赤ワインビネガー　大さじ2杯
エクストラ・バージン・オリーブオイル　200ml
ディジョンマスタード　小さじ1杯
塩、挽きたてのこしょう

パセリ、バジル、ミント、にんにく、ケーパー、アンチョビーをフードプロセッサーに入れ、粗みじん切りにする。赤ワインビネガーを加え、再びプロセッサーにかけながら、オリーブオイルを少しずつたらし続けていく。これをマスタードと一緒に泡立て、塩とこしょうで味を調える。

ペッパーソース

みじん切りにしたたまねぎ　50g
油　大さじ3杯
にんにく　2片　つぶしておく
黒粒こしょう　大さじ2杯　砕いておく
白ワイン　200ml
フォン・ド・ボー（181ページ参照）　300ml
無塩バター　50g
塩

みじん切りしたたまねぎを平鍋に入れ、やわらかく透き通るまで油で炒める。にんにくと砕いた粒こしょうを加え、さらにもう少し炒める。白ワインを入れて、シロップ状になるまで煮つめる。さらにフォン・ド・ボーを加えて、10分間とろ火で煮たあと、漉し器で漉す。最後にバターを入れ、完全に溶け合うまでハンドミキサーでよく泡立てる。塩で味を調える。

白ワインソース

約500ml分

刻んだエシャロット　大さじ2杯
白粒こしょう　12粒　砕いておく
辛口の白ワイン　100ml
フュメ・ド・ポワソン（180ページ参照）　200ml
野菜のブイヨン（182ページ参照）　100ml
ダブルクリーム　100ml
カイエンヌ・ペッパー
塩

エシャロット、粒こしょう、白ワインを鍋に入れ、分量が3分の2になるまで煮つめる。フュメ・ド・ポワソンと野菜のブイヨンを加え、再び分量が3分の2になるまで煮つめる。ダブルクリームをさらに加えてから、半量になるまで煮つめる。カイエンヌ・ペッパーと塩で味を調える。

カリフラワークリーム

アーモンド　25g
にんにく　6片　皮をむいておく
牛乳　300ml
エシャロット　2本　みじん切りにする
油　大さじ2杯
カリフラワー　2個　小房に切り分けておく
シェリービネガー　大さじ2杯
チキン・ブイヨン（180ページ参照）　300ml
生クリーム　200ml
レモンの絞り汁　½個分
塩、挽きたてのこしょう

アーモンドは水に3時間つけておき、その間水を2回取り替える。にんにくは、牛乳と同量の水を混ぜたものでゆで、水気を切って3回ゆでこぼす。

片手鍋にエシャロットを入れ、柔らかく透き通るまで油で炒める。カリフラワー、アーモンド、ゆでこぼしたにんにく、シェリービネガーを加え、ビネガーがほぼ蒸発するまで煮つめる。チキン・ブイヨンと生クリームを足して、カリフラワーが柔らかくなるまでとろ火で煮込む。これをミキサーもしくはフードプロセッサーにかけ、目の細かい漉し器で漉す。レモン汁少々を加え、塩、こしょうで味を調える。

ペストリーと生地

バニラソース

約600ml分

牛乳　500ml
バニラビーンズ　1さや　縦に切り開いておく
卵黄　6個
グラニュー糖　80g

牛乳を温め、バニラビーンズを浸して10分間置く。卵黄と砂糖を泡立て器で混ぜる。牛乳を沸かして卵黄に注ぎ、完全に混ぜ合わせる。混ぜ合わさったものをきれいな鍋に移し、木じゃくしでそっと混ぜながら弱火で煮て、ソースが濃厚になり木じゃくしに付くようになるまで煮つめる。火を止めてそのまま冷まし、目の細かい漉し器で漉す。

チョコレートソース

約600ml分

水　500ml
砂糖　350g
クーベルチュール（セミスイート）チョコレート　40g
ココアパウダー（甘味料を含まないもの）　80g
コーンフラワー（コーンスターチ）　大さじ2杯

水300mlと砂糖200g、クーベルチュール・チョコレートを鍋に入れ、チョコレートが溶けるまでとろ火で加熱する。ココアパウダー（甘味料を含まないもの）を残りの水、砂糖と混ぜ合わせ、とろ火で加熱しているチョコレートの鍋にかき混ぜながら入れる。

ラズベリーソース

4人分

ラズベリー　300g　皮をむいておく
レモンの絞り汁　小さじ2杯
粉砂糖　40g

ラズベリーをミキサーもしくはフードプロセッサーですりつぶし、レモン汁と粉砂糖を加える。ソースを目の細かい漉し器あるいは綿の布（チーズクロス）で漉してボウルに入れ、必要になるまで冷やしておく。

シロップ

約1リットル分

グラニュー糖　400g
水　900ml
白ワイン　100ml
レモンの絞り汁　½個分
バニラビーンズ　2さや分　縦に切り裂いておく

砂糖と水、白ワインを合わせて加熱し、レモン汁を加えて煮立て、目の細かい漉し器あるいは綿の布（チーズクロス）で漉す。バニラビーンズの中身を掻き出して、十分にかき混ぜる。

バニラビーンズを砂糖つぼの中に入れ、浸出させて（浸して）、デザート用のバニラの香りつき砂糖を作るとよい。

カスタードクリーム

約1リットル分

牛乳　1リットル
バニラビーンズ　1さや　縦に切り開いておく
卵黄　8個
砂糖　200g
小麦粉　40g
コーンフラワー（コーンスターチ）　40g

牛乳にバニラビーンズを加えて煮立てる。卵黄と砂糖、小麦粉、コーンフラワーを、泡立て器で混ぜる。これに沸かした牛乳を注ぎ、さらによく泡立てる。鍋に戻し、再び加熱して、約1分泡立てながら煮立てる。カスタードクリームはできるだけ早く冷蔵すること。

スイート・ショートクラスト・ペストリー

無塩バター　225g　柔らかくしておく
グラニュー糖　100g
卵　1個　割りほぐしておく
薄力粉　350g　分量外で打ち粉用に少々
塩　ひとつまみ

バターと卵を合わせ、白っぽくなるまで混ぜてクリーム状にする。卵を少しずつ入れながら強くかき混ぜる。小麦粉と塩を合わせたものを少しずつ足していき、なめらかなペースト状にする。おおいをかけて、使用するまで冷蔵庫で寝かせておく。

パイ生地

約1.3kg分

薄力粉　675g
無塩バター　675g
塩　小さじ1½杯
氷水　275ml
レモンの絞り汁　½個分

冷たい台の上に小麦粉175gを敷き、くぼみを作る。無塩バター500gをくぼみに入れ、小麦粉と混ぜ合わせて完全になじませる。一辺12.5cm、厚さ4cmの四角いかたまりにして、冷蔵庫で寝かせる。

残りのバターと小麦粉を塩と一緒にもみ、細かいパン粉のような状態になるまで混ぜ合わせる。冷水とレモン汁を加えて混ぜ、生地をまとめる。なめらかで弾力が出るまで練り合わせる。生地を小さな球状にまとめ、十字型の切り込みを、生地の⅓の深さにまで入れる。

切り込み口を開いてのばし、四隅を伸ばして厚さ5mm、一辺12.5cmの正方形になるよう形を作る。この生地の中央に先ほど冷蔵庫に寝かせておいた生地のかたまりをのせ、余った部分を時計と反対方向に織り込み、継ぎ目がないようになじませる。

生地をのばして、30cm×60cmの長方形を作る。短い辺どうしが中央で接するように折りたたみ、さらに半分に折ると均一の厚さの4層となる。この作業を「ダブルターン」と呼ぶ。生地をふきんでおおい、冷蔵庫で最低30分間寝かせる。

この作業を4回繰り返し、最後に、生地をおおって冷蔵庫に数時間、できればひと晩寝かせる。

フルーロン

4個分

パイ生地40gを、火を通したときゆがみが出ないようさまざまな方向にのばし、厚さ3mmにする。直径6cmの抜き型で4枚、三日月型、もしくは好きな形を抜く。油を塗った天板に並べ、表面に卵黄をうっすらと塗り、好みでけしやごまを振る。そのまま冷蔵庫で20分冷やす。オーブンを200℃に温め、フルーロンが黄金色になるまで約15分間焼く。

ラビオリ生地

ラビオリ生地とふつうのパスタ生地の違いは、卵黄の分量が多いことだけですが、そうするとやわらかく、しなやかになります。タリアテッレを作るときは、卵黄は3個にし、全卵を1個加えてください。

約450g分

イタリア産の小麦粉（00と表示されている、粒子の細かいもの）　250g
　分量外で打ち粉用　少々
塩　小さじ¼杯
全卵　2個
卵黄　5個
オリーブオイル　大さじ1杯

小麦粉はふるっておく。材料をすべてフードプロセッサーに入れてかきまぜ、よくなじんだ生地を作る。たっぷり打ち粉をした台に生地をのせ、5～10分、もしくは生地になめらかさと弾力性が出るまで練る。

生地を丸め、覆いをして涼しいところに1時間置く。

生地をレモン大に分ける。1つずつパスタマシンにかけ、残りの生地は包んでおくこと。パスタマシンを一番広い設定にする。分けた生地を1個ずつ数回マシンにかけ、そのつど折りたたみ、弾力性が出てなめらかになるまで繰り返す。生地を延ばすには、ローラーを2番目に狭い設定にして生地を通す。ピッチを1番狭い設定にして、また生地を通すが、今度は折りたたまなくてよい。レシピで指定した薄さになるまで、この作業を繰り返す。

ラザニア、またトルテッリーニやラビオリのように詰め物をするパスタを作る場合は、生地を延ばしたらすぐ切ること。タリアテッレなどの麺状にする場合は、切る前に20分ほどおいて乾かす。

フランジパーヌ

無塩バター　120g　柔らかくしておく
粉糖（アイシング用）　120g
大きめ（特大）の卵　5個　割りほぐしておく
薄力粉　25g
アーモンド・パウダー　120g
ダーク・ラム　小さじ4杯

柔らかくしたバターと粉砂糖をクリーム状になるまでよく混ぜ、卵を少しずつ加えてさらに混ぜる。小麦粉とアーモンド・パウダーをふるいにかけてから、バターと粉糖を混ぜたものの中にふるっていき、なめらかになるまでよく混ぜてから、ラムを加えて混ぜる。

野菜のつけ合わせとサラダ

シュー皮生地

約275g分

牛乳　125ml
無塩バター　50g
薄力粉　65g　ふるっておく
卵　2個
塩

牛乳にバターを入れ、バターが溶けるまで火を通す。火を弱めて小麦粉と塩を加え、なめらかなペースト状になるようによくかき混ぜる。混ぜ続けて2〜3分火を通す。できあがったものをボウルに移し、卵を一度に1個ずつ入れて混ぜ合わせる。まだぬくもりのあるうちに使うこと。

サヴォイ風　ワイルドマッシュルームの取り合わせ

4人分

ブラック・トランペット　10g
シャントゥレール　25g
ジロール　40g
ピエ・ド・ムトン　25g
みじん切りにしたエシャロット　大さじ1½杯
オリーブオイル　大さじ2杯
にんにく　1片　砕いておく
レシピに合った生ハーブ
塩、挽きたてのこしょう

きのこは汚れを落とし、大きなものは1cmの長さに切る。軽く洗い、沸騰した中に20秒入れて湯がく。氷水に放し、水気を切る。

みじん切りしたエシャロットをフライパン（スキレット）に入れ、柔らかくなって半透明になるまで油で炒める。にんにくを加え、さらにもう少し炒める。先ほど湯がいたきのこを入れ、味つけをして適当なハーブを足す。約2分火を通し、きのこを温めなおす。

地中海風野菜のラグー

4人分

赤パプリカ　2個
オリーブオイル　100ml
たまねぎ　1個　みじん切りにする
にんにく　2片　刻んですりつぶしておく
マッシュルーム　100g　4つ割りにする
ズッキーニ　2本　1cm角のさいの目に切る
ローズマリー　小ぶりのもの1枝
砂糖　小さじ2杯
白ワインビネガー　小さじ2杯
完熟だが固いプラムトマト　4個
　皮をむき、種を取ったあと1cm角のさいの目に切る
塩、挽きたてのこしょう

オーブンを220℃に温めておく。赤パプリカをオリーブオイル少量でもみ、小さめのキャセロールもしくはロースト用鍋に入れる。ふたをするかアルミホイルでおおい、オーブンで20分焼く。オーブンから出したあと、ふたをしたまま10分間置いておく。

オーブンの温度を180℃に下げる。

赤パプリカが手で触れられるぐらいに冷めたら、皮をむく。軸、芯、種の部分は捨て、残りを1cm四方の角切りにする。

残りのオリーブオイルを耐炎性のキャセロールに入れて加熱し、たまねぎを入れ、柔らかくなって透き通るまで、よく混ぜながら弱火で炒める。にんにくを加え、さらに1分炒める。マッシュルームとズッキーニを加え、ときどきかき混ぜながらさらに2分炒める。赤パプリカも入れ、よくかき混ぜる。さらにローズマリー、砂糖、ワインビネガーを加え、塩とこしょうで味を調える。キャセロールにふたをしてオーブンに入れ、たびたびかき混ぜながら25分火を通す。

できあがったラグーにトマトを混ぜる。味見をして味を調えたら、お客様にお出しする前にローズマリーを取り除いておく。

ラディッシュのサラダ

4人分

スプリング・オニオンの千切り　25g
ニンジンの千切り　25g
ラディッシュの千切り　25g
イタリアンパセリもしくはコリアンダー・リーフ　25g
レモン・ドレッシング（182ページ参照）　50ml

材料をすべて一緒に混ぜ合わせる。

オリーブオイル風味のポテトピュレ

4人分

じゃがいも　675g
エクストラ・バージン・オリーブオイル　150ml
にんにく　18片　皮をむいておく
牛乳　大さじ4杯
ダブルクリーム　大さじ5杯
塩、挽きたてのこしょう

じゃがいもの皮をむき、大きめのさいの目に切る。鍋に入れ、かぶる程度に水を加えたら、分量の1/3のオリーブオイル、にんにく全量、塩を加えて味をみる。沸騰させたあと、形が崩れない程度にやわらかくなるまで、15～20分間とろ火でじゃがいもを煮る。火を止めて水気を切る。にんにくをまな板の上に移し、包丁の腹で押しつぶす。残りのオリーブオイルのうち大さじ1杯をフライパン（スキレット）に入れて中火で熱し、つぶしたにんにくを1分間、色がつかないように炒める。にんにくをじゃがいもと混ぜ、目の細かい漉し器で漉すか、ライサーやマッシャーでつぶしたものをボウルに入れる。

牛乳を温め、クリームと残りのオリーブオイルを鍋に入れる。裏ごししたじゃがいもをゆっくりと加えて、木じゃくしでよく混ぜ合わせる。最後に調味料で味を調え、お客様にお出しする。

アイスクリーム

バニラ・アイスクリーム

約400ml分

粉乳　25g
牛乳　500ml
ダブルクリーム　300ml
バニラビーンズ　1さや　割いておく
卵黄　5個
グラニュー糖　100g

粉乳を牛乳少量と混ぜて濃いペースト状にし、残りの牛乳も加えてかき混ぜる。これをクリームに加えて、割いたバニラビーンズを入れ、煮立てる。火からおろしたら、15分間そのままにして香りを出す。

バニラビーンズを鍋から取り出す。卵黄とグラニュー糖を泡立て器で混ぜ、先ほどバニラの香りをつけた牛乳を注ぎ、よく混ぜ合わせる。これをきれいな鍋に入れ、木じゃくしでずっとかき混ぜながらごく弱火で加熱し、粘り気が出て木じゃくしに付くようになるまで熱する。この段階で煮立たせると分離してしまうので気をつける。冷ましてから目の細かい漉し器で漉す。

アイスクリームメーカーで、やや粘り気が出るまで攪拌する。アイスクリームを冷凍庫に入れ、すくえるほど固くなるまで2時間凍らせる。

バジル・アイスクリーム

約250g分

牛乳　300ml
バジル　25g　洗ってざく切りにする
ホイップクリーム　160ml
砂糖　50g
卵黄　5個

牛乳を沸かし、バジルの半量を入れる。ホイップクリームに砂糖を適量加えたものを沸かして、先ほどの牛乳に加える。

卵黄に残りの砂糖を加え、白っぽくクリーム状になるまで泡立て器で混ぜる。これに沸騰した牛乳とクリームを混ぜ入れ、合わせたものを鍋に移し、火を通して、木じゃくしでたえず混ぜながら沸騰させる。やや粘り気が出て、木じゃくしにくっつくようになるまで火を通す。

火からおろして完全に冷ましてから、アイスクリームメーカーで攪拌する。

混ぜたものを冷凍可能な大きめのボウルに入れ、ふたをしてほとんど固まるまで凍らせてもよい。フードプロセッサーに移し、回転させて固まりかけたものをつぶす。これをボウルに戻し、残りのバジルを加え、ふたをして再び固まりかけるまで3時間冷凍する。この作業をもう一度繰り返すと、口当たりのとてもなめらかなアイスクリームができる。

ヒント：アイスクリームを長時間冷凍庫で保存して固くなってしまった場合は、食べる20〜30分前に冷蔵庫に移しておくと、食べごろの柔らかさになる。

カラメル・オレンジのアイスクリーム

約９００ｍｌ分

バニラビーンズ　1さや　割いておく
牛乳　200ml
ホイップクリーム　200ml
卵黄　6個
砂糖　200g
グラニュー糖　80g
水　200ml
グラン・マニエ　大さじ3杯
オレンジの絞り汁　300ml　煮つめてシロップ状にする

バニラビーンズの中身を掻き出して牛乳に入れ、沸騰させる。鍋を火から下ろし、15分間おいて煮出す（浸す）。別の鍋でクリームを沸かし、牛乳に加える。

カスタードの作り方：ボウルに卵黄と砂糖を入れ、白くなるまで泡立ててクリーム状にする。これに先ほどの温かい牛乳を注ぎながらかき混ぜ続ける。このカスタードを鍋に戻し、混ぜながら弱火にかけ、レードルの裏にべっとり付くようになるまで煮る。目の細かい漉し器で漉してから、急激に冷ます。

乾いた鍋にグラニュー糖を入れ、濃い焦げ色のカラメルになるまで火を通す。火からおろして、水とグラン・マニエ、煮つめたオレンジの絞り汁を加えてかき混ぜる。

シロップ状になるまでよく混ぜ、冷ます。

このオレンジシロップをカスタードに入れて泡立て器でよく混ぜ、アイスクリームメーカーで攪拌する。

シナモン・アイスクリーム

約５００ｍｌ分

牛乳　400ml
バニラビーンズ　1さや分
卵黄　7個
グラニュー糖　80g

シナモンクリームの材料

ダブルクリーム　1リットル
新しいシナモンスティック　2½本

牛乳を厚手の鍋に入れる。バニラビーンズを裂き、牛乳に加える。鍋肌に泡が立つまで加熱する。火からおろし、温かい場所に10分間置いて香りを出す。

卵黄と砂糖をボウルに入れ、泡立て器で混ぜる。ボウルを湯の入った鍋の上で湯せんにかけ、砂糖が完全に溶けて色が白くなり、粘り気とボリュームが出るまで泡立てる。温めた牛乳の半量と合わせ、よくかき混ぜて泡立てる。

鍋に残った牛乳を再び火にかけ、沸騰直前まで火を通す。そこに、先ほどの牛乳と卵黄を混ぜたものを一定量で流し入れながら、木じゃくしで混ぜ続ける。さらに混ぜながら弱火にかけて、カスタードに粘り気が出て、木じゃくしにうっすらと付くようになるまで熱する。目の細かい漉し器でボウルに漉し、そのボウルを氷水を張った中につけてあら熱を取る。カスタードが冷めるまでそのままにしておく。

シナモンクリームの作り方：クリームと新鮮なシナモンスティックを合わせて、鍋に入れる。沸騰させ、分量が半分になるまで煮つめる。クリームを漉し、そのまま冷ます。冷めたバニラカスタードとシナモンクリームを、冷凍可能な大きめのボウルで混ぜ合わせる。ふたをして、冷凍庫に2時間、もしくは固まり始めるまで入れておく。凍りかけたアイスクリームをミキサーもしくはフードプロセッサーに移し、なめらかなクリーム状になるまでかけて、固まりかけたものをつぶす。これを再びボウルに戻し、ふたをして冷凍庫に入れる。再び固まりかけたアイスクリームを、またミキサーもしくはフードプロセッサーにかける。三たびふたをして冷凍庫に入れて固めたら、もう一度プロセッサーにかけて、最後に固まるまで冷凍する。これで、食べごろのアイスクリームのできあがり。

アイスクリームを長期間冷凍庫に保存し、かちかちに凍ってしまった場合は、食べる20〜30分前に冷蔵庫に移しておけば、食べごろの柔らかさになる。

索 引

※ B＝ブレクファスト、D＝ディナー、L＝ランチ、S＝ライトミール
※ 太字のページ番号は基本的なレシピ

アイスクリーム、ソルベ（シャーベット）、ヨーグルト
エルダーフラワーのソルベ　64
カラメル・オレンジのアイスクリーム　124, **189**
シナモン・アイスクリーム　126, **189**
バジル・アイスクリーム　67, **188**
パッションフルーツのソルベ（シャーベット）　168
バニラ・アイスクリーム　123, 175, **188**
フローズン・バニラ・ヨーグルト　32
マンゴーとマスカルポーネのアイスクリーム　69
りんごのソルベ（シャーベット）　131

魚介料理
いわしのマリネ　ランプフィッシュのキャビア添え (L)　36
うなぎ稚魚のスモーク　ホースラディッシュクリーム風味の
　　ポテトサラダ　ビーツ添え (S)　158
オムレツ　アーノルド・ベネット仕立て (S)　156
かにのマヨネーズあえ
　　グラニースミス・ゼリー添え (S)　139
かりかりに仕上げた野菜と豆もやしの上にのせた
　　クロマグロのグリエ (D)　114
グリルド・キッパー　うずらの卵の目玉焼き添え (B)　28
サヴォイ伝統のロブスター・テルミドール風
　　ワイルドライス添え (D)　113
サヴォイ風かに肉のドレッシングあえ (L)　42
サヴォイ風フィッシュケーキ
　　トマトのロスティ添え (S)　161
魚のパイ　サヴォイ風 (L)　53
さばのグリエ　スモークベーコン巻きをのせた
　　田舎風トマトブレッド (L)　41
新じゃがいものマッシュにのせた　アカヒメジとほたて貝柱
　　のグリエ　サルサヴェルデ (D)　100
スクランブルエッグのスモークサーモン包み (B)　26
スズキとサーモンのマリネ　大根とわさび添え (L)　36
たらのスモークとイングリッシュマフィン
　　ポーチド・エッグのせ (S)　142
たらのスモークとサーモンのケジャリー
　　カレーソース添え (B)　23
テュルボのグリエ　煮詰めた赤ワインソースと
　　パール・オニオン添え (L)　52
ニジマスの「ゴンドラ」仕立て (D)　105
パジャマを着たラングスティーヌ
　　マンゴーソース添え (L)　151
バミセリを衣に仕立てたフリットミスト
　　半熟卵のソースとクスクス添え (L)　60
ヒッコリーでスモークした有機養殖サーモンとフォカッチャ
　　のクルトンをのせたシーザー・サラダ (L)　48
ほたて貝とトマトとパセリのリングイネ (S)　156
ほたて貝柱と胸腺肉のグリエ
　　レモンとタイムを煮詰めたソース添え (D)　96
マトウダイのフィレ　ハーブソース添え (D)　95
焼きほたてとスナップエンドウのガスパチョ (S)　136
ラングスティーヌのフォアグラ添えとマンゴーの
　　カルパッチョ (D)　89
ロブスターのラビオリ入りサフラン風味のスープ (D)　90

サラダ
コリアンダーサラダ　138
ジビエのサラダ　ワイルドマッシュルームとポートワインで
　　煮詰めたエシャロットのソース (S)　140
ハーブサラダ　39, 95
ヒッコリーでスモークした有機養殖サーモンとフォカッチャ
　　のクルトンをのせたシーザー・サラダ (L)　48
ベビーアーティチョークとスパイシーな手羽のサラダ
　　パルメザンチーズ・クリスプ添え (L)　38
ポテトサラダ　158
ラディッシュのサラダ　50, **188**
レンズ豆とワイルドマッシュルームのサラダ　クミンの香り
　　のヨーグルトとアルメニア風パン添え (D)　117

サンドウィッチと軽食　74
ウェルシュ・レアビット　ひらたけ添え (S)　178
全粒粉ピタパンで作る魔法のお手軽ピッツァ (S)　158
デヴィルド・キドニーの
　　オープン・トースト・サンド (S)　178
ハーブ風味のスコーン　かにの身といくらを添えて　78
パルメザンチーズ・クリスプ／
　　パルメザンチーズとけしの実のクリスプ　38, 42
ベジタリアン・クラブサンドウィッチ (S)　165

ジビエ料理
ウサギもも肉のコンフィとアミガサダケの
　　スプリングロール　プラム・ドレッシング添え (L)　41
カルダモンの香りのさつまいものロスティにのせた
　　うずらのコーン詰め (L)　58
サヴォイ風　ジビエのキャベツ包み (L)　45
ジビエのサラダ　ワイルドマッシュルームとポートワインで
　　煮詰めたエシャロットのソース (S)　140
焼きビーツにのせた
　　セージを詰めた鹿のフィレ肉 (D)　106

スターター
かにのマヨネーズあえ
　　グラニースミス・ゼリー添え (S)　139
かれいのレモン・サラダ
　　タラゴンクリームソース添え (S)　145
ジビエのサラダ　ワイルドマッシュルームとポートワインで
　　煮詰めたエシャロットのソース (S)　140
たらのスモークとイングリッシュマフィン
　　ポーチド・エッグのせ (S)　142
地中海風野菜のベッドにのせた　ワイルドマッシュルームと
　　豆腐のシュトルーデル (S)　146
トリュフ風味のマスカルポーネを包んだトルテッリーニを
　　浮かべたトマト・コンソメ (D)　88
ほうれん草のクリーム煮にのせて
　　パルメザンチーズをまぶしたポーチド・エッグ
　　アルバ産白トリュフ添え (D)　92
ほたて貝柱と胸腺肉のグリエ
　　レモンとタイムを煮詰めたソース添え (D)　96
焼きいちじく
　　ゴートチーズとコリアンダーのサラダ添え (S)　138
焼きほたてとスナップエンドウのガスパチョ (S)　136
ラングスティーヌのフォアグラ添えとマンゴーの
　　カルパッチョ (D)　89
ロブスターのラビオリ入りサフラン風味のスープ (D)　90

ソースとピュレ
オランデーズソース　113, 156, **183**
オレンジソース　130
カスタードクリーム　84, **185**
カリフラワークリーム　58, **184**
カレーソース　23
グラニースミス種の青りんごのゼリー　139
グリーンピースとブロッコリーのピュレ　106
グリーンピースのピュレ　116
こしょうのきいたジビエソース　106
コンポート　20, 173
魚のムース　145
サバイヨンソース　67
サルサヴェルデ（グリーンソース）　89, 100, **184**
シロップ　20, 32, 68, 69, 131, 139, 173, **185**
白ワインソース　161, **184**
スパイシー・シロップ　176
スパイシーな野菜ソース／ベジタブルソース　49
チョコレート・カスタード　130
チョコレートソース　**185**
トフィーソース　68
ハーブソース　95
バニラソース　**185**
半熟卵のソース　60
ベシャメルソース　156, **183**
ペッパーソース　89, **184**
マヨネーズ　42, 136, 151, 158, 161, **183**
マンゴーソース　151
水あめ仕立てのカルバドソース　131
ミントペースト　102, **183**
ラズベリーソース　64, 126, 169, 170, **185**
りんごとサルタナのソース　68

卵料理
オムレツ　アーノルド・ベネット仕立て (S)　35, 156
グリルド・キッパー　うずらの卵の目玉焼き添え (B)　28
スクランブルエッグのスモークサーモン包み (B)　26
たらのスモークとイングリッシュマフィン
　　ポーチド・エッグのせ (S)　142
ほうれん草のクリーム煮にのせて
　　パルメザンチーズをまぶしたポーチド・エッグ
　　アルバ産白トリュフ添え (D)　92
ホルスタイン産仔牛肉
　　パルメザンチーズ風味の衣揚げ (L)　57

チーズ料理
ウェルシュ・レアビット　ひらたけ添え (S)　178
白チリビーンのシチューにのせた地鶏胸肉
　　タレッジョチーズとパンチェッタ詰め (L)　54
チーズのプチフール (D)　132-133
トマトのタルト　ゴートチーズのグラッセとラディッシュの
　　サラダ添え (L)　50
ホルスタイン産仔牛肉
　　パルメザンチーズ風味の衣揚げ (L)　57

つけ合わせ料理
オニオンリングのフライ　162

オリーブオイル風味のポテトピュレ　188
クスクス　60
サヴォイ風　ワイルドマッシュルームの取り合わせ　187
さつまいものロスティ　58
白チリビーンのシチュー　54
スパイシーな豆のシチュー　104
スムージー　19
地中海風野菜のラグー　146, 187
トマトのロスティ　161
トマト・レリッシュ　162
ブイヨン（ストック）　180-182
フィリング　49, 58, 106
ポルタベッロ・マッシュルームのポレンタ　59
ポレンタ・ナゲット　57
マッシュポテト　53, 100, 102
レンズ豆の煮込み　155
ローズマリー・マッシュ　155
ロスティ　116
ワイルドライス・ミックス　113
ワカモーレ　39

デザート
いちじくのポートワイン煮　シナモンとオレンジの香り
　　フローズン・バニラ・ヨーグルト添え (B)　32
エキゾチック・フルーツの
　　ラズベリー・クーリ添え (B)　18
カラメルのバスケット　170
グーズベリーのクランブル　チョコレートとオレンジの
　　マーブルアイスクリームのせ (S)　175
クレープ　20, 123
クレープ・シュゼット　サヴォイ風 (D)　123
コーヒーのグラニータ（シャーベット）　70
サヴォイ風サマー・プディング (L)　64, 126
ジンジャー・クリーム・ブリュレ
　　ごまのチュイル添え (D)　120
チェリータルト
　　シナモン・アイスクリーム添え (D)　126
チュイル　67, 70, 120, 170, 173
チョコレートとコーヒーのファンタジア (L)　70
チョコレート・トライフル (D)　130
チョコレート・ムース　70
パイナップル・ポプリ (S)　176
パッションフルーツのタルト (L)　66
ピーチ・ネリー・メルバ (S)　170
ピンクグレープフルーツのグラタン
　　バジル・アイスクリーム添え (L)　67
ピンクのプラリネ　67
プティ・パフェ・グラッセ・パキータ (S)　169
フランジパーヌのタルトレット　バルサミコでマリネした
　　温かいいちごとフローズン・レモンカード (D)　120
フランス風クレープ　フレッシュベリー添え (B)　20
フルーツ・コンポート　生クリーム添え (B)　20
マリブのムース　エキゾチック・フルーツ添え (S)　168
マンゴーとマスカルポーネのアイスクリーム
　　ホームメイドのビスコッティ添え (L)　69
焼きりんご　131
ラズベリー・クーリ (B)　18
ラベンダー入りパンナコッタと
　　ルバーブのコンポート (S)　173
リースリング・ワインでマリネしたベリー
　　エルダーフラワーのソルベ添え (L)　64

りんごのファンタジー
　　水あめ仕立てのカルバドスソース添え (D)　131
りんごを使ったスティッキー・トフィー・プディング
　　生クリーム添え (L)　68
ロスチャイルド風スフレ (D)　124

ドレッシングとチャツネ
赤パプリカの温かいチャツネ　107
アンチョビとケイパーのドレッシング　57
カリフラワークリーム　58, 184
シーザー・ドレッシング　48
トリュフオイル　50
ハーブサラダ　39, 95
バジルオイル　50, 57, 146, 152, 182
バルサミコ酢　57
パンプキンシード・ドレッシング　117
ビーツのシロップ　138, 158
プラム・チャツネ　41, 182
ベジタブルソース／野菜ソース　49
ポテトピュレ　45, 188
ライムのマリネ　64
レモン・ドレッシング
　　38, 39, 52, 95, 96, 145, 152, 161, 182
ワイルドマッシュルームとパルメザンチーズの
　　ドレッシング　44

肉料理
胸腺肉　96
仔牛レバーのソテー
　　チャービルの株のピュレとパンチェッタ添え (D)　110
サヴォイ風ハンバーガー
　　目玉焼きとトマト・レリッシュ添え (S)　162
自家製タリアテッレのフォアグラ添え (S)　152
白チリビーンのシチューにのせた地鶏胸肉
　　タレッジョチーズとパンチェッタ詰め (L)　54
スパイシーな豆のシチューにのせた　スコットランド産
　　ビーフのじっくりと蒸し煮とレアステーキ (D)　104
チキンムース　104
初物のウェールズ産ラム　ベークドポテトのマッシュと
　　チンゲンサイ添え (D)　102
ベビーアーティチョークとスパイシーな手羽のサラダ
　　パルメザンチーズ・クリスプ添え (L)　38
ホルスタイン産仔牛肉
　　パルメザンチーズ風味の衣揚げ (L)　57
ポルタベッロ・ポレンタにのせたキャラウェイで
　　香りづけした子豚の蒸し煮
　　スプリング・オニオンの照り焼き添え (L)　59
ミント風味のグリーンピースのピュレにのせた
　　ラムのメリメロ（ごちゃまぜ）(D)　116
リブロースのロースト
　　赤パプリカの温かいチャツネ添え (D)　107
レンズ豆の煮込みにのせた鴨と
　　ワイルドマッシュルーム入りハーブ・ソーセージ
　　ローズマリー・マッシュ添え (S)　155

パスタ料理
自家製タリアテッレのフォアグラ添え (S)　152
バミセリを衣に仕立てたフリットミスト
　　半熟卵のソースとクスクス添え (L)　60
ほたて貝とトマトとパセリのリングイネ (S)　156

パン、ケーキ、ペストリー
アルメニア風パン　117
田舎風トマトブレッド　41
エキゾチック・フルーツのタルトレット　84
クルトン　48
サヴォイ風シューペストリー　スワン仕立て　81
サフラン風味のレーズン入りスコーン　78
シナモン・マドレーヌ　81
ストロベリー・タルトレット　84
スポンジケーキ　169
ビスコッティ　69
ブリオッシュ　27, 133
りんごのタルト　131

ベジタリアン料理
アスパラガスと夏トリュフのサラダ
　　マスカルポーネチーズ添え (S) 152
ウェルシュ・レアビット　ひらたけ添え (S)　178
たらのスモークとイングリッシュマフィン
　　ポーチド・エッグのせ (S)　142
地中海風野菜のベッドにのせたワイルドマッシュルームと
　　豆腐のシュトルーデル (S)　146
トマトのタルト　ゴートチーズのグラッセとラディッシュの
　　サラダ添え (L)　50
バターナッツ・スクウォッシュのトルテッリーニ
　　ワイルドマッシュルーム添え (L)　44
花ズッキーニの詰め物
　　スパイシーな野菜ソース添え (L)　49
バミセリを衣に仕立てたフリットミスト
　　半熟卵のソースとクスクス添え (L)　60
ポレンタ・クリスプ　ワカモーレと豆腐添え (L)　39
マッシュルームのミルフィーユ
　　アーティチョークとタラゴン添え (D)　109
野菜のリゾット
　　ルッコラとおろしたパルメザンチーズのせ (S)　162
レンズ豆とワイルドマッシュルームのサラダ　クミンの香り
　　のヨーグルトとアルメニア風パン添え (D)　117

ペストリーと生地
アーモンド・ペストリー　66
クランブル　175
シュー皮生地　81, 187
スイート・ショートクラスト・ペストリー　185
タルトレット・ケース（シェル型）　132, 175
トルテッリーニ　44, 88
パート・フィロ　146, 151
パイ生地　50, 84, 105, 131, 186
パッションフルーツのタルト　66
フランジパーヌ　84, 120, 131, 186
フルーロン　105, 186
ラビオリ生地／パスタ生地　44, 88, 90, 152, 186

謝 辞

　何事も、熱意がなければいいものはつくり出せない。この本をつくるうえで手助けをしてくれたすべての仲間と友人たちの、仕事に対する情熱と、その質の高さに対し、感謝したい。

　中でもとくに、ザ・サヴォイの総支配人のマイケル・シェファード氏の寛大な援助に、感謝する。またザ・サヴォイのレストランのシェフたち、ホルガー・ジャキッシュ、イアン・トマソン、マーティン・ニズベット、ロジャー・マニング、ロバート・ホープとその他の面々の、厚意と理解、忍耐に感謝したい。

　私の個人秘書であるレベッカ・トッド、ケイト・ホワイトマン、リジー・グレイ、バーバラ・レヴィも、大いなる助けとなってくれた。

　そして最後に、妻のスーの励ましに対して、最大級の感謝を。

THE SAVOY COOKBOOK
by Anton Edelmann
with Kate Whiteman
Photography by Jean Cazals

Copyright © Pavilion Books 2003
Text Copyright © Anton Edelmann 2003
Photography copyright © Jean Cazals 2003
All rights reserved.
First published in Great Britain in 2003
by Pavilion Books, a member of Chrysalis Books plc,
The Chrysalis Building, Bramley Road, London W10 6SP, UK

Japanese translation rights arranged with Pavilion Boods, London
through Tuttle-Mori Agency, Inc., Tokyo

翻訳協力　野下祥子・鈴木恵・村上こずえ（Savoy Group）

ザ・サヴォイ・クックブック
THE SAVOY COOKBOOK

2004年10月30日　初版1刷発行
著　者　アントン・エイデルマン
訳　者　日暮雅通　安達眞弓
発　行　パーソナルメディア株式会社
　　　　〒142-0051　東京都品川区平塚1-7-7　MYビル
　　　　TEL：(03)5702-0502
　　　　FAX：(03)5702-0364
　　　　E-mail：pub@personal-media.co.jp
　　　　http://www.personal-media.co.jp/
文字製版　日経印刷株式会社

© 2004 Personal Media Corporation
Printed by Imago, Singapore.
ISBN4-89362-218-8 C2077